novum pro

Anna Senoner

Coaching –

Erfolgreiche Jugend durch zeitgemäße Erziehung

novum pro

Bibliografische Information
der Deutschen Nationalbibliothek:

Die Deutsche Nationalbibliothek verzeichnet diese Publikation in der Deutschen Nationalbibliografie. Detaillierte bibliografische Daten sind im Internet über http://www.d-nb.de abrufbar.

ISBN 978-3-99003-052-3
Lektorat: Mag. Dr. Margot Liwa
Innenabbildungen: Anna Senoner

Die von der Autorin zur Verfügung gestellten Abbildungen wurden in der bestmöglichen Qualität gedruckt.

Gedruckt in der Europäischen Union auf umweltfreundlichem, chlor- und säurefrei gebleichtem Papier.

www.novumpro.com

AUSTRIA · GERMANY · SWITZERLAND · HUNGARY

Inhaltsverzeichnis

Es ist nicht gesagt, dass es besser wird,
wenn es anders wird.
Wenn es aber besser werden soll,
muss es anders werden.
(Georg Christoph Lichtenberg)

Vorwort

Glauben Sie bitte nicht, ich hätte bei der Erziehung meiner Kinder alles richtig gemacht oder ich wüsste auf jede Frage eine Antwort, nur weil ich ein Buch darüber schreibe!

Manchmal denke ich, genau das Gegenteil davon trifft zu. Wenn Zwist und Streit herrschen, jeder auf seinem Standpunkt steht und diesen mit allen ihm zur Verfügung stehenden Mitteln verteidigt, kann es manchmal ganz schön heiß hergehen. Und dann frage ich mich: „Von wem haben die Kinder das? Was habe ich falsch gemacht?“ Kennen Sie solche Gedanken? – dann sind Sie hier richtig.

Wenn mir eben solche Gedanken durch den Kopf gehen, dann lasse ich den Kopf nicht hängen. Im Gegenteil: Ich analysiere, suche nach Erklärungen und reflektiere. Dazu kommt, dass ich ein sehr lösungsorientierter Mensch bin. Beides zusammen hat mich motiviert, alles niederzuschreiben und auch anderen Müttern und Vätern zur Verfügung stellen.

Ich bin sicher, es gibt genug Familien, in denen es immer wieder mal Probleme gibt, Mütter, die sich die gleichen Gedanken machen wie ich. Mütter, die ihre Kinder lieben und auf sie stolz sind und die manchmal ratlos sind, wie sie mit ihren Kindern umgehen sollen.

Alles, was ich mache, mache ich ganz oder gar nicht und versuche, es bestmöglich zu machen. Mit dieser Eigenschaft bedacht, habe ich mich – unbewusst – auf die Erziehung meiner Kinder eingelassen. Manchmal bin ich im Dunkeln gewandelt, war verzweifelt, wusste nicht, wie ich mit der Situation umgehen sollte. Wie sehr habe ich mir damals jemanden mit Kompetenz an meiner Seite gewünscht.

Diese Unzufriedenheit mit meiner Erziehungskompetenz und meine Neugierde, mein Interesse, es besser zu machen, und die Liebe zu meinen Kindern haben mich angetrieben,

Bücher zu lesen, Kurse zu besuchen, dazuzulernen, um mit schwierigen Situationen besser zurechtzukommen. Dabei musste ich mich selbst besser kennenlernen und immer wieder reflektieren. Das hat mir weitergeholfen, denn so konnte auch ich mich „entwickeln".

Mit meinen Kindern durfte ich aufs Neue erfahren, was Spaß, Freude, Kreativität, Spontaneität bedeuten und bewirken können. Es entstand eine Lebensfreude und eine innere Stärke und das gab mir wiederum Kraft. Es ist mir heute wichtiger denn je, auch als Erwachsener möglichst viel davon zu behalten. Diese innere Haltung, die sehe ich als die wahre Jugendquelle.

Ich habe gelernt, auf die Sorgen und Nöte der Jüngsten in unserer Gesellschaft einzugehen. Ich schätze die Ehrlichkeit und Natürlichkeit von Kindern, ihre Begeisterungsfähigkeit, ihren Mut, ihre spontane und zielführende Kommunikation und ihren unbändigen Willen und ihre Ausdauer, wenn es darum geht, etwas erreichen zu wollen.

Was von all dem haben wir in unserem „erwachsenen Leben" eingebüßt? Vieles, was wir als Kinder perfekt beherrschten, ist der „guten Erziehung" zum Opfer gefallen.

Ich achte Kinder und Jugendliche als vollwertige Personen. Ich respektiere ihre Probleme auf dem Weg zum Erwachsenwerden und sehe sie als gleichwertige Gesprächspartner an. Als Lohn dafür bekomme ich ihr Vertrauen und ihre Anerkennung.

Dass Sie zu diesem Buch gegriffen haben, ist möglicherweise der Wunsch, etwas in Ihrer Erziehung, in Ihrem Leben verändern zu wollen. Veränderung beginnt immer bei einem selbst und wirkt sich in der Folge auf andere aus. Auseinandersetzung mit sich selbst hilft Ihnen, Ihre vorhandenen Stärken zu erkennen, auf mögliche Schwächen aufmerksam zu werden und einzugehen. Es stärkt Sie, weil sie Selbstbewusstsein erlangen und in Einklang mit sich selbst kommen. Dadurch hilft es Ihnen, authentisch aufzutreten, kompetent zu wirken, und das wirkt sich positiv auf andere Menschen in Ihrem Umfeld aus.

„Alle Menschen versuchen glücklich zu sein:
darin gibt es keine Ausnahmen,
wie verschieden die Mittel auch sind, die sie anwenden.“
(Blaise Pascal)

Einleitung

Kinder haben mich schon immer fasziniert und mich in meinem Leben ständig begleitet. Einer meiner Kindheitsträume war es, Lehrerin oder Ärztin zu werden. Waren es zuerst meine Geschwister, später Kinder in der Schule oder im Park oder Kinder von Bekannten und Freunden und schließlich meine eigenen Kinder und ihre Freunde und Schulkameraden, so sind es jetzt Jugendliche und junge Menschen, die ich ein Stück ihres Weges begleite.

Seit meine Kinder auf der Welt sind, beschäftige ich mich mit der Entwicklung von Kindern, mit Erziehungsthemen und Pädagogik. Zum einen ist dies ein Thema, das mich interessiert, zum anderen wollte ich meinen Kindern eine „gute Mutter" sein und sie bestmöglich erziehen. Unter „bestmöglich" verstehe ich nicht „angepasste Musterkinder", sondern ganz „normale" Kinder, die in Liebe und Geborgenheit aufwachsen dürfen, die einen Platz in der Gesellschaft haben, selbstbewusst sind, akzeptiert werden, Freude und Spaß erleben dürfen, ihren Wissensdurst stillen können, müde und unlustig sein dürfen, denen es erlaubt ist, Erfahrungen zu sammeln und Fehler zu machen.

In fast jedem Bereich können wir Erwachsenenkurse besuchen und uns weiterbilden. Wie man zu „guten Eltern" wird, dafür konnten wir – mein Mann und ich – großteils nur auf unsere eigenen Erlebnisse und Erfahrungen aus unserer Kindheit zurückgreifen.

Eltern wünschen sich Anleitung und Ratschläge, wie sie mit bestimmtem Verhalten ihrer Kinder umgehen können. Mit Ratschlägen ist das so eine Sache: Es ist häufig die Lösung des Ratgebenden, wie er mit so einer Situation umgehen würde, und es ist eine mögliche Lösung für genau diese eine Situation. Was ist aber, wenn sich die Situation etwas anders gestaltet, wenn andere Personen und damit andere Wertigkeiten damit verbunden sind? Dann passt dieser Ratschlag schon nicht mehr so genau und ist deshalb auch nicht zielführend und zufriedenstellend. Außerdem sind wir Menschen viel zu komplex und kompliziert, als dass wir in einem einfachen Ratschlag eine tragfähige Lösung finden.

Mein Zugang ist der, dass Eltern sich mit ihrem eigenen Erziehungsstil, ihren Werten, Wünschen und Zielen auseinandersetzen und dadurch neue Möglichkeiten kennenlernen. Das stellt einen gravierenden Unterschied in der Einstellung zum Kind dar und prägt die Haltung der Erziehenden Kindern und jungen Menschen gegenüber. Wenn ich weiß, was genau ich will und weshalb ich es will, dann kann ich dieses Ziel verfolgen. Dafür entwickle ich eine bestimmte Strategie. Diese berücksichtigt die Bedürfnisse des Kindes und meine eigenen. Das schafft Beziehung zum Kind und macht Erziehung stabil und haltbar.

Jeder Abschnitt in der Erziehung meiner Kinder war eine spannende Herausforderung für mich, der ich mich mit Leib und Seele gestellt habe. Und ich möchte an dieser Stelle anmerken: Es war nicht immer leicht und problemlos. Immer wieder neue Phasen in der Entwicklung der Kinder, äußere Einflüsse, Ablenkung, Versuchungen aus dem Umfeld kamen dabei auf mich zu. Immer wieder mussten wir uns neuen Gegebenheiten anpassen, damit wir unseren Kindern als Vorbild vorangehen und Wegweiser zeigen konnten. Veränderung ist ein konstanter Prozess, der die Menschheit von Anbeginn begleitet, und Stabilität häufig eine Illusion, die wir uns wünschen. Gerade heute vollzieht sich Veränderung sehr rasch und mit dieser daraus resultierenden Verunsicherung müssen wir zurechtkommen. Erziehung ist heute eine Herausforderung für die Eltern.

Dabei sollen Regeln beachtet, Grenzen gesetzt und den Heranwachsenden Halt und Zuversicht gegeben werden. Selbstständigkeit, Eigenverantwortlichkeit, Selbstwert, Vertrauen in sich selbst, Kommunikations- und Konfliktfähigkeit sollen vermittelt werden. Die Jugendlichen sollen stark, genuss- und erlebnisfähig werden.

Sie müssen lernen, mit sozialem und schulischem Druck umgehen zu können, im Sinne von bewältigen. Wer stark ist und Halt hat, hat eine gesunde Einstellung zu Alkohol und Nikotin und hat gelernt, anderen Suchtmitteln zu widerstehen. Starke und selbstbewusste Jugendliche können sich selbst schützen.

Oft schon habe ich festgestellt, dass ich „einen guten Draht" zu jungen Menschen habe. In vielen Gesprächen mit ihnen habe ich das Vertrauen gespürt, das sie mir entgegenbringen. Ich höre ihnen gern zu und freue mich, sie ein Stück begleiten zu dürfen. Durch diese Aufgeschlossenheit darf ich sie nicht nur in schwierigen Situationen begleiten, sondern auch an ihrem Erfolg teilhaben und ihre Freude teilen.

Das hat mich motiviert, mich im Zuge meiner Ausbildung zum Coach mit dem Thema „Coaching von Jugendlichen" auseinanderzusetzen. Ich beschäftigte mich mit Fragen wie:

- Ist professionelles Coaching als Gesprächsform mit Jugendlichen geeignet?
- Ist Coaching ein Instrument, damit Jugendliche besser geführt und geleitet werden können?
- Wie kann Coaching in Erziehung und Bildung Anwendung finden?
- Um präzisere Antworten zu erhalten, habe ich Befragungen unter Jugendlichen in verschiedenen sozialen Bereichen im Alter zwischen 14 und 20 Jahren gemacht und ausgewertet.

Lernschwierigkeiten, Probleme in der Schule, Aggression und „Sprachlosigkeit" in schwierigen Situationen sowie der natürliche Ablösungsprozess von den Eltern, Unschlüssigkeit über Berufswahl, Unzufriedenheit mit sich selbst überschneiden sich. Coaching und dadurch Begleitung gibt jungen Menschen die Möglichkeit, nachzudenken, zu reflektieren. Sie haben

Sicherheit und damit Halt, sie fühlen sich angenommen und wertgeschätzt und erlangen so Selbstbewusstsein. Durch das Gespräch entsteht Beziehung und Beziehung ist die Basis für menschliche Kommunikation, für Gemeinsamkeit. Von der Beziehung zueinander hängt es ab, wie wir unser Leben meistern.

In einer so komplexen Welt, wie es die unsere heute ist, sind Flexibilität und Auseinandersetzung mit neuen Situationen unerlässlich. Jugendliche sind auf der Suche nach ihrem eigenen, unabhängigen Weg. Sie orientieren sich an anderen und experimentieren. Oft kommen sie mit dieser Situation nicht mehr zurecht. Die Eltern zeigen vielleicht Unverständnis, haben mitunter zu wenig Zeit, sich mit den Problemen ihrer Kinder wirklich auseinanderzusetzen, sind aufgrund der Vielfalt an Ausbildungs- und Berufsmöglichkeiten überfordert und manchmal nicht in der Lage, ihren Kindern als Begleiter zur Seite zu stehen. Viele Eltern sind der Doppelbelastung Beruf – Familie ausgesetzt. Der Druck im beruflichen Alltag ist groß, die Kapazität und Energie der Eltern ist nicht unermesslich. Elterliche Ratschläge werden von „flügge werdenden" Jugendlichen nicht gern gehört und schon gar nicht angenommen. Manche Eltern verzweifeln und brauchen selbst Zuspruch und Hilfe, um den großen Anforderungen im Alltag gerecht werden zu können.

Die sogenannten „schwierigen Jahre" in der Pubertät müssen jedoch keine so schwierigen Jahre sein, wenn dem jungen, heranreifenden Menschen Eigenkompetenz überlassen wird. Allerdings setzt das voraus, dass er gelernt hat, damit umzugehen. Eigenkompetenz bedeutet die Freiheit zu haben, Verantwortung zu übernehmen, Verantwortung gegenüber den eigenen Handlungen und gegenüber den Mitmenschen und der Umwelt. Solches Verhalten von Jugendlichen gibt den Eltern Sicherheit und damit ein gutes Gefühl, weil sie wissen, sie können sich auf ihre Kinder verlassen, ihre Kinder sind stark.

Jungen Menschen, die dieses Verhalten nicht in ihrer Kindheit erlernt haben, erleben es wesentlich schwieriger,

Verantwortung zu übernehmen. Kooperieren können, aber auch sich bewusst abgrenzen können, stellen wesentliche Verhaltensweisen dar. Sind Defizite im sozialen Verhalten entstanden, muss das, was ihnen fehlt, dann in kurzer Zeit „nachgelernt" werden. Dafür benötigen sie professionelle Unterstützung und Begleitung.

Ich habe dabei erkannt, dass Coaching nicht nur Jugendlichen, sondern auch Eltern, ErzieherInnen und LehrerInnen helfen kann. Mit Ansätzen und Methoden aus dem Coaching kann jeder für sich sein Verhalten überprüfen, Ziele konkret erkennen und dadurch eine Verbesserung von schwierigen Situationen herbeiführen.

Seit Jahren arbeite ich im Bereich der Personalentwicklung und Erwachsenenbildung. Die Arbeit mit jungen Menschen bereitet mir besondere Freude, ist Abwechslung und vor allem Herausforderung. Die jungen Menschen zu verstehen, sie zu begleiten, ihnen ihre eigenen Fähigkeiten bewusst zu machen, sie zu stärken und ihnen Werte zu zeigen sowie die Vorbereitung auf einen guten Einstieg ins Berufsleben sind mir dabei ein Anliegen.

Wenn ich nun zurückblicke auf die Erziehung, die ich meinen Kindern zukommen ließ, muss ich zugeben, dass ich mir über meine Erziehungsziele, über Erziehungsstile, über eigene Wertvorstellungen zu Beginn keineswegs im Klaren war. Als Elternteil und Mutter ziemlich ungebildet habe ich mich vor 22 Jahren in das Neuland Kindererziehung begeben. Meine Kinder waren Wunschkinder. Ich hatte lediglich die Erfahrungen aus meiner eigenen Erziehung und die meiner deutlich jüngeren Geschwister zur Verfügung. So, wie meine Eltern mich erzogen haben, so wollte ich es nicht machen – das war mir klar. Und das war so ziemlich das Einzige, worüber ich Klarheit hatte. Ich habe schnell gemerkt, dass Erziehung nicht nur auf eigene Erfahrungen und Erlebnisse aufbauen darf. Diese haben uns ohnehin sehr geprägt und es ist schwierig, von manchen dieser Eindrücke und Prägungen Abstand zu nehmen.

Da ich keine anderen Erfahrungen zur Verfügung hatte, musste ich ausprobieren und experimentieren, mich und meine Erfolge oder Niederlagen reflektieren. Und trotz aller guten Vorsätze habe ich manches Verhalten der mich seinerzeit autoritär erziehenden Personen auch an mir wieder entdeckt. Vor allem in „Stresssituationen". Da schlittern wir in ein Verhalten hinein, das uns im Nachhinein oft unerklärbar ist und leidtut. Unter unüberlegten harten Worten oder der „g'sunden Watschn" leiden Eltern und Kinder.

Alles anders zu machen, als die eigenen Eltern es gemacht haben, kann auch nicht der richtige Weg sein. So schlecht ist das Produkt *Ich* nun auch wieder nicht. Alles anders zu machen würde auch bedeuten, keinerlei eigene Erfahrung mitzubringen und umsetzen zu können. Es wäre also ein Versuch im absoluten Neuland, geprägt von Unsicherheit.

Wie Sie später noch lesen werden, ist Sicherheit eine Voraussetzung für gutes Gelingen. Durch die Auseinandersetzung mit der eigenen Erziehung, mit den eigenen Erinnerungen und Erfahrungen ist es erst möglich zu differenzieren, zu erkennen, was hat mir gut getan und was war schwer für mich.

Es muss einen Weg geben, der neue Erkenntnisse auf vorhandenem Wissen aufbaut und sich mit Veränderung und Anpassung an neue Gegebenheiten auseinandersetzt.

Deshalb habe ich begonnen, mich mit diesem Thema konkret auseinanderzusetzen, habe mich weitergebildet, Kurse besucht, viel über Erziehung gelesen und dieses Wissen aus Pädagogik, Psychologie, Philosophie und Soziologie zusammengetragen.

Im Laufe meines Lebens habe ich schon einiges an persönlichen Erfahrungen und Wissen über den Umgang mit Menschen gesammelt und mich intensiv mit Erziehung beschäftigt. Als Coach, Trainerin und Beraterin habe ich interessante Erkenntnisse gewonnen und haben sich meine heutigen Sichtweisen geformt.

Mein jetziges Wissen resultiert aus eigenen Kindheitserfahrungen, Prägungen durch Erziehende, Hintergrundwissen aus wissenschaftlichen Theorien, aus Beobachtung und Auseinandersetzung mit unserer Gesellschaft sowie aus eigenen Erlebnissen und meiner Erfahrung mit meinen Kindern und letztendlich aus meiner Ausbildung und meinem Beruf – oder ist es Berufung? Diese Erfahrungen und dieses Wissen wollte ich zusammenführen und ein Buch entstehen lassen, das leicht lesbar und verständlich, inhaltlich fundiert und auch humorvoll ist.

„Humor ist der Knopf, der verhindert,
dass uns der Kragen platzt."
(Joachim Ringelnatz)

Meine Aussagen in diesem Buch stützen sich auf meine Erfahrungen als Mutter, Freundschaften mit jungen Menschen, meine berufliche Tätigkeit als Lehrende, Trainerin und Coach mit jungen Menschen ab einem Alter von 6 Jahren bis hin zu Studierenden, auf zahlreiche Gespräche und praktische Erfahrungen mit jungen Menschen vieler sozialer Schichten, auf Aussagen von Eltern und LehrerInnen und auf meine Lebenserfahrung.

Dieses Wissen möchte ich weitergeben, möchte aus der Vergangenheit Gelerntes zusammentragen, dem Hier und Jetzt anpassen und zugänglich machen und für die Zukunft bereitstellen.

Mein Anspruch an dieses Buch ist

- leichte Lesbarkeit, gute Verständlichkeit
- wissenschaftlicher Hintergrund in einfacher Form für jedermann verständlich
- brauchbare Beispiele für eine leichte Umsetzung
- Anleitungen zur Selbstreflexion
- „menschliche" Geschichten
- Humor.

Mein Buch richtet sich an Eltern, Erzieherinnen und Erzieher, Lehrerinnen und Lehrer. Ich möchte Sie als Leserin, als Leser ansprechen und Sie emotional erreichen. Ich verstehe es als eine Einladung an Sie, sich mit Erziehung auseinanderzusetzen, Bewusstsein dafür zu schaffen und Veränderung im eigenen Erziehungs- und Bildungsverhalten in Gang zu bringen. Selbstmanagement ist eine der Schlüsselfähigkeiten in unserer komplexen Gesellschaft und öffnet die Tür zum Erfolg.

Ich habe mich bewusst dafür entschieden, keine „guten Ratschläge" zu geben, weil ich Kindererziehung als etwas sehr Individuelles ansehe. Sie hängt zum einen viel von der Persönlichkeit der „Erziehenden", deren Haltung und deren individueller Wahrnehmung ab, zum anderen von der Persönlichkeit des Kindes. Wer mehrere Kinder hat, wird mir zustimmen, wenn ich sage, es ist unmöglich, zwei Kinder gleich zu erziehen. Ein allgemein gültiges Rezept für bestimmtes Erziehungsverhalten gibt es nicht und würde Eltern und in der Folge ihre Kinder nur verunsichern.

Vielmehr biete ich mit diesem Buch interessierten LeserInnen Gelegenheit zur Selbstreflexion und Handlungsalternativen, basierend auf von mir ausgewählten Modellen der Psychologie und Kommunikationswissenschaft.

Was können *Sie* – Eltern, ErzieherInnen, LehrerInnen, AusbilderInnen, TrainerInnen, Coaches – tun, um jungen Menschen alle Voraussetzungen für unsere schnelllebige und oberflächliche Zeit in dieser Gesellschaft mit auf den Weg zu geben? Was können wir alle tun, um unsere Jugend zu fähigen und kompetenten Menschen heranzubilden und ihnen damit eine Chance auf Berufstätigkeit und Erfolg sichern?

„Behandle die Menschen so, als wären sie, was sie sein sollten,
und du hilfst ihnen zu werden, was sie sein könnten."
(J. W. von Goethe)

Erziehung und Coaching

Was hat das eine mit dem anderen zu tun?

Damit Sie diese Frage beantworten können, möchte ich einen kleinen Exkurs machen und das Thema „Coaching" kurz beleuchten.

Coaching

Unter diesem Begriff hat sich in den letzten zwei Jahrzehnten eine qualitativ hochwertige Gesprächsform für Beratung, Förderung und Anleitung entwickelt Dabei nimmt der Coach eine besondere Rolle ein, indem er sich mit seinem Klienten auseinandersetzt. Klienten werden dadurch gestärkt und ermutigt, Lösungen zu entwickeln und mit ihren neu erworbenen Kompetenzen in der Folge situationsgerecht zu agieren.

Da Coaching in diesem Buch ein zentrales Thema ist, werde ich auf diesen Begriff näher eingehen, ihn verdeutlichen und klar abgrenzen. Coaching ist im deutschen Sprachraum ein weitgehend ungeschützter Begriff und wird unterschiedlich verstanden und interpretiert.

Ursprung und Definition

Der Begriff Coaching kommt aus dem Ungarischen. „Kocse" bedeutet Wagen/Kutsche. (vgl. Fischer-Epe, 2006)

Seit Mitte des 16. Jh. ist „coach" = Kutsche im englischen Sprachgebrauch nachgewiesen. Die Kutsche ist ein Hilfsmittel, damit man sich auf den Weg macht bzw. von einem Ort zum anderen kommt. In einer Kutsche macht man sich – geschützt durch den Innenraum und mithilfe des Kutschers – auf den Weg, um ein bestimmtes Ziel zu erreichen. Der Kutscher sorgt dafür, dass die Rahmenbedingungen stimmen und sein Passagier sein gewünschtes Ziel möglichst schnell erreicht.

Im übertragenen Sinn bedeutet es, dass der Klient geschützt durch den Rahmen, unterstützt und begleitet durch den Coach sicher und rasch sein gewünschtes Ziel erreicht.

Geprägt wurde der Begriff „Coaching" Ende des 19. Jh. durch seine Verwendung im Sport.

Man erkannte damals, dass zusätzlich zum körperlichen Training eine psychologische und mentale Vorbereitung auf den Wettkampf die Leistungsfähigkeit der Sportler enorm steigert. Dabei ging es vor allem um mentales Training.

Seit den 70er-Jahren wird Coaching in den USA im Führungskräftetraining und Management erfolgreich eingesetzt und dient der „Personalentwicklung". Es bezeichnet einen personen- und entwicklungsorientierten Führungsstil. Seit den 80er-Jahren hat Coaching im deutschsprachigen Raum Einzug gehalten: die Führungskraft als Coach.

In den letzten Jahren stieg der Bekanntheitsgrad von Coaching und gewann einen höheren Stellenwert. Gab es vor einigen Jahren ausschließlich Coaching im Sport bzw. für Führungskräfte, so wird heute Coaching im Fitness-Bereich, im persönlichen/privaten Bereich, im Wohn- und Finanzbereich etc. angeboten. Dabei muss jedoch zwischen professionellem Coaching und einer Beratungstätigkeit unterschieden werden. Ein Berater ist jemand, der Vorschläge macht, Ratschläge gibt, seinem „Kunden" sagt, wie es gehen könnte. Ein Coach hingegen hilft seinem Klienten zu erkennen, um welche Situation es sich handelt, welche Ressourcen (Möglichkeiten) der Klient für eine Lösung im Sinne des Klienten für Verfügung hat.

Führung oder Erziehung im Coaching-Stil
hat nichts mit Beratung zu tun.

Professionelles Coaching

Professionelles Coaching bedeutet, einen Coach zur Seite zu haben, der eine dahin gehende Ausbildung abgeschlossen hat und in einem anderen Kontext steht als sein Klient. Das bedeutet, eine Mutter kann ihr Kind nicht „professionell“ coachen und ein Chef nicht seinen Mitarbeiter. Die persönliche Nähe, die damit auftretenden gemeinsamen Interessen bzw. Ziele oder entstehende Emotionen lassen „professionelles Coaching“ nicht zu.

Professionelles Coaching wurde als ein effektives und effizientes Mittel zur Definition und Erreichung von Zielen erkannt. Als Erfolgskriterium ist die Erhöhung der Eigenkompetenz des „Gecoachten“ (Klient oder Coachee) erkennbar. Die Methodik des professionellen Coachings wird bereits in vielen Bereichen erfolgreich angewandt:

- zur Erlangung und Stärkung von Sozialkompetenzen und anderen Fähigkeiten (sowohl im beruflichen als auch privaten Bereich)
- in Unternehmen, im beruflichen Umfeld
- für Führungskräfte, um sie rasch und zielsicher zu ihren Zielen zu begleiten
- für Projekte und deren Umsetzung
- im sportlichen Bereich
- zur Begleitung von Arbeitsuchenden, in der Arbeitsassistenz
- zur Begleitung von Eltern bzw. Jugendlichen in schwierigen Situationen (Pubertät, Konflikte, Lernschwierigkeiten)
- im schulischen Bereich zur Begleitung von LehrerInnen bzw. ErzieherInnen

Im professionellen Coaching gestaltet der Coach einen Prozess, in dem er den Klienten/Coachee anleitet bzw. führt. Er hält sich dabei an eine klare vorgegebene Struktur. In diesem Prozess unterstützt der Coach seinen Coachee bei der Entdeckung und Anwendung seiner eigenen Fähigkeiten, damit dieser Lösungen findet, die den Rollenanforderungen gerecht werden (z. B. Schüler, Lehrling, Student ...) und gleichzeitig zur Person (z. B. handwerklich begabt, kreativ, intellektuell ...) passen.

Coaching ist demnach eine Prozessberatung und keine Fachberatung. Der Kunde „ist kundig“, wie Prof. Uwe Grau, Gründer des Kieler Coaching-Modells, mit einem Wortspiel formuliert.[1] Der Coach führt seinen Klienten durch einen Prozess, ohne ihn fachlich zu beraten oder Vorschläge zu unterbreiten. Deshalb ist es für den Coach nicht unbedingt notwendig, über ausreichendes Fachwissen zu verfügen, Feldwissen ist in der Regel ausreichend. Der Coach muss kein Lehrer sein, wenn er z. B. einen Lehrenden coacht. Das könnte sich sogar kontraproduktiv auswirken, weil seine eigenen Lehrerfahrungen miteinfließen und den Inhalt des Prozesses beeinflussen könnten.

Coaching ist nicht nur eine Technik, sondern *vor allem eine innere Haltung,* bei der dem Kunden die Lösungskompetenz überlassen wird.

1 Scheibel in Training, Nr. 2/2006, S. 26–35.

Grundannahmen im Coaching
Jeder von uns kommt mit konstruktiven Anlagen zur Welt, fähig und aus sich selbst bereit zu wachsen und sich als Person zu verwirklichen. Menschen sind von Art, Wesen und Entwicklungsmöglichkeiten her in Ordnung, so wie sie sind. Wir sind okay.
Jeder Mensch ist von Natur aus, d. h. ohne schädigenden Einfluss seitens seiner Umwelt liebenswert und liebenswürdig. Jedes Kind kommt mit der Fähigkeit auf die Welt, seine Möglichkeiten zu seinem und zum Vorteil der Gesellschaft zu entwickeln, sich seines Lebens zu freuen, produktive und kreative Arbeit zu leisten und frei von psychischen Störungen zu sein. Alle Menschen sind gleichwertig und gleichberechtigt.
Der Mensch ist ein soziales Wesen und ist in der Erfüllung seiner Bedürfnisse auf andere Menschen angewiesen.

Fähigkeiten und innere Haltung eines Coachs

Ein professioneller Coach benötigt Bewusstsein über seine Stärken und Schwächen, seine besonderen Fähigkeiten und über seine Persönlichkeit. Dabei richtet er den Blick nach innen, indem er sich über sich selbst Bewusstsein verschafft, sich selbst beobachtet und stets reflektiert. Er muss im Einklang mit sich selbst sein und Vertrauen in sich und seine Fähigkeiten haben.

Der Blick nach außen hilft ihm, das Ziel im Auge zu behalten. Dafür benötigt er Neugierde, Interesse und Engagement. Er braucht Klarheit, Struktur und Wissen, was sich in seiner methodischen Kompetenz niederschlägt.

Soziale Fähigkeiten sind für einen Coach unerlässlich. Davon hängt es zum Großteil ab, wie er mit anderen Menschen umgeht, welche Haltung er anderen Menschen gegenüber einnimmt. Seine Vision muss es sein, das Beste im Menschen zu sehen und zu suchen, auch wenn es verborgen ist. Er zeigt Wachsamkeit, Intellekt und ist seinem Klienten Vorbild.

Dafür braucht er eine präzise *sinn*liche Wahrnehmung ohne Bewertung. Fehlverhalten von anderen darf keine Barriere sein. Es braucht eine offene Grundeinstellung.

Er muss Beziehung und Vertrauen aufbauen können. Dafür braucht es Verständnis für den anderen, unabhängig von den eigenen Erwartungen. Die Gefühle, Interessen und Bedürfnisse des anderen stehen im Vordergrund.

Kommunikative Fähigkeiten wie z. B. ausreden lassen, zuhören, den anderen verstehen, Wertschätzung, Respekt und Achtung vor dem anderen runden sein Profil ab.

„Durch Coaching wird eine Entwicklung der Person in Gang gesetzt, die sowohl an der Aufgabenreife (Fähigkeiten, Fertigkeiten) als auch an der psychologischen Reife (Selbstvertrauen, Mut, Motivation, Sinn des Tuns, Bereitschaft zur Übernahme von Verantwortung) in Bezug auf den jeweiligen Arbeitsplatz/das jeweilige Umfeld ansetzt."

(Haberleitner, 2003, S. 25)

Der besondere Vorteil von professionellem Coaching ist, dass in kurzer Zeit viel bewegt werden kann. Meine kürzeste „Coaching-Sitzung" dauerte 15 Minuten. Das überraschte nicht nur den Klienten, sondern auch mich als Coach. In diesen wenigen Minuten stellte ich ihm zwei oder drei Fragen und regte damit Gedankengänge an. So fand er rasch zu seiner Lösung.

Damit ist klar definiert, was mit professionellem Coaching gemeint ist und dass Coaching in fast allen Bereichen, in jedem Kontext zum Einsatz gelangen kann. Coaching ist eine Mobilisierung, eine Ermutigung, zu einer „Entdeckungsreise in das innere *Ich*" aufzubrechen. Die Folge ist ein Auffinden und dadurch Erwerben von Fähigkeiten, an die man zuvor nicht glaubte.

Wann suche ich einen professionellen Coach auf?
- Wenn meine Gedanken im Kreis gehen.
- Wenn ich unsicher bin bzw. ich keine Entscheidung treffen kann.
- Wenn ich unzufrieden bin mit mir selbst, mit meinen Handlungen.
- Wenn mich eigenes Verhalten hindert oder blockiert.
- Wenn ich etwas verändern möchte und nicht weiß, *wie.*
- Wenn ich Angst vor Veränderung, vor der Zukunft habe.

Wenn wir immer das Gleiche machen, werden wir immer das Gleiche haben. Solange wir damit zufrieden sind, ist das in Ordnung. Sind wir jedoch unzufrieden, wollen wir etwas Anderes haben, dann müssen wir etwas anderes tun.

Coaching beschäftigt sich mit Lebenssituationen, Zielen und Leistung, mit Träumen, Werten, Glaubenssätzen und Fähigkeiten. Der größte Gegner im Coaching ist die Gewohnheit, das gewohnheitsmäßige Denken, Fühlen und Handeln. Alle unsere Gewohnheiten haben ihren Wert. Sie zu schaffen, hat uns Energie gekostet. Deshalb trennen wir uns nicht so gern von Gewohnheiten, auch wenn wir die Erfahrung machen, dass manche unserer Gewohnheiten nicht zufriedenstellend, ja manchmal sogar hinderlich für uns sind.

Um nun bestehende Bilder, Gewohnheiten, Meinungen, Sichtweisen durch neue auszutauschen, benötigen wir wiederum Energie. Es geht um ein „Ausbrechen“ aus eingefahrenen Mustern, darum die seit unserer Geburt geprägten Denk- und Verhaltensmuster zu verlassen und neue Wege zu finden und zu versuchen. Störungen und Blockaden, Ängste, die entstanden sind durch Umgebungseinflüsse, ungünstige Erziehung, ungünstige Unterrichtsformen, nachteilige Wirkungen aus dem gesellschaftlichen Umfeld, können durch professionell geführte Gespräche bewusst gemacht und unterbrochen werden. Der Coach unterstützt dabei, unter Einsatz von verschiedenen Methoden und Techniken, damit sein Klient in effizienter Weise neues Denken und Handeln entwickelt.

Mit der Methode des professionellen Coachings kann Eltern und Erziehenden eine Betreuung, Begleitung und Stärkung zuteilwerden. Durch diesen Prozess werden sie angeleitet, das eigene Verhalten, mit dem sie auf schwierige Situationen reagieren, zu überprüfen und bewusster zu erfahren. Auf diesem Selbsterfahrungs- und Bewusstwerdensprozess aufbauend, suchen sie nach neuen Lösungsmöglichkeiten, nach Alternativen und setzen bewusst ihre zur Verfügung stehenden Fähigkeiten ein. Es entfaltet sich eine neue Perspektive. Unzweckmäßige Verhaltensweisen können verändert werden. Jakoby beschreibt dies als „Erziehung der Erziehung“. Dadurch finden eine Reifung und Entwicklung statt. (vgl. Biedermann, 2003) Kompetente ErzieherInnen wirken sich günstig auf Kinder und Jugendliche aus. *„Ändern müssten sich Mentalität und Verhalten der lehrenden Erwachsenen, die Einstellung zu den Möglichkeiten des jungen Menschen.“* (Heinrich Jacoby[2] Professionelles Coaching richtet sich ebenso an Jugendliche. Es dient zum einen als eine sehr wertschätzende und konstruktive Gesprächsform. Sie lässt den Jugendlichen als gleichwertigen Gesprächspartner zu, und Jugendliche wollen als gleichberechtigte Person wahrgenommen und behandelt werden. Dadurch werden oft erst positive und konstruktive Gespräche möglich. Diese leiten dazu an, von einem angelernten und praktizierten Verhalten zu einem freien und selbstverantwortlichen Handeln zu kommen, egal, ob es sich dabei um eine konkrete „Problemlösung“ handelt, um Zielarbeit oder um Vorbereitung für Prüfungen, Bewerbung etc.

2 http://www.jacobygindler.ch/jacoby_biografie.html

Was hat nun das Coaching mit Erziehung zu tun?
Wie kann es kombiniert werden?

Führungskräfte werden gecoacht, damit sie zielgerecht und effizient ihre Arbeit verrichten können. Sie nehmen sich einen Coach, wenn sie schwierige Wegstrecken zu bewältigen haben oder unsicher sind, wie sie vorgehen sollen. Menschen kommen zum Coaching, wenn sie vor Entscheidungen stehen und unsicher sind, wenn hinderliche Verhaltensweisen sie blockieren.

Diese Möglichkeit des Coachings können Eltern auch nützen. Eine Form von Begleitung soll dieses Buch für Sie als Erziehenden darstellen.

Gleichzeitig möchte ich damit auch Fähigkeiten vermitteln, die Ihnen als Erziehenden helfen, mit Ihren Kindern besser zurechtzukommen, und die es ermöglichen, selbstständige und selbstverantwortliche junge Menschen heranzubilden.

In meiner Ausbildung zum Systemischen Coach habe ich mich, mit Jugendlichen beschäftigt. Dabei habe ich erkannt, dass diese im Coaching übliche Gesprächsform sehr gut geeignet ist, mit schwierigen Situationen zurechtzukommen. Diese Gesprächsform findet nicht nur im beruflichen Kontext Verwendung, sondern sie ist absolut alltags- und familientauglich.

Dafür benötigt es jedoch soziale Fähigkeiten des Erziehenden, die sich wiederum auf das Gespräch, auf die Beziehung zu dem Jugendlichen hilfreich und förderlich auswirken.

Empathisches Verstehen
Bedeutet nicht wertendes, sondern einfühlendes Verstehen. „Ich verstehe, was du meinst, worum es dir geht, was dir wichtig ist." Es bedeutet, sich in die Erlebniswelt eines anderen hineinzuversetzen und darauf einzulassen, ohne sie aber zu übernehmen. Es geht um Mitfühlen und nicht um Mitleiden.

Akzeptanz
Akzeptanz bedeutet, die Person, die Gefühle und Erfahrungen des anderen zu respektieren. Das Kind wird als eine Person mit eigenem Wert behandelt und nicht abgewertet. Die Abneigung der Mutter gegen das Piercing steht deshalb nicht im Gegensatz zu einer wertschätzenden Grundhaltung der Tochter gegenüber.

Wertschätzung heißt demnach,

- dem anderen seine Freude, Enttäuschung, Wut, etc. zu lassen und trotzdem ernst zu nehmen
- nicht die Verantwortung für den anderen zu übernehmen
- Zeit geben
- ...

und bedeutet nicht,

- mit jedem Verhalten des anderen einverstanden sein
- allem zustimmen
- seine eigene Meinung zu unterdrücken

Kongruenz
Kongruenz drückt Echtheit, Stimmigkeit und Authentizität aus und zeigt von Persönlichkeit. Es heißt sich ungekünstelt zu verhalten, ohne dem anderen etwas vorzuspielen. Das Kind spürt diese Kraft, diese Persönlichkeit. Kongruent sein bedeutet aber auch, sich klar auszudrücken, offen und deutlich seine Meinung zu sagen. Dies ist keine Aufforderung, alles zu sagen, was man denkt und fühlt. Alles, was man sagt, soll jedoch ehrlich sein.

Zutrauen
Grundsätzlich können sich Eltern nur dann auf diesen Erziehungsstil einlassen, wenn sie ihren Kindern zutrauen, dass diese in der Lage sind, sich weiterzuentwickeln. Mit der Haltung des Zutrauens unterstützen sie ihre Kinder, ihre Fähigkeiten auszubauen und die Grenzen nach außen zu verschieben. Da

Menschen dazu neigen, sich gemäß den Erwartungen anderer (vor allem geliebter Personen) zu verhalten, trägt das Zutrauen der Eltern entscheidend zur Entwicklung ihrer Kinder bei.

Solche sozialen Fähigkeiten, solch eine Haltung anderen gegenüber, wirkt sich positiv auf die Beziehung zwischen Eltern und Kind aus. Nimmt das Kind im Verhalten seiner Eltern diese Fähigkeiten wahr, lernt es nach und nach, sich selbst ebenso zu begegnen. Durch das Gefühl des Angenommenwerdens fühlt es sich nicht unterdrückt und kann in diesem „angstfreien" Klima sich für Erfahrungen und Neues öffnen. Eltern dienen dabei dem Kind als Vorbild.

Coaching fördert und begleitet Veränderung. Dabei wird die Ist-Situation – auch das Problem – bewusst gemacht. Ziele werden definiert und Strategien zur Zielerreichung erarbeitet. Coaching bietet die Möglichkeit in kurzer Zeit ein Ziel zu erreichen, was wiederum ein Erfolgserlebnis darstellt und die Motivation, weiterzumachen, fördert. Dabei ist es wesentlich, dass neu erlernte Methoden umgesetzt und regelmäßig überprüft werden.

Wichtigste Lebensabschnitte in der Entwicklung von Menschen

„Sie sind schwanger".

Drei Worte, die die Welt verändern. Wer hätte das gedacht? Ich ehrlich gesagt, nicht.

Obwohl wir uns ein Kind wünschten, war die Nachricht, dass es nun so weit ist, eine große Überraschung. Ich konnte es fast nicht glauben. Diese Zeit der Schwangerschaft ist zum einen so normal, dass es keinen Unterschied zu vorher macht. Zum anderen so aufregend, dass ich heute noch gerne zurückdenke. Mir ging es immer gut, ja fast besser, als wenn ich nicht schwanger war. Die erste Ultraschall-Untersuchung: Wir, mein Mann und ich, waren fassungslos und konnten beobachten, wie sich das Kind entwickelte und wuchs. Heute denke ich, ich hätte diese Zeit noch bewusster erleben und mehr genießen sollen.

Pränatale Entwicklung

Die Entwicklung des Gehirns setzt sehr früh im Leben des Embryos ein. Bereits am Ende des 2. Schwangerschaftsmonats ist der Hauptabschnitt des Gehirns deutlich erkennbar. (Zimmer, 2005) Der Kopf ist in diesem Stadium der größte Körperteil.

Ungeborene können bereits im Mutterleib hören, tasten und schmecken. Für diese ersten Wahrnehmungen werden neuronale Netzwerke angelegt. Deshalb erkennen Säuglinge nach der Geburt z. B. die Stimme ihrer Mutter.

Ebenso beeinflussen bereits während der Schwangerschaft mütterliche Stresshormone den kindlichen Organismus. (Bauer, 2007) Stresshormone werden produziert bzw. ausgeschüttet, wenn im Körper der Mutter Stress entsteht. Verantwortlich für Stress ist das limbische System. Dabei wird nicht unterschieden, ob es sich um Reizüberflutung, zu wenig Schlaf, eine ungesunde Lebensweise, Schmerz, Angst etc. handelt. Einfach ausgedrückt, gibt das limbische Gehirnsystem den Auftrag Stresshormone zu produzieren, um den Körper kampf- bzw. abwehrbereit zu machen. Das ist ein archaisches Stressmuster. Und diese produzierten Stresshormone haben Wirkung auf den Körper der Mutter und des Ungeborenen.

Nikotin

Die bekannteste Wirkung von Rauchen während der Schwangerschaft ist ein geringes Geburtsgewicht, Neigung zu Allergien und Asthma. Die Wahrscheinlichkeit einer Fehl- oder Frühgeburt ist gegeben. Weitere Folgen können Säuglingstod oder erhöhtes Krebsrisiko sein.

Wie kommt es dazu?

Nikotin zieht die Blutgefäße zusammen und vermindert den Blutstrom in die Gebärmutter. Dadurch wird der Transport von Nährstoffen vermindert. Das durch das Nikotin entstandene Kohlenmonoxid verdrängt den Sauerstoff im Blut und schädigt das zentrale Nervensystem des Kindes, zu dem das Gehirn zählt. Die krebserregenden Giftstoffe aus der Zigarette gelangen in hoher Konzentration in den Blutkreislauf des Ungeborenen. Auch Passivraucherinnen gefährden dadurch ihr Kind. (Berk, 2005)

Alkohol

Alkoholkonsum während der Schwangerschaft birgt für das Kind die Gefahr von verlangsamtem körperlichem Wachstum, motorischen Störungen, niedrigen Intelligenzwerten, Konzentrationsstörungen und Anomalien im Aussehen. 1 % der heute geborenen Säuglinge leidet an einem *fetalen* Alkoholsyndrom, also an vorgeburtlich entstandenen Schädigungen durch Alkoholkonsum der Mutter.

In der Pubertät häufen sich schlechte schulische Leistungen, unangemessenes Verhalten, Alkoholmissbrauch und Neigung zu Depression und psychischen Problemen.

Wie kommt es dazu?
Alkohol stört die Gehirnentwicklung in den frühen Schwangerschaftsmonaten. Das führt zu Strukturschäden und zu Fehlfunktionen im Gehirn.

Sogar geringer Alkoholkonsum – also ein alkoholisches Getränk am Tag – wird mit reduziertem Kopf- und Körperwachstum in Verbindung gebracht. (ausführlich in Berk, 2005). Heute weiß man, jeder Tropfen Alkohol ist schädlich für die Ausbildung des Gehirns.

Das Säuglingsalter

0 bis 4 Monate
Die Geburt stellt für Mutter und Kind eine Herausforderung, also Stress, dar. Wie das Kind mit diesem und folgendem Stress umgeht, lernt es aus der Beziehung zur Mutter bzw. zu seiner Bezugsperson. Für kurze Zeit ist der Säugling abgetrennt, allein gelassen, beziehungslos. Das Ausmaß und die Intensität mütterlicher Zuneigung nach der Geburt spielen eine entscheidende Rolle, wie das Neugeborene in Zukunft unter Stress reagieren wird.

Der Säugling kommt mit einer Ausstattung zum Überleben und mit angeborenen Reflexen zur Welt, die wir als augenscheinliche Verhaltensmuster beobachten können:

Bei hellem Licht, wenn etwas zu nahe an seine Augen kommt oder er ein lautes Geräusch vernimmt, schließt er die Augen und schützt sich so vor zu starken Reizen

Bei Berührung an der Wange dreht er den Kopf in diese Richtung. Das hilft ihm die Brustwarze für Nahrung zu finden. Sobald er etwas in den Mund bekommt, saugt er rhythmisch. Das hilft ihm Nahrung aufzunehmen. = Saugreflex. Sobald er Berührung in der Handfläche spürt, schließt er seine Hand zur Faust und umgreift so den Gegenstand. = Greifreflex.

Sinnliche Wahrnehmung beginnt

Mit seiner Geburt beginnt der Mensch Sinneseindrücke wahrzunehmen. Die sinnliche Wahrnehmung stellt für den Säugling die Verbindung zur Umwelt dar. Seine fünf Sinne sind sozusagen die Öffnungen, durch die er seine Umwelt in sich hineinlässt und damit Kontakt zur Umwelt herstellen lernt. Mit den Augen kann der Säugling seine Umwelt sehen, mit den Ohren hört er die unterschiedlichen Laute und Stimmen, über die Haut nimmt er Berührung, Temperatur usw. wahr. Er kann schmecken und riechen und nimmt sofort den Geruch der Mutter wahr.

Es werden weniger Stresshormone (Coritsol, Adrenalin) aktiviert und ein Glückshormon (Oxytocin) produziert.

Weiters werden die Verschaltungen zwischen den Nervenzellen erhöht. Anwesenheit und Liebe der Mutter ist das beste Beruhigungsmittel für das Kleinkind.

Sinnliche Wahrnehmung ist jedoch mehr als das Aneinanderreihen von Sinneseindrücken. Der Wahrnehmungsprozess ist ein ganzheitlicher Vorgang, bei dem mehrere Sinneswahrnehmungen synchronisiert werden und zu einer Gesamtempfindung zusammenwirken. Durch das Zusammenspiel seiner Sinne lernt der Säugling zu differenzieren und macht Unterschiede zwischen nahen Personen und fremden Personen, zwischen dem Geruch seiner Mutter und seinem Vater, er stellt fest, was schmeckt und was nicht.

Diese sinnliche Wahrnehmung muss er mit etwas in Beziehung bringen. Er weiß vorerst nicht, dass er Hunger hat, er spürt nur „Missempfinden“, seine „Alarmsysteme“ werden aktiviert und er beginnt zu weinen. Neurobiologisch betrachtet, empfindet der Säugling „Schmerz". Der Gehirnteil, der Gefühle verarbeitet – das emotionale Gehirn – unterscheidet nicht, ob es Hunger oder tatsächlicher Schmerz ist. Wird dieser „Schmerz" von der Mutter geheilt, indem sie den Säugling füttert, tröstet, streichelt, ist die Welt für ihn wieder in Ordnung. Seine Mutter ist okay und er ist okay.

In dieser ersten Lebensphase benötigt der Säugling

- Nahrung,
- Geborgenheit (körperliche Nähe, Zuneigung, Streicheln, Ansprache, Stimme der Mutter),
- Sicherheit (Wärme, Schutz, Regelmäßigkeit).

Aus der Reaktion und den Handlungen der Mutter zieht der Säugling Rückschlüsse und gibt ihnen eine „Bedeutung". Er fühlt Geborgenheit und bekommt Sicherheit. Der Säugling entwickelt Gefühle, die zwischen Zufriedenheit und Unzufriedenheit wechseln und schwanken. Für diesen emotionalen Wechsel sind Beziehungsbedürfnisse und ihre Erfüllung verantwortlich. Ob das Kind die Bedürfnisbefriedigung als ausreichend empfindet, wird vom genetischen Erbe mitbestimmt und hängt von den prä- und postnatalen „Erfahrungen" ab.

Aufgrund dieser entstandenen Gefühle trifft bereits der Säugling erste Entscheidungen über den Wert, den sich das Kleinkind selbst zuschreibt.

Dabei ist das Kind in seiner Wahrnehmung von den Reaktionen der anderen in seiner Umgebung abhängig.

Durch Wahrnehmung entstehen neuronale Verschaltungen im Gehirn. Es entstehen neue Synapsen und Nervenfasern. Säuglinge, die in den ersten Lebensmonaten häufig unbeachtet in ihrer Wiege lagen, entwickelten sich auffallend langsam. (Shantz 1991, in: Zimmer, 2005)

Aus diesen Erlebnissen und Erfahrungen mit der inneren und äußeren Umgebung zieht das Kind seine Schlüsse, wie es mit anderen am besten zusammenleben kann, und formt seine eigenen Lebensanschauungen bzw. schreibt sein Lebensscript.

Die ‚intuitive' Fähigkeit der Mutter, mit ihrem Säugling in Kontakt zu treten und die Kommunikation an die Aufnahmefähigkeit des Säuglings anzupassen, stammt aus Gedächtnisspuren, die bei der Mutter in ihrer eigenen Säuglingszeit angelegt wurden. (vgl. Bauer, 2007)

Beziehungserfahrungen nehmen Einfluss auf die Regulation der Genaktivität, denn diese zwischenmenschlichen Beziehungen haben enorme Bedeutung für die Biologie unseres Körpers. Die angeborenen Spiegelsysteme des Säuglings können sich nur dann entfalten und weiterentwickeln, wenn es zu einem geeigneten und für ihn passenden Angebot an Beziehung kommt. Bereits Tage nach der Geburt beginnt der Säugling mit seiner angeborenen Fähigkeit zur Imitation Beziehung zu seiner Mutter herzustellen. Es macht einen Unterschied, ob die Mutter ruhig und gelassen, freundlich, fröhlich ist oder ob sie gestresst und unruhig ist. Zwischen Mutter und Kind beginnt ein wechselseitiges Aufnehmen und spiegelndes Zurückgeben von Signalen. Der Säugling braucht menschliche Gesichter, um Reaktionen ablesen und so zu sich selbst finden zu können. (ausführlich in Bauer, 2006)

Die Mutter lächelt ihr Baby an und das Baby lächelt zurück. Die Mutter öffnet die Augen oder den Mund und das Baby imitiert sie. Gleichzeitig hat die Mutter die intuitive Tendenz, ihr Kind zu imitieren und Signale zurückzuspiegeln. Dadurch erhält der wochenalte Säugling Zeichen, dass er erkannt und angenommen wurde, und ist wiederum motiviert, Signale zu senden. Der Säugling tritt emotional mit seiner Umgebung in Kontakt und entspricht seinem emotionalen und neurobiologischen Grundbedürfnis. Frühe Spiegelungen führen zu seelischem und körperlichem Glück. Wird dem Säugling dieser Signalaustausch verwehrt, wird die spätere Fähigkeit des Kindes, mit anderen Menschen in emotionalen Kontakt zu kommen und sich mit ihnen intuitiv verbunden zu fühlen, gemindert. Säuglingsforscher fanden heraus, dass das Kleinkind bereits mit zwei Monaten aktiv um eine gefühlsmäßige Abstimmung bzw. Übereinstimmung mit der Mutter bemüht ist.

Die Welt der Gefühle

Wenn also die Mutter nach der Geburt ihr Kind im Arm hält, das Kind ihre Wärme spürt, den Herzschlag hört, gefüttert wird, erlebt es dadurch Zuneigung und Sicherheit. Das Beziehungsbedürfnis nach Sicherheit wurde erfüllt. Das Kind entwickelt Vertrauen in seine Umwelt. Wenn das Kind diese intensive Beziehung und Sicherheit oft erlebt, beschließt es seine Grundposition: Ich bin okay – du bist okay.

Damit haben Eltern einen starken Einfluss darauf, welche verbalen und nonverbalen Botschaften das Kind von den ersten Lebenstagen an aufnimmt.

Tröstet die Mutter nicht und dauert der Schmerz weiter an, entsteht in der Gefühlswelt des Säuglings Angst. Es geht um Sein oder Nicht-Sein, er ist von seiner Mutter oder seiner Bezugsperson abhängig. Er kann sich selbst nicht helfen, er ist nicht „autonom“ genug. Wird diese Angst genommen, wird der Schmerz geheilt, ist die Welt für den Säugling dann doch wieder okay.

Bleiben der Schmerz und die Angst jedoch weiter bestehen, entsteht in der Gefühlswelt des Säuglings Ärger. Kommt die Mutter, tröstet den Säugling, erfüllt seine Bedürfnisse, wird sein Ärger vorerst einmal geheilt.

Wird der Ärger jedoch nicht geheilt, entsteht mit der Zeit eine innere Traurigkeit.

In seinem Lebenscript werden jedoch Einträge über diese unerfüllten Beziehungsbedürfnisse niedergeschrieben.

Werden häufig Beziehungsbedürfnisse nicht erfüllt, entsteht mit der Zeit Traurigkeit.

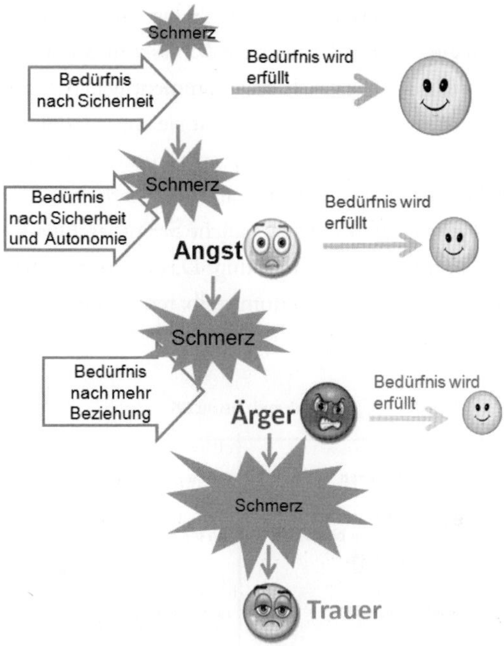

Gefühle und ihre Entstehung

Das Lebensscript

Das Lebensscript ist ein Modell aus der Transaktionsanalyse nach Eric Berne[3] (ausführlich in Stewart & Joines, 1990)

Obwohl bis zum zweiten Lebensjahr dem Kleinkind keine bzw. sehr wenige Worte zur Verfügung stehen, beginnt der Säugling damit unbewusst ein solches Lebensscript anzulegen, indem das Gehirn die entstehenden Gefühle „mitschreibt". Diese „Scriptbeschlüsse" trifft es als Reaktion auf seine eigene Wahrnehmung von verbalen und nonverbalen Botschaften aus seiner Umwelt. Noch bevor das Kind Sprache versteht, hat es eine geschärfte Wahrnehmung für Gesichtsausdruck,

3 Eric Berne, US-amerikanischer Arzt und Psychiater, Begründer der Transaktionsanalyse.

Körpersprache, Bewegung, Sprachklang und Gerüche. Trägt die ausgeglichene und stressfreie Mutter ihr Kind nun ganz nah bei sich, fühlt es sich angenommen, geliebt und in Sicherheit. Ist die Mutter gestresst, ist sie angespannt, wird das Kind diese Anspannung wahrnehmen und fasst diese möglicherweise als Zurückweisung, als Unsicherheit auf. Manchmal fertigt sich das Kind auch solche Scriptbeschlüsse aus der Wahrnehmung seiner Umgebung. Das können laute Geräusche sein oder Unruhe im unmittelbaren Umfeld.

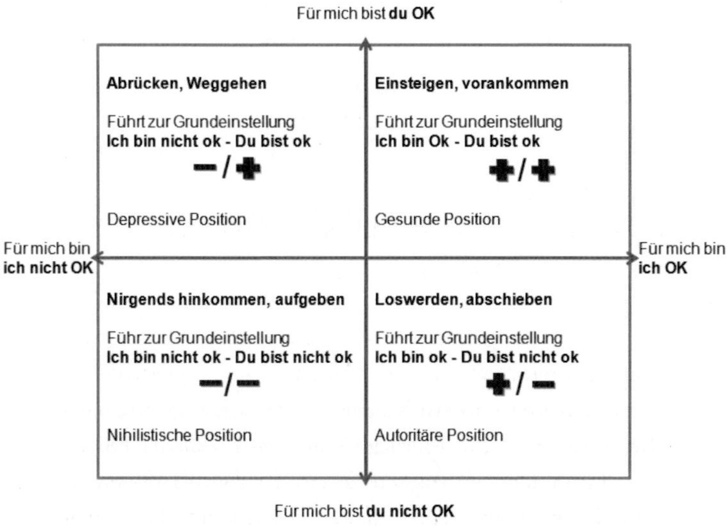

Grundeinstellungen n. Berne

„O. k." meint:
wertvoll, wichtig, angenommen und willkommen in diesem Leben und in der Welt.

„Nicht o. k." hingegen bedeutet:
nicht wertvoll, unwichtig, unwillkommen und unerwünscht in diesem Leben und in der Welt

Mit der Geburt wird dieses Script begonnen, mit ca. 4 Jahren stehen die Umrisse fest, mit ca. 7 Jahren ist das Script fertig.

Deshalb sind die ersten Lebensjahre die wichtigsten in der Entwicklung der Kinder. Es entstehen bestimmte Erfahrungsmuster, auf die das heranwachsende Kind dann bei Bedarf wieder zugreifen kann. Zwischen dem zweiten und sechsten/siebenten Lebensjahr prägt jeder Mensch seine Lebensanschauungen oder auch Grundeinstellungen.

Diese Grundeinstellungen dienen wiederum als Wahrnehmungsfilter. Wer einmal eine dieser Grundeinstellungen bezogen hat, neigt dazu, die Welt in dieser Weise zu sehen und zu erleben. (Harris, 2002)

Bis zum Alter von ca. 12/13 Jahren wird das Script noch geglättet und ein paar Besonderheiten eingefügt.

Buchempfehlung:

Mayer-Hauser: Lieben – Ermutigen – Loslassen. Erziehung nach Montessori, 2000.

Der Mangel an Vertrauen kann zeitlebens die Sehnsucht nach einer besseren Welt bewirken. Der Mensch kompensiert seine Unsicherheiten und Ängste mithilfe verschiedener Abwehrstrategien, „Ich muss stark sein", „Ich muss mich anstrengen" oder Grundüberzeugungen, die einschränkend wirken, wie z. B. „Ich kann das nicht", „Ich darf das nicht.". Je weniger von diesem sogenannten „Urvertrauen" entwickelt wurde, je höher der Angstpegel ist, umso stärker sind die Abwehrmechanismen. Je häufiger Angstsituationen auftreten, desto häufiger werden Abwehrstrategien angewendet. Wir sprechen dann von „seelisch verarmt" und diese Bezeichnung trifft es ziemlich genau. Die Seele des Kindes bleibt leer. Diese Verletzungen in der Kindheit tragen in der Gegenwart dazu bei, erfüllte Beziehungen zu verhindern.

Zwischen Erziehung und Prägung gibt es kein lineares Verursacher-/Wirkungsprinzip. Es kann ein und dieselbe

Erziehungshaltung bei dem einen Kind mehr, bei dem anderen weniger Angst auslösen.

Das Krabbelalter

4–7 Monate

Das Kind entdeckt seine Hände und beginnt die Welt zu „begreifen". Indem das Kind alles Greifbare in den Mund steckt, erlebt es, dass es ein „Außen" und ein „Innen" gibt. Das Baby wird differenzierungsfähig. Es beginnt mit den Augen aktiv Blicke einzufangen und die Bedürfnisse nach Sozialkontakt blühen auf. Gleichzeitig beginnt es zu „fremdeln". Damit zeigt es, dass es in der Lage ist, unterschiedliche Personen differenziert wahrzunehmen.

Aus dem Saugreflex wird ein bewusstes Aufnehmen von Nahrung. Es bekommt seinen ersten Zahn und stößt erstmals an Grenzen, wenn die Mutter die Brust zurücknimmt, weil das Kind zugebissen hat bzw. wenn die Mutter es verhindert, dass das Kind etwas in den Mund steckt.

Entweder – oder weicht dem Sowohl – als auch.

Das Kind erfährt, dass es Reaktionen der Zustimmung (einig sein = Nähe haben) oder der Ablehnung (noch nicht dürfen/können, uneinig sein = nicht Nähe haben = auf Distanz gehen) gibt. Erstmals treten Ambivalenzen auf und verunsichern das Kleinkind. Bleibe ich mit meinen Bezugspersonen in Kontakt, auch wenn ich etwas mache, das nicht auf Zustimmung stößt?

Mit ca. 6 Monaten beginnt das Kind zu krabbeln und den Ablauf und das Ziel von Bewegungssequenzen zu erkennen und zu speichern. Wenn ein Ball auf einer Seite unter die Bank rollt, weiß das Kind, dass er auf der anderen Seite wieder herausrollt. Das Kind erfährt, dass Dinge und Personen auch dann existieren, wenn sie gerade nicht zu sehen sind. Daraus entwickelt sich die Fähigkeit, Ziele und Absichten von beobachteten Handlungen zu erkennen und zu verstehen. Das Kind entwirft sein Bild der Welt als eine Ansammlung von Handlungsmöglichkeiten. Es erlangt die Erkenntnis, dass es einen Unterschied zwischen dem Ich und anderen gibt.

Geschichte

In diesem Alter zeigten sich bei meinen beiden Kindern bereits erste Anzeichen von Interessen und Neigungen. Allerdings war mir das damals noch nicht so bewusst. Ich beobachtete das zwar, konnte jedoch die Auswirkung noch nicht abschätzen. Während das eine Kind gerne Musik hörte, mit Gegenständen rhythmisch klopfte, alles begreifen wollte und experimentierte, interessierte sich das andere Kind für sich bewegende Dinge wie Mobile, Kreisel. Um sich fortzubewegen, krabbelte es nicht, sondern es rollte sich auf dem Boden, drehte sich in die richtige Richtung und rollte weiter. So kam es in der Wohnung überall hin. Aufstehen mit Anhalten konnte es auch. So kam es, dass es eines Tages plötzlich auf dem Küchentisch saß, jauchzte und mich anstrahlte. Es hatte sich zur Bank gerollt, war aufgestanden, hatte sich hochgezogen, war auf der Bank aufgestanden und war von dort aus auf den Tisch geklettert.

7–18 Monate

Das Kleinkind erkennt Nähe und Distanz. Es lässt Gegenstände fallen und beobachtet, wie sie sich „wegbewegen".

Dabei erkennt das Kind Unterschiede beim Fallen, im Geräusch, wenn der Gegenstand aufkommt.

Kinder, die nicht im Gitterbett oder in einer Gehschule sind, rollen Bälle, werfen Gegenstände und beobachten und krabbeln, robben, rollen diesen nach.

Geschichte
Ein Kleinkind sitzt in seinem Gitterbett und lässt Spielsachen zwischen den Stäben herausfallen. In einem nächsten Schritt steht es auf und lässt diese Gegenstände vor dem Gitterbett herunterfallen. Ein weiterer Versuch war, diese Gegenstände wegzuwerfen. Wenn alles vor dem Gitterbett liegt, dann macht das Kind auf sich aufmerksam. Es will seine Sachen wieder haben, damit es sie nochmals hinauswerfen kann.

Geschichte
In einem Gasthaus. Eine Familie mit einem Kind mit ca. 1 ½ Jahren sitzt an einem Tisch. Das Kleinkind sitzt in einem Hochstuhl. Mutter und Vater sehen sich die Speisekarte an, das Kind wird unruhig. Die Mutter gibt ihm Spielsachen, eine Quietschmaus und ein Plastikhandy. Zuerst klopft das Kind mit der Maus auf den Tisch. Es quietscht leicht. Dann probiert es das Gleiche mit dem Plastikhandy. Danach versucht es, den Aschenbecher zu greifen. Hier schreitet die Mutter wieder ein – er ist aus Glas – und stellt dem Kind die Spielsachen in unmittelbarer Nähe hin. Das Kind steckt das Telefon in den Mund und lässt es dann fallen. Es sieht hinunter, greif die Maus und wirft sie ebenfalls hinunter. Dann quengelt es: Was soll es jetzt werfen?

Kennen Sie solche Situationen? Für Eltern ist das eine mühsame Zeit. Vor allem, wenn das Kind auf einen fixen Platz wie das Gitterbett oder den Hochstuhl reduziert ist. Kinder, die sich frei bewegen können, sammeln ihre Spielsachen selbst wieder zusammen.

Das Kleinkind lernt aufstehen und gehen und in seiner Lust, die Welt zu entdecken, wagt es sich mitunter weit von seinen Bezugspersonen weg. Es möchte ausprobieren und entdecken und experimentiert mit dem Wechsel Entfernung und Annäherung. Das Hauptlernfeld dieser Phase bewegt sich auf der emotionalen Ebene. Das Kind ist darauf angewiesen, feste Bezugspersonen zu haben, mit denen es Beziehungserfahrungen sammeln kann.

- Wie können ich und meine Umwelt zueinander in Beziehung sein?
- Wie viel Nähe brauche ich/bekomme ich?
- Wie weit darf ich weggehen/dürfen die anderen weggehen, ohne dass die Beziehung gefährdet ist?

Sich von der Mutter weit weg zu bewegen, ist genauso gefährlich und entwicklungshemmend wie immer bei der Mutter zu sein und nicht von ihr wegzukommen. Dabei soll das Kind seine Erfahrungen machen dürfen und nicht überbeschützt werden. Gleichzeitig muss ihm jederzeit Schutz und Geborgenheit sicher sein. Das Kind muss sicher sein, ausprobieren und seinen Willen durchsetzen zu dürfen, ohne Angst haben zu müssen, das Vertrauen seiner Bezugspersonen zu verlieren.

Die Sicherstellung einer konstanten, fürsorglichen und liebevollen Betreuung des Kleinkindes ist eine Voraussetzung für eine ungestörte und gesunde Entwicklung. Die zwischenmenschliche Beziehung ist für die Entwicklung des Kleinkindes und seines Gehirns von entscheidender Bedeutung. Je mehr Sicherheit und Liebe Kinder bekommen, umso mehr Autonomie und damit Eigenverantwortung können wir ihnen später übergeben. Sie brauchen einen Handlungsspielraum mit klaren Grenzen, in dem sie sich frei bewegen können und trotzdem geschützt sind.

Wird jedem Wunsch des Kindes nachgegeben, gibt es keine klaren Regeln und Konsequenzen, ist das Kind ständig auf der Suche nach seinen Grenzen. Es wird unsicher und orientierungslos und erscheint dann häufig als „ungezogen und schlimm".

Werden zu viele Wünsche und Aktivitäten des Kindes als „schlecht" beurteilt, entstehen Scham und Zweifel.

Die frühe Kindheit

18 Monate bis 3 Jahre

Das Kind lernt hergeben und festhalten und gewinnt Kontrolle über den eigenen Schließmuskel. Es ist in der Lage, von sich in der *Ich*-Form zu sprechen. Bisher hat es meist über sich in der 3. Person gesprochen.

Für diese *Ich*-Findung ist die erste Trotzphase, ein typisches Symptom. Das Kind erlebt erstmals Macht über andere, indem es *Nein* sagt. Es nimmt jedoch auch seine Umwelt in die Pflicht, indem es ihr Gebote und Regeln auferlegt. Es erkennt den Unterschied von eigenem Willen und fremden Willen und es erlebt Gehorsam und Ungehorsam und wie Eltern darauf reagieren.

Geschichte

Zu einem meiner Kinder sagte ich, als es ca. eineinhalb Jahre alt war: „Gib acht, wenn das Glas auf den Boden fällt, zerbricht es.“ Darauf sah mich mein Sohn an, schaute auf das Glas und ließ es ganz bewusst aus. Es fiel zu Boden und zerbrach. Er war sehr erschrocken – ich auch. Er stand da und sah mir zu, wie ich vorsichtig die Scherben zusammenklaubte und den Rest mit dem Staubsauger aufsaugte. Er glaubte mir, als ich ihm sagte, dass wir uns mit den Scherben verletzen können. Für die Zukunft ging er mit Glas sehr vorsichtig um und auch mit Warnungen der Eltern.

Daraus können wir erkennen, dass Kinder am Ausloten sind, dass sie ausprobieren, ob das, was die Mutter sagt, auch stimmt. Trifft es zu, wird das Vertrauen gestärkt, trifft es nicht zu, werden sie verunsichert. Ständig probieren sie aus und testen dabei ihre Grenzen. Mit zunehmendem Alter, mit fortschreitender Entwicklung nimmt auch der Umfang des Rahmens zu. Sie fordern eine Erweiterung und ihre Grenzen müssen ausgedehnt werden.

Gefühle wie Verlegenheit, Scham werden erkennbar. Das kleine Kind lernt durch die Widerspiegelung von Gefühlen im Gesicht der Mutter oder des Vaters die eigenen Gefühle kennen. Kann die Bezugsperson ihre Emotionen nur unzureichend ausdrücken, kann das heranwachsende Kind seine Gefühlsebene nicht richtig entwickeln. (vgl. Franz in Betancourt, WDR, 25.11.2007)[4]

Geschichte

Beim Saubermachen halfen meine Kinder gerne mit. Jeder hatte ein Staubtuch in der Hand und sie wischten und putzten mit vollem Eifer. Wenn ich sie dann lobte, wie schön sie das machen bzw. wie fleißig sie sind und sie mir damit helfen, dann strahlten sie über das ganze Gesicht.

Eines Tages sagte ich, dass ich noch die Schuhe putzen müsse. Ich war gerade in der Küche beschäftigt. Auf einmal holte mich mein Sohn und zeigte mir voll Stolz seine Arbeit. Er hatte sämtliche Schuhe, die im Vorzimmer standen, in die Waschmaschine geräumt.

Wenn Kleinkinder Erfolgserlebnisse haben, sind sie stolz darauf und freuen sich über das Lob.

Geschichte

Zwei Jahre schlief ich keine Nacht länger als 2–3 Stunden am Stück. Jedes Mal, wenn das Kleinkind aufweinte, musste ich aufstehen, es beruhigen, ihm zu trinken geben und es festhalten, bis es wieder einschlief. Es kostete unheimlich viel Energie. Um 05.00 Uhr am Morgen standen wir auf, und da tagsüber wenig geschlafen wurde, begann für mich der entspannende Abend um ca. 19.30 Uhr. Um 22.00 Uhr jedoch musste ich das erste Mal schon wieder auf. So wurschtelte ich mich durch. Ratschläge wie „Lass ihn schreien", „Du darfst nicht nachgeben", „Wickel ihn fest ein" verwirrten mich und

---

4 Prof. Dr. Matthias Franz, Universität Düsseldorf.

machten mich unsicher. Ich ließ mich jedoch nicht beirren und folgte meinem Herzen. Heute bin ich froh darüber.

Als das Kind dann zwei Jahre alt war, bekam es ein neues Bett mit Schlupfsprossen. Das sind zwei Sprossen im Gitterbett, die man herausnehmen kann und so kann das Kind aus seinem Bett heraussteigen. Sagenhaft, wie schnell Kinder lernen, ohne dass man ihnen zeigt, wie es geht.

Einmal am Tag herausgestiegen, schon wurde es nachts umgesetzt. Ich hörte tapp, tapp, tapp und „mit Schnuller und Windel bewaffnet" marschierte der Zweijährige durch die Wohnung in unser Schlafzimmer und stieg zu mir ins Bett. Dort kuschelte er sich zwischen meinen Mann und mich und schlief die ganze Nacht durch. Es war ein Segen!

Als wir zwei Kinder hatten und irgendwann auch der zweite Sohn diese nächtliche Nähe schätzte, kauften wir anstelle des französischen Bettes ein breites Doppelbett.

Viele „verurteilten" diese Vorgehensweise: „Du wirst schon sehen, wohin das führt", „Die werden bis zum Schulgehen bei dir im Bett sein". Wir aber fanden es genial, denn so schliefen wir alle tief und fest und waren am nächsten Morgen erholt.

Und nach einiger Zeit geschah es von selbst. Zuerst blieb der eine aus und dann der andere. Die Zeit dieser Nähe war vorbei. Heute denke ich, sie haben diese Nähe damals gebraucht und sie sind dadurch stark geworden und ich bin froh, dass ich auf mein Herz gehört habe und nicht auf die „guten Ratschläge".

Das Kind erkennt die Bedeutung von anderen Personen im Leben seiner Bezugsperson. Damit ist die Beziehung zwischen Mutter und Vater, die Beziehung der Mutter zu anderen Geschwistern gemeint. Das Kind lernt Eifersucht und Rivalität kennen. Bedeutung kommt in dieser Phase der Entwicklung des Gewissens zu. Es wird geprägt vom Zulassen von kindlichen Trieben und Verboten und dem, was Eltern ihrem Kind vorleben. Im gemeinsamen Spiel, im Spiel mit Puppen, in Rollenspielen ahmen sie nach. Sie erfahren Anerkennung oder Ablehnung. Oft entsteht ein starkes Ungleichgewicht bei Dingen, die das Kind nicht darf, die Bezugspersonen aber schon, was beim Kind ein Gefühl von Willkür und Macht hervorruft. Kinder wollen mitgestalten und gebraucht werden, sie wollen ernst genommen werden. Sie sind neugierig und wollen selbstständig Erfahrungen machen. Wird diese Phase positiv bewältigt, indem Eltern das Kind ermutigen und ihm Vertrauen entgegenbringen, Dinge eigenständig zu tun, und so Erfolge erleben, entsteht ein Streben nach Leistung und Unabhängigkeit.

Bei Kindern zwischen etwa zweieinhalb bis drei Jahren kann der Wutausbruch ein Versuch sein, mehr Autonomie zu erlangen. Das Kind probiert Verhaltensweisen aus, die dabei helfen sollen, den eigenen Willen durchzusetzen. Es muss und will ausprobieren, mit welchen Mitteln es sich am besten durchsetzen kann und probiert es mit Schreien und mit den Füßen stampfen. Im Laufe der Entwicklung werden die Wutausbrüche weniger und vor allen Dingen weniger heftig.

3 bis 6 Jahre

In diesem Alter ist das kindliche Spiel *das* Übungsfeld. Das Kleinkind beobachtet seine Umwelt und übt durch bewusst selbst gesteuerte Handlungen, indem es seine Bezugspersonen imitiert. Es beobachtet und ahmt nach. Dafür braucht es präsente, lebende Vorbilder, die mit dem Kind individuelle Interaktionen gestalten können. (Bauer, 2006) Es probiert aus, welche Art Mensch es sein möchte. Durch diese Beobachtung erlangt das Kind erwünschte und unerwünschte Reaktionsmuster.

In dieser Zeit „verkleiden" sich Kinder gerne. Sie schlüpfen in die Rolle der Eltern, ziehen Schuhe an, setzen sich einen Hut auf und imitieren Vater oder Mutter. Sie „helfen" im Haushalt, indem sie mit der Mutter gemeinsam arbeiten. Sie machen sich „hübsch", um auszugehen oder gehen mit „Aktenkoffer" und Sonnenbrille „zur Arbeit".

Das Kind entdeckt seine eigene Geschlechtlichkeit und entwickelt in diesem Zusammenhang eine besondere Beziehung zum gegengeschlechtlichen Elternteil. Gleichzeitig wird der gleichgeschlechtliche Elternteil als Modell verwendet. Die Fähigkeit, Zuneigung, „Liebe“ zu empfinden wird entwickelt.

Das Kind erfährt, dass sein Verhalten Folgen hat und dass es in der Auseinandersetzung mit den Eltern oder Gleichaltrigen diese Folgen auch verantworten muss. Dabei lernt das Kind

- dass Gehorsam notwendig ist, um einen Platz in der Gemeinschaft zu bekommen (das schlimme Kind wird „ausgegrenzt“)
- „brav sein“ macht andere zufrieden, „schlimm sein“ kränkt andere – Beziehung macht gegenseitig abhängig
- Beziehungsdifferenzen werden möglich (Eltern, Freunde, Kindergarten, Gäste ...)

Schuldgefühle werden entwickelt und lösen die früheren Schamgefühle ab.

Kindergarten

Diese ersten Einflüsse verblassen jedoch, wenn die Einflüsse Gleichaltriger in Erscheinung treten. Nämlich ab ca. 4 Jahren, wenn das Kind in den Kindergarten kommt und erste Erfahrungen in der Gruppe macht. Hier lernen sie all das, was sie bisher noch nicht erlernt haben:

- Es gibt auch noch andere, ich bin nicht die/der Wichtigste.
- Mit denen muss ich teilen, ich muss mich anpassen und nachgeben und manchmal will ich mich auch durchsetzen.
- Es gibt welche, die sagen nicht „Bitte“ und „Danke“, sie nehmen sich einfach, was sie wollen.
- Manche sind ganz schön grob und schlagen gleich mal zu.
- Zeitweise werde ich nur gehört, wenn ich schreie.

- „Kraftausdrücke", Schimpfwörter, ein neues Vokabular kommt dazu.
- Ich muss mich still beschäftigen können, auch ohne Fernsehapparat.
- Wenn die „Tante" etwas vorliest, muss ich zuhören – oft ganz schön anstrengend und vielleicht sogar fad – und trotzdem muss ich's tun.

Geschichte

Mit 4 Jahren habe ich meine Kinder in den Kindergarten gegeben. Mir war es wichtig, ihnen einen gleichaltrigen Freundeskreis und gleichzeitig die Integration in eine gleichaltrige Gruppe zu ermöglichen.

Die Erfahrungen, die ich damals machte, waren erstaunlich. Beinahe täglich kamen sie mit „neuen Sprüchen" nach Hause. Dazu zählten nicht nur originelle Wortmeldungen, sondern auch Schimpfwörter und Abwertungen. Wie oft habe ich ihnen erklärt, dass „man das nicht sagt", dass das nicht schön ist, wenn sie so reden, Anstatt sie zu beeinflussen, habe ich sie – so glaube ich – eher verunsichert. Es dauerte nicht lange, bis sie schlugen und rauften. „Das gehört dazu", „Es ist gut, wenn sie das jetzt schon ausleben können" waren Aussage von anderen Müttern oder Kindergartentanten, was mich zwar ruhig stellte, aber nicht beruhigte. War ich wirklich so konservativ, so „von gestern"? Mit Gewalt und, Aggression war ich in meinem bisherigen Leben noch nicht wirklich in Verbindung gekommen. Außer der „g'sund'n Watschn" als Erziehungsmaßnahme, hatte ich noch keine Gewalt kennengelernt.

Auch wurde der Fernseher plötzlich interessant. Bis zum Eintritt in den Kindergarten kannte mein älterer Sohn nur den „Kasperl". Plötzlich sprach und benahm er sich wie „Pumuckl", was noch relativ harmlos war. Doch es sollte noch dicker kommen.

Die Art und Weise, wie in manchen dieser Sendungen gesprochen wurde, wie sich die Figuren benahmen, konnte ich am Verhalten von anderen Kindern im Kindergarten beobachten. So war klar erkennbar, welche Sendungen sie ansahen und welche Vorbilder sie sich nahmen. Mein Sohn fand das offensichtlich interessant und originell und übernahm solche Sprech- und Verhaltensweisen.

Je mehr Halt das Kind in den ersten vier Jahren in seinem Elternhaus bekommen hat, je stärker die Wurzeln sind, umso besser kommt es mit dieser Verunsicherung in seinen Werten und in seiner Gefühlswelt zurecht.

Somit dient die Gruppe der Gleichaltrigen der sozialen Anpassung des Individuums an neue Regeln und Verhaltensmuster. Diese Erfahrungen mit Gleichaltrigen haben eine nachhaltige Wirkung auf die Persönlichkeitsentwicklung. Für die spätere dauerhafte Persönlichkeitsentwicklung ist die Beziehung zu den Gleichaltrigen ausschlaggebend. (Pervin, 2000)

Kinder, die keinen Kindergarten besuchen und dazu vielleicht noch Einzelkinder sind, machen diese ersten Erfahrungen in der Gruppe erst in der Volksschule.

Die mittlere Kindheit

6–12 Jahre

Ab dem Alter von ca. 6 Jahren – es ist das Alter ab dem Schuleintritt – möchte das Kind an der Welt der Erwachsenen teilnehmen. Es strebt nach Wissen und möchte mehr, es möchte zuschauen und mitmachen. Es ist motiviert, möchte nützlich sein und Gutes tun. Dem gegenüber steht das Gefühl der Unzulänglichkeit. Wird das Kind durch Einforderung von Leistung und Erfolg überfordert, weil zu hohe Ansprüche gestellt bzw. das kindliche Lerntempo nicht berücksichtigt werden oder bekommt es zu wenig Anerkennung, entsteht ein Gefühl der Minderwertigkeit. Es ist „zu schwach und zu wenig begabt“ und kann an der Welt der Erwachsenen nicht teilhaben.

Bisher erworbene Fähigkeiten werden in größere gesellschaftliche Zusammenhänge übersetzt. Von der Familie zum Freundeskreis, in die Schule.

Schule nimmt Einfluss

Ist es in den ersten Jahren noch die Familie, die auf das Kind einwirkt, so übernimmt die Schule zunehmend mehr Verantwortung für die Bildung von intellektuellen und sozialen Kompetenzen von Kindern. Gute Schulen bieten einen sozialen Lernraum, in dem der Lehrende gestaltet und leitet, gleich einer Führungskraft. Lernende sehnen sich nach Zuwendung, Anerkennung, Ermutigung, Anleitung, Wegweisung und nach Gerechtigkeit. Hier bietet sich Raum an, gruppendynamische Fähigkeiten zu erlernen, die auf Kooperation und nicht auf Konfrontation ausgerichtet sind.

Schule ist ein stark reglementiertes System und betreibt Persönlichkeitsbildung über Anforderungen und Leistung. Es werden Kontakte zu MitschülerInnen und zu Lehrenden aufgebaut und es wird ein hohes Maß an sozialer Anpassung und Unterordnung verlangt. Fleiß, Ordnung und Disziplin haben hohen Stellenwert und drängen Bedürfnisse der Kinder und Jugendlichen in den Hintergrund. Gleichzeitig erfahren sie ihren Wert über ihre Leistungen und deren Beurteilung. Für dieses System müssen Kinder bereits vorbereitet und gerüstet sein.

Der Anspruch von Lehrenden ist, guten Unterricht zu machen, und damit meinen sie häufig das Vermitteln von Wissen. Der Druck „von oben", von KollegInnen, von den Eltern, von den SchülerInnen und letztendlich von Pisa-Studien setzt sie unter Druck. Sie wollen ihren SchülerInnen noch mehr Wissen vermitteln, um der Anforderung der Gesellschaft „gute SchülerInnen hervorzubringen" gerecht zu werden. Und was passiert? Der Druck erzeugt Stress. Stress engt ein, behindert, lähmt. Lernen braucht positive Gefühle, dann sind Kinder motiviert etwas zu tun, zu lernen. (ausführlich in Caspary, 2009).

Anstatt Beziehung zu den SchülerInnen aufzubauen, sie anzuleiten und zu motivieren, wird Druck ausgeübt, indem Wissen vermehrt vermittelt und abgeprüft wird. Druck erzeugt Gegendruck, die Sympathien schwinden, Lehrende und SchülerInnen verzweifeln. Das wiederum vermehrt den Stress und den Druck. Es ist ein Kreislauf, eine Spirale, die sich nach unten dreht und beiden zusetzt, den Lehrenden und den Lernenden.

Die Pubertät

„Der süße Schmelz der Kindheit ist dahin. Auf einmal wohnt ein Fremder in der Wohnung, der viel Energie darauf zu verwenden scheint, einem rücksichtslos, launisch, faul, gleichgültig und unverschämt den Tag zu vermiesen. Jemand anderen hätten Sie vielleicht schon längst hinausgeworfen, aber irgendwie ist dieses anstrengende, undankbare und nervende Wesen ja mit Ihnen verwandt." (Wüschner, 2005)

Die Zeit der Pubertät ist für die Eltern oft eine sehr belastende Zeit, vielleicht die schwierigste Phase des Elternseins überhaupt. Um diese komplexe Phase in der Entwicklung von Menschen verstehen zu können, ist es hilfreich, sich mit dieser Entwicklungsphase auseinanderzusetzen. Biologische, soziale und kulturelle Kräfte bestimmen gemeinsam psychische Veränderungen.

Mit ca. 9–10 Jahren beginnt ein Übergang vom Kind zum Jungen oder Mädchen und beschäftigt das Kind auf allen Ebenen. Jungen werden zeugungsfähig, Mädchen empfängnisbereit, Hormone steuern diese Veränderungen. Gefühle über sich selbst und über andere verändern sich. Dieser Prozess kann bis zu fünf Jahre dauern. (ausführlich in Schulze, 1996)

Die zu Jugendlichen heranreifenden Kinder geben kindliche Verhaltensweisen auf und sind auf der Suche nach sich selbst, nach ihrer Identität. Sie wollen wissen, wer sie sind und wie sie sind. Sie fügen ihr Wissen über sich selbst und ihre Umwelt zusammen und formen ein Selbstbild. Damit sie sich dieser Stufe stellen können, sind die ausreichend bewältigten Konflikte der ersten Entwicklungsphasen wesentliche Voraussetzung. Gegenüber der Tierwelt hat der Mensch die Chance, die ersten Entwicklungsstufen nochmals zu „überarbeiten". Die Wiederholung der einzelnen Phasen ist sozusagen ein gewisser „Selbstheilungsmechanismus".

Dieser Prozess ist für die jungen Menschen eine Herausforderung. Sie schwanken zwischen Erwachsensein und Kindsein hin und her, sie wollen mehr Verantwortung übernehmen und erleben Ungewissheit, Selbstzweifel und Enttäuschungen. Oft verhalten sie sich übertrieben herausfordernd. Zu ihren Eigenschaften zählen Mut, Spontaneität, Flexibilität, Fröhlichkeit. In keinem Lebensalter besitzen Menschen so viel Vitalität gepaart mit Neugierde und Begeisterung. Diesem Satz können wir entnehmen, dass diese Begeisterung, diese Neugierde in Bahnen gelenkt und die vorhandene Energie genutzt werden sollte. Indem Eltern den Kindern Aufgaben übertragen, ihnen Eigenverantwortlichkeit zutrauen, können diese wertvollen Ressourcen sinnvoll zum Einsatz kommen. Anleiten und Fragen sind hier zielführende Interventionen.

Beispiel

Ein Kind kommt am Zeugnistag mit sechs „nicht genügend" im Halbjahreszeugnis nach Hause. Mit einer negativen Note haben Sie gerechnet. Was tun Sie als Mutter oder Vater? Denken Sie in Ruhe darüber nach, wie Sie vorgehen würden.

Schimpfen, Strafen, Verbote, Drohungen – was konkret würden solche „Maßnahmen" erreichen?

Fragen Sie Ihr Kind: Was ist passiert? Woran liegt es? Was fällt dir schwer? Gehen Sie Gegenstand für Gegenstand gemeinsam durch. Versuchen Sie Ihr Kind zu verstehen, ohne Vorwürfe zu machen. Es ist wie es ist, an dieser Situation können Sie sowieso nichts mehr ändern.

Entwickeln Sie gemeinsam einen Plan. Was kannst du anders machen? Wie gehst du es an? Was hilft dir dabei? Was brauchst du dafür? Bis wann machst du was?

Sind Sie für Ihr Kind da, doch lassen Sie die Verantwortung für das Tun bei Ihrem Kind. Kontrolle ist gut, Vertrauen ist besser. Aus Fehlern lernen wir. Das hat dieses Kind bewiesen. Es hat am Schuljahresende alle Gegenstände positiv abgeschlossen, manche sogar mit „befriedigend".

Umgekehrt könnten auch viel Energie und Begeisterung in falsche Kanäle gelangen. Junge Menschen, die die Phase der Pubertät durchleben, wollen frei handeln können, ausprobieren und Erfahrungen sammeln dürfen, wollen anerkannt und respektiert werden und sind bereit, Selbstverantwortung zu übernehmen. Sie wollen ihren eigenen Weg gehen und je älter sie werden, umso mehr drängen sie danach, ihr eigenes Leben zu schaffen. In diesem Alter wird die Entscheidung darüber „programmiert", welche Position der Jugendliche als Erwachsener im sozialstrukturellen Gefüge der Gesellschaft einnehmen wird, wie also die Platzierung in der Rangordnung von Einkommen, Vermögen, Macht, Einfluss und Prestige sein wird. (vgl. Hurrelmann, 2007)

Der Eintritt in die Pubertätsphase geht mit einer tiefen Verunsicherung einher. Im Gehirn des Jugendlichen steht alles auf „Anfang". Es ist die Chance, neues Verhalten zu erlernen. Im Gehirn eines Pubertierenden geht es zu wie auf einer Großbaustelle. Kanäle im Gehirn, in denen Emotionen und Informationen verarbeitet werden, werden in der Pubertät neu justiert. Intensiv genutzte Nervenzellen verstärken sich, andere schalten ab. Dabei reifen die verschiedenen Gehirnregionen nicht im Gleichtakt. Bewegung, Wahrnehmung, Sprache, räumliche Orientierung werden schneller umgearbeitet. Im Frontalhirn, dem Sitz für vorausschauendes Handeln, Abwägen von Konsequenzen und moralischer Bewertung sorgen die Wachstumsschübe für Konfusion. „Das Gehirn stellt sich dumm" beschreibt Wüschner diese Vorgänge. (ausführlich in Wüschner, 2005)

Die Kinder werden immer früher körperlich reifer und wollen wie Erwachsene behandelt werden.

Zudem sind sie insgesamt kritischer und sehen ihre Eltern realistischer, als Personen mit Stärken, Schwächen und Fehlern. Daraus resultierend erleben sie ihre Eltern als weniger mächtig. Sie ziehen sich aus dem Familienleben zurück und wenden sich vermehrt ihren Freunden zu. Von Eltern wird dieser Rückzug mitunter als Bruch in der Beziehung erlebt und dieser vermeintliche Verlust an Nähe bedeutet für sie Kontrollverlust und ist nicht leicht hinzunehmen. Ihr Einfluss schwindet und damit häufig auch ihr Vertrauen in die Eigenverantwortung des Jugendlichen.

Für dieses ausgeprägte Verhalten ihrer pubertierenden Kinder und deren mitunter heftige Reaktionen auf Einengung oder Bevormundung haben Eltern nicht immer Verständnis und es entstehen Konflikte. Erziehende sehen sich dann manchmal als „Opfer", sie fühlen sich unverstanden, angegriffen, vorübergehend zurückgewiesen, enttäuscht und reagieren wirsch und unfreundlich darauf. Sie stehen ihren pubertierenden Kindern oft hilflos gegenüber. Manche sehen keinen Ausweg und lassen die Jugendlichen „gewähren", andere „kämpfen" mit ihnen und entfremden sich mit der Zeit.

Jugendliche benötigen in der frühen Phase der Pubertät mehr denn je einen Rahmen, innerhalb dessen sie sich frei bewegen und Entscheidungen treffen dürfen. Sie benötigen auf der einen Seite die emotionale Nähe und das Zutrauen ihrer Eltern und auf der anderen Seite gleichzeitig die Sicherheit und Unterstützung ihrer Eltern. Je mehr Sicherheit der Jugendliche in dieser Phase erfährt, umso besser kann er sich orientieren und umso gefestigter wird er in seiner Persönlichkeit und kann sich den bevorstehenden Herausforderungen stellen.

Wie gut die Phase der Pubertät bewältigt wird, hängt „davon ab, welche Ressourcen der betreffende Mensch bereits entwickelt hat, und wie gut er sich in einer solchen Phase von anderen angenommen und unterstützt fühlt". (Hüther)[5]

Die Heranwachsenden legen trotz allem Widerstand Wert auf den Rückhalt, den ihre Eltern ihnen in dieser Phase erhöhter Verunsicherung bieten können. Jugendliche wünschen sich, als gleichwertige Gesprächspartner angenommen zu werden. Sie wünschen sich Eltern, die ihnen zuhören, Interesse zeigen und weiter helfen können. Das Miteinanderreden, Im-Gespräch-Bleiben ist in dieser Phase äußerst wichtig, allerdings auf der Basis von partnerschaftlicher Kommunikation durch Erklärungen und Argumente und nicht durch Befehle bzw. durch Kontrolle. Im gemeinsamen Gespräch können Konsequenzen aufgezeigt werden und kann an die Verantwortung des Jugendlichen appelliert werden.

Eltern haben häufig Scheu vor der „ständigen Auseinandersetzung" mit ihren Kindern. Manchmal fehlen ihnen auch die Kraft und die Motivation dazu, denn viele dieser Auseinandersetzungen enden in einem Streit.

Auseinandersetzung wird von Eltern gerne als konfliktträchtiges Gespräch verstanden. Dadurch ist der Begriff negativ besetzt. Konflikte sind etwas, was wir eher vermeiden wollen. Ich verstehe unter Auseinandersetzung etwas Positives, nämlich die bewusste Beschäftigung mit einer Thematik. Ich setze mich mit einem Thema auseinander, ich informiere mich, ich hinterfrage.

Aber jeder Auseinandersetzung aus dem Weg zu gehen und komplett loszulassen – „Mach, was du willst, du weißt sowieso alles besser" – verunsichert heranreifende Jugendliche. Sie sehnen sich nach Stütze und Halt, nach einer erfahrenen Person, die ihre Erfahrungen zur Verfügung stellt und zum Nachdenken anregt.

---

5 Gespräch Peer Wüscher, Gerald Hüther. Quelle: http://www.win-future.de/downloads/pubertaetinterviewpeerwueschner.pdf.

Um diese Entwicklungsphase unterstützen zu können, ist es für Eltern notwendig, Zutrauen zu ihren Kindern zu haben und loslassen zu können. Durch Begleitung im Coaching-Stil entsteht wieder Nähe, ohne als Einengung verstanden zu werden. Jugendliche werden zur Selbstreflexion und zu eigenverantwortlichem Handeln angeregt. Erziehende wirken als Vorbilder. Die Heranwachsenden erleben ihre Eltern als Vorbilder und ihr Tun nichts als Vorgabe, sondern als Unterstützung. Wann und wie viel der Heranwachsende an Begleitung fordert, hängt von der Beziehung zu den Eltern und von der Qualität der Begleitung ab. Auch in diesem Alter haben die Jugendlichen den Wunsch, angenommen zu werden, wertvoll zu sein, einen Beitrag zu leisten, gebraucht zu werden, ernst genommen zu werden, Vorbilder zu haben und trotzdem den eigenen Weg finden zu dürfen. Nähe bedeutet für sie, dass jemand da ist, wenn sie Hilfe brauchen.

Diese Phase muss keine schwierige Zeit sein und ich möchte Ihnen Mut machen, sich darauf einzulassen und sich dafür Zeit zu nehmen.

Wie und wodurch hat sich der Zeitraum der Jugendzeit verändert?

Jugendliche müssen früher selbstständig werden. Sie müssen Verantwortung für ihr Tun übernehmen. Sie haben in der Regel früher sexuelle Erfahrungen.

Viele von ihnen besuchen länger die Schule und absolvieren ein Studium. Obwohl viele Jugendlichen in der Studienzeit aus dem Elternhaushalt ausziehen, bleiben sie finanziell von ihren Eltern zumindest zum Teil abhängig.

Der Übertritt in das Erwachsenenalter ist gekennzeichnet durch eine finanzielle Selbstversorgung, durch Anteilnahme am politischen Leben und durch Familiengründung.

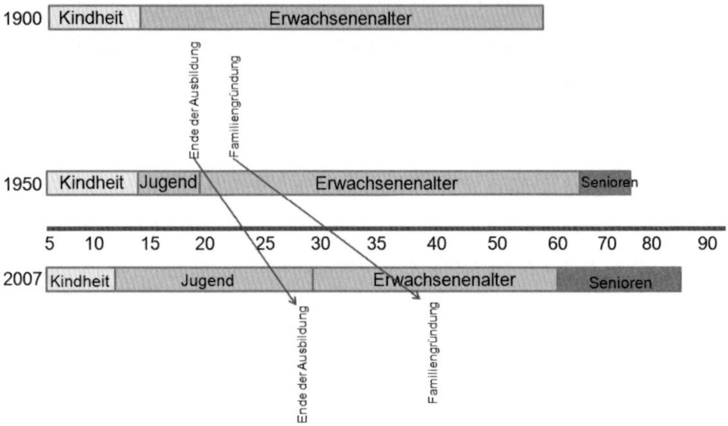

Entwicklungszeiträume (in Anlehnung an Hurrelmann, 2007, S. 17)

Zu Gleichaltrigen passen und dazugehören

Freunde bekommen bei Jugendlichen einen immer höheren Stellenwert und das Erwachsenwerden bringt es mit sich, dass sie sich von Eltern zurückziehen und ihren Freunden, die ihrem Familienhintergrund, ihren Einstellungen und Werten ähnlich sind, zuwenden. Solche Cliquen bieten Struktur und geben Sicherheit.

Körperliche Attraktivität tritt in den Vordergrund. Die Gesellschaft gibt vor, was attraktiv ist und junge Menschen eifern ihren Vorbildern nach.

In vielen Familien sind beide Elternteile berufstätig, Zeit für Auseinandersetzung über bestimmte Themen steht oft nicht ausreichend zur Verfügung. Viele Eltern versuchen ihr Gewissen zu beruhigen, indem sie ihren Kindern mehr Taschengeld geben, schicke Markenkleidung kaufen, ein Handy bieten und dessen laufende Finanzierung übernehmen.

Das Manko an Zuwendung und Nähe kann dadurch nicht ausgeglichen werden!

Finanziell sind also viele Kinder und Jugendliche gut abgesichert. Manchen fehlt deshalb auch der Bezug zum Geld und sie geben mehr aus, als sie „einnehmen". Die Ansprüche der Jugendlichen steigen. „Jugendliche wollen immer früher immer mehr" (Fend, 1998).

Wer heute mit den anderen mithalten will, der braucht ein Handy, einen eigenen Fernseher, einen PC oder Laptop mit Internet-Anschluss, einen MP3-Player, schicke Kleidung, ausreichend Taschengeld und ...

- Wer nicht mitkann, ist ein Außenseiter und wird häufig belächelt, ausgegrenzt, gemobbt.
- Welche Mutter, welcher Vater würde das seinem Kind antun?
- Wie gehen Eltern damit um, dass Kinder – um dazugehören zu dürfen und mit den anderen mithalten zu können – immer mehr benötigen?
- Wo ist hier die Grenze?
- Was kann dagegen getan werden?

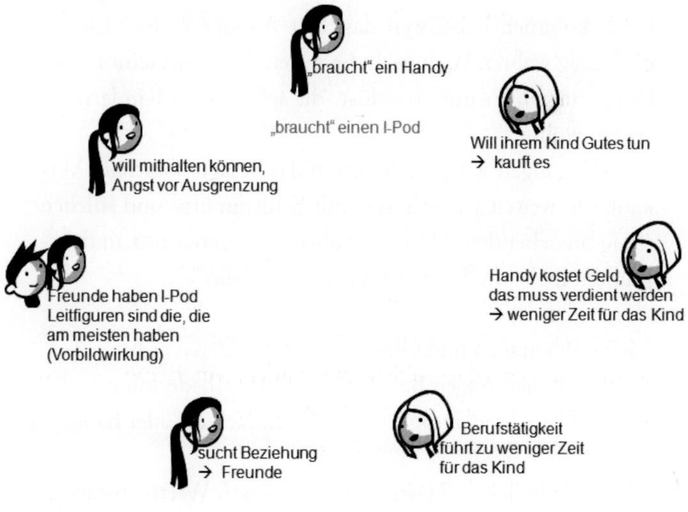

Eltern unter Druck

Der Gruppenzwang unter den Jugendlichen ist stark und sie setzen damit die Eltern unter Druck. Für Erziehende ist es oft eine sehr große Herausforderung und Anstrengung, hier die richtige Grenze zu ziehen. „Alle anderen haben das", „Alle dürfen alles" – diesen Ausspruch wird jeder Erziehende kennen, wenn es darum geht, dass die Kinder etwas haben wollen und durchsetzen möchten.

Dabei handelt es sich kommunikationstechnisch gesehen um eine Verallgemeinerung mit dem Ziel, die Botschaft als allgemein gültig, als „Regel" erscheinen zu lassen. Es soll der Aussage mehr Gewicht geben. Wenn Eltern hinterfragen „Wer ist alle? Wer genau? Und wer noch?", kommen sie meist rasch dahinter, dass ein oder zwei SchulkollegInnen damit gemeint sind.

Geschichte

Ein 13-jähriger Junge:
„Ich möchte unbedingt Schuhe von dieser Marke. Die und keine anderen." Als Mutter ist man ja kein Unhold. Ich erinnere mich noch, dass ich selbst als Mädchen gerne hohe Stiefel bis zum Knie gehabt hätte und Golserer (Bergschuhe) bekommen habe, weil das, laut Aussage meiner Eltern, die einzig wahren Winterschuhe wären. Das hat Gefühle und Erinnerungen in mir ausgelöst, die ich meinen Kindern ersparen wollte.

Also gingen wir gemeinsam in das besagte Geschäft. Verkäufer in weiten Skaterhosen, mit Schirmmütze und solchen riesig aussehenden Markenschuhen erwarteten uns und begrüßten mehr die Jungs als mich mit „Hallo".

Meine Prägungen und Glaubenssätze meldeten sich:

- „In Räumen tragen Burschen keine Kopfbedeckung."
- „Zu Erwachsenen sagt man nicht einfach du oder hallo."

Ich war mir dessen bewusst, wollte diesen Wertmaßstab jedoch ganz bewusst nicht ansetzen. Ich wollte das wertfrei nehmen, was ich geboten bekam: einen Jungen, der sich nach den heutigen Regeln schick kleidet und mit dieser Kleidung die Zugehörigkeit zu einer Gruppe zum Ausdruck bringt. Jeder in die Pubertät kommende Jugendliche möchte modern gekleidet sein. Das bedeutet dazugehören (zu Gleichaltrigen, zu Gruppen), aber auch Distanzierung und Abgrenzung von den Eltern.

Also erwiderte ich „Hallo! Wir wollen Schuhe kaufen". Den Rest erledigte mein Sohn selbst. Er beschrieb die Schuhe, die er haben wollte. Der Verkäufer wusste sofort, worum es ging und brachte sie. Diese Markenschuhe waren klobig und kosteten ein Vielfaches von herkömmlichen (Kinder-)Schuhen. Und schon wieder meldeten sich meine inneren Werte: Kinderschuhe kosten das Doppelte von Damenschuhen!

Unentschlossen und mit der Absicht, diesen Schuhwunsch nochmals mit meinem Kind zu besprechen gingen wir wieder. Der junge Verkäufer verzog keine Miene, er versuchte auch nicht, den Schuh als „unentbehrliches Stück in der Garderobe" zu verkaufen.

Schließlich sind wir mehrere in der Familie und Schuhe benötigt jeder, sogar mehr als ein Paar pro Jahr. Wenn ein Wachstumsschub folgt, passen sie vielleicht in 3 Monaten nicht mehr.

Gespräch zu Hause – zum einen wollte ich verstehen, zum anderen war ich besorgt.

Mutter: „Brauchst du wirklich diese Schuhe?

Sohn: „Alle tragen diese Schuhe. *(Kennen wir schon)* Die sehen so cool aus und passen genau zu meiner Jean.

Mutter: „Was ist das Besondere daran? Sie sind so klobig und sehen so schwer aus."

Sohn: „Sie sind nicht schwer, nur die billigen Schuhe sind schwer. Die Markenschuhe sind eine gute Qualität, deshalb sind sie ja teurer als andere." *(Die mediale Werbemaßnahme hat ihren Empfänger erreicht)*

Mutter: „Wie hast du einen Halt in diesem Schuh? Dein Fuß ist im Wachstum, da ist gutes Schuhwerk unbedingt notwendig."

Sohn: „Sie haben ein Fußbett." *(Mein Sohn hat bei der Beratung wirklich gut aufgepasst!)*

Mutter: „Ich habe Sorge, dass du eine Fußfehlstellung bekommst."

Sohn: „Am besten ist, du probierst sie selber einmal. Du wirst den Unterschied merken." – *(Sie erinnern sich? Kinder sind die besten Verhandler.)*

Mutter: „Stell dir vor, wir wollen jeder so teure Schuhe tragen, dann haben wir für ein zweites Paar kein Geld mehr. Wenn die im Regen nass werden …" *(jede Registerkarte ist recht, wenn es um Argumentation geht)*

Sohn: „Ich werde sie selber putzen und wirklich darauf aufpassen." *(Er macht Angebote, jetzt wird das Mutterherz weicher.)*

Mutter: „Okay, ich werde diese Schuhe selbst anprobieren. Wenn ich befinde, dass sie für deine Gesundheit nicht schädlich sind – das ist Voraussetzung – werde ich sie dir kaufen. Du bekommst diese Schuhe. Nur dieses eine Paar (für Frühjahr, Sommer und Herbst). Du passt gut darauf auf, putzt sie selber und bist alleine dafür verantwortlich. Bist du sicher, dass du das willst?"

All dem hat mein Sohn zugestimmt. Das war eine Vereinbarung, die wir getroffen haben.

Also gingen wir gemeinsam in die Stadt. Zuerst probierte ich einen „billigen" Schuh – also wirklich billig war er nicht, aber doch deutlich günstiger im Preis als der Markenschuh. Ich musste ja Vergleichsmöglichkeit haben.

Danach gingen wir in den Skaterladen und ich probierte den Markenschuh. Es war tatsächlich ein großer Unterschied. So klobig der Schuh auch wirkte – es sah wirklich ulkig aus, wie ich so dastand mit diesen „Sieben-Meilen-Schuhen" –, so bequem waren sie und trotzdem umschloss der Schuh fest meinen Fuß. Meine Sorge wegen einer Fußfehlstellung war somit gegenstandslos geworden.

Stolz hatte mein Sohn bereits beim Nachhausegehen seine neuen Schuhe an.

Sie sehen, Kinder sind die besten „fair-handler". Sie bringen Argumente, schaffen Beziehung, bieten eine Leistung an, die den Wünschen der Eltern entgegenkommt und – schon haben sie etwas ausverhandelt. So einfach ist das.

Als gute Verhandler sollten Eltern jedoch auch Zugeständnisse von den Kindern einfordern und diese die Verantwortung dafür übernehmen lassen. Dafür braucht es Auseinandersetzung und Zeit – in diesem Fall zuerst für den Kauf und danach für die Einhaltung der übernommenen Aufgaben.

„Eile ist der Feind von Anleitung
zum selbstverantwortlichen Handeln."
(Unbekannt)

Übrigens: Seit dieser Zeit putzt mein Sohn seine Schuhe selbst.

Aus meiner Arbeit mit Jugendlichen

Während meiner Ausbildung zum Coach (2004) habe ich mich intensiv mit Jugendlichen und Coaching für Jugendliche beschäftigt. Dazu habe ich ca. 250 Jugendliche aus mehreren sozialen Schichten befragt. Meine Untersuchungen und Auswertungen in diesem Buch stützen sich auf eine Altersgruppe von 14- bis 20-Jährigen.

Die Problemfelder verteilen sich wie folgt:

- im privaten Bereich (ca. 28 %) mit Eltern oder Freund/ Freundin
- im schulischen Bereich (ca. 72 %) mit Lehrenden oder Inhalten im Unterrichtsstoff

Erfolg definieren SchülerInnen zu über 80 % über schulische Leistungen, also Beurteilung und Benotung. Der Benotung, das ist subjektive Beurteilung durch den Lehrenden, geben sie mehr Bedeutung als den vermittelten Inhalten.

Einen guten Schulabschluss und einen guten Job zu bekommen, steht bei Jugendlichen im Alter zwischen 14 und 20 Jahren an erster Stelle ihrer Ziele. Als erfolgreich erleben sie sich vorwiegend, wenn sie gute Noten bekommen.

Schlechte Noten schwächen das Selbstwertgefühl, sie fühlen sich als „Verlierer" und geben sich mitunter selbst die Schuld für ihr Versagen.

Geschichte

Ein 12-jähriges Mädchen leidet unter Problemen in der Schule. Ihre Eltern, ihre LehrerInnen sind der Meinung, sie sei ein gescheites Mädel und nur zu faul zum Lernen. Sie würde nur mehr für die Schule tun müssen und sie hätte die besten Noten. Mit „mehr tun" war mehr lernen gemeint. Das haben wir uns genauer angesehen.

Sie hat noch einen älteren Bruder, der seinem Vater sehr ähnlich ist und den Erwartungen der Eltern meist entspricht. Er hat gut Schulnoten, lernt leicht und ist ihr immer voraus.

Sie möchte auch so gute Leistungen in der Schule vollbringen, aber es klappt nicht. Ihre Eltern sagen auch offen, dass sie eben nicht so klug ist wie ihr Bruder. Aber das sei nicht so schlimm, aus ihr werde schon auch noch etwas werden, meint ihr Vater. Ihre Mutter möchte ihr helfen, indem sie die Hausaufgaben kontrolliert, ständig nachfragt, was sie noch lernen muss. Die Tochter kann es schon nicht mehr hören.

Sie wünscht sich, dass ihre Eltern sie so nehmen, wie sie ist. Sie möchte angenommen werden, gesehen werden. Was ihr fehlt, ist Liebe und Anerkennung von Vater und Mutter, auch wenn ihre Leistungen nicht so gut sind wie die des Bruders. Sie fühlt sich unverstanden, kontrolliert und es mangelt ihr an Selbstwert. Um diese Defizite auszugleichen, muss sie viel Energie und Kraft aufwenden, um sich vor „seelischen Verletzungen" zu schützen.

Diese Energie fehlt ihr für schulische Leistungen. Ihr mangelt es an Motivation und an Erfolgen.

Gleichzeitig sucht sie Verständnis und findet dies und jede Menge Ablenkung bei ihren Freundinnen.

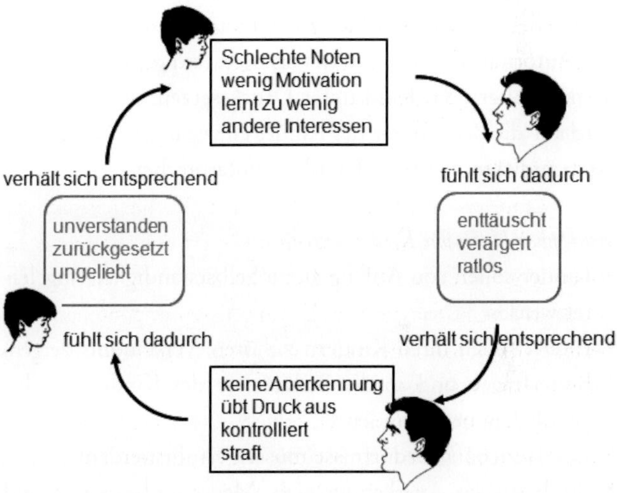

„Teufelskreis" (in Anlehnung an Schulz v. Thun, 1992, S. 28–35)

Eltern und Lehrende sind als Ältere und hierarchisch Höhere in der Lage, dieser Situation „Herr/Frau zu werden", indem sie aus dem Teufelskreis aussteigen. Damit ist gemeint, dass Sie die Problematik erkennen, anerkennen, zum Thema machen und mit der Tochter/dem Sohn gemeinsam an einer Lösung arbeiten. Dabei sind Fertigkeiten wie Aktives Zuhören, ausreden lassen, verstehen wollen die wichtigsten Instrumente. Gelingt es nicht, durch diese kommunikativen Fähigkeiten eine gute Gesprächsbasis zu finden und in der Folge lösungsorientiert zu arbeiten, empfehle ich, auf professionelle Hilfe zurückzugreifen.

Aufgrund der eigenen Erfahrungen gehen viele Eltern davon aus, dass Sie durch „erzieherische Maßnahmen" wie Strafen (z. B. Fernsehverbot), die Situation wieder in den Griff bekommen. Sie sind selbst in diesem Sinne geprägt worden. Dabei vergessen sie, dass sich Werte und Gesellschaft und damit der Erziehungsstil verändert haben. Waren sie als Kinder früher als Antwort auf die autoritäre Erziehung ihrer Eltern eher angepasst, so tendieren die Kinder und Jugendlichen von heute eher zur Rebellion als zur Unterordnung als Antwort auf Autorität, weil sie eher frei erzogen und geprägt wurden. Je mehr Eltern das Kind unter Druck setzen, umso weniger wird auf die Bedürfnisse des Kindes eingegangen. Nur Eltern können diesen negativen Kreislauf unterbrechen.

Wie können Eltern ihre Kinder unterstützen?

- Kinder sollen von Anfang an zu Selbstständigkeit angeleitet werden
- Eltern sollen ihren Kindern zuhören, Verständnis zeigen, hinterfragen und so die Bedürfnisse des Kindes/des Jugendlichen herausfinden
- Ihre Beziehungsbedürfnisse müssen erfüllt werden
- Sie brauchen Anerkennung als Mensch, als Person und nicht nur für Leistungen
- Gute Leistungen sind Erfolge und verdienen es, „gesehen zu werden"
- Bei Misserfolgen helfen keine Vorwürfe, sondern gemeinsame Zieldefinition und geplante Strategien, was konkret besser gemacht werden kann, damit das Ziel erreicht wird
- ...

Der Leistungsdruck von außen, z. B. durch Eltern und innere Selbstansprüche an schulische Leistungen sind hoch und führen zu Stress. Matura ist heute Standard. Ein fehlendes oder schlechtes Zeugnis hat heute mehr Bedeutung als noch vor 20 Jahren und Jugendliche haben die Befürchtung, einen schlechten oder keinen Job zu bekommen.

Wie sie Job definieren und bewerten hängt von ihren Bewertungskriterien ab und auf diese nimmt die Gesellschaft Einfluss.

Aus meiner Befragung geht eindeutig hervor, dass Jugendliche Schwierigkeiten haben, dass es Situationen für sie gibt, mit denen sie nicht so gut zurechtkommen. Deshalb konzentrierte ich mich darauf, wie Jugendliche mit diesen Problemen umgehen:

Ihre bevorzugten Gesprächspartner sind Gleichaltrige, da zu diesen ein gutes Vertrauensverhältnis besteht, das gegenseitige Verständnis höher eingestuft wird. Bei Themen wie Mode, Musik, Freizeitaktivitäten, Freund/Freundin wenden sie sich zum Austausch meist an Gleichaltrige. Aufgrund ihres ähnlichen Lebensstils fühlen Jugendliche sich von Freunden besser verstanden.

¾ der befragten Jugendlichen wenden sich bei Problemen an Freunde oder Geschwister, also eher an Gleichaltrige.

¼ gab an, sich an Eltern oder andere Familienmitglieder (Onkeln, Tanten, Großeltern) zu wenden, wenn sie Probleme haben und Rat suchen.

Mit Fragen betreffend Schulwahl, Ausbildung, Geld und Gesundheit wenden sich Jugendliche eher an ihre Eltern. Hilfestellung durch Eltern wird eher als Ratschlag oder Anweisung empfunden.

Konflikte zwischen Eltern und Jugendlichen sind nicht grundlegender Natur, sondern kreisen um eher unbedeutende alltägliche Dinge (Haare im Waschbecken, Schmutzwäsche auf dem Boden, unaufgeräumtes Zimmer, wann Kids abends nach

Hause kommen müssen und wie sie sich anziehen sollen bzw. wie sie aussehen). Insgesamt stimmen Jugendliche in ihren Zukunftsvorstellungen bezüglich Familie und Beruf relativ hoch mit ihren Eltern überein, sodass Fend (vgl. Fend, 1998) schlussfolgert: „Der Generationenkonflikt bewegt sich heute kaum mehr auf der Ebene der weltanschaulichen Meinungsbildung“. Nur wenige (15–20 %) Jugendliche berichten von gelegentlichen ernsten Meinungsverschiedenheiten mit ihren Eltern, die allerdings auch schon während der Kindheit bestanden.

Als typisch gilt folgender Verlauf über die Jugendjahre: Konflikte nehmen mit Beginn der Jugend zu, erreichen bei Jugendlichen im Alter von 16–19 Jahren ihren Höhepunkt und gehen dann an der Schwelle des Erwachsenenalters zurück. Wenn die Kinder erwachsen werden, können sie ihre Eltern oft besser verstehen und hören wieder auf sie.

Wenn Eltern nun mit so einem „Problem“ des jugendlichen Handelns konfrontiert werden, hängt ihre Reaktion sehr viel von ihrem bisherigen Erziehungsstil und ihren inneren Überzeugungen ab. Viele sehen das Problem ihres Kindes nicht als Problem an und bewerten es anders, sie beschwich-n oder negieren es.

Eltern greifen dabei wieder auf ihre eigenen Erfahrungen ück.

Wenn sich die heranwachsenden Jugendlichen deutlich von den Eltern und deren Ansichten abgrenzen, bekommen Eltern Angst, ihre Kinder zu verlieren. Sie haben Angst davor, verlassen und vielleicht nicht mehr geliebt zu werden. Sie haben Angst, ihren Kindern könnte etwas zustoßen, sie könnten eine Dummheit begehen. Eltern werden jedoch nicht nur von diesen Gefühlen bestimmt, sondern auch von einem reifen elterlichen Teil. Dieser hat das Ziel, den Kindern zu helfen zu eigenständigen und selbstbewussten Menschen zu werden.

Oft findet ein innerer Kampf zwischen „dem inneren Kind“ und dem „elterlichen Teil“ statt.

Je mehr Eltern diese Angst demonstrieren, indem sie ihre Kinder zurückhalten, beschützen wollen, umso mehr stoßen sie auf Widerstand.

Mit Unterstützung eines Coachs oder in Trainings können Erziehende an ihrem eigenen Verhalten arbeiten.

„Wenn es einen Weg gibt, etwas besser zu machen, finde ihn."
(Thomas A. Edison)

Die Jugend von heute …

„Die Jugend von heute liebt den Luxus, hat schlechte Manieren,
sie widersprechen ihren Eltern,
legen die Beine übereinander und tyrannisieren ihre Lehrer."

Von wem denken Sie ist dieses Zitat?

....

Welcher Zeit ordnen Sie es zu?

....

Die Auflösung finden Sie am Ende dieses Kapitels (S. 77).

Es ist für Kinder selbstverständlich geworden, ihre Wünsche zu äußern. Bei der Urlaubsplanung haben Kinder großes Mitspracherecht. Auf Besuch gehen Familien dorthin, wo ihre Kinder auf gleichaltrige Kinder treffen. Mit 9 oder 10 Jahren ist es selbstverständlich, ein Konzert von Christina Stürmer zu besuchen und es wird gerade noch geduldet, dass ein Elternteil als Begleitung mitgeht. Eltern sind froh, so „selbstständige" Kinder zu haben. Ihre Grenze an Belastbarkeit ist mit Job, Haushalt und Familie oft erreicht und sie schätzen die Zeit, die ihnen für sich selbst bleibt.

Kindergeburtstage von früher liefen in der Regel so ab, dass an diesem besonderen Tag die Eltern mit den eigenen

Kindern und deren Gästen (so drei bis vier Kinder) „Programm" machten. Damit meine ich, dass z. B. ein Ausflug unternommen wurde oder dass Gemeinschaftsspiele gespielt wurden. Die persönliche Komponente, die zwischenmenschliche Beziehung und der soziale Hintergrund waren deutlich erkennbar.

Beispiele

Heute laufen solche „Geburtstagsfeiern der Kleinen" ab, indem die Kinder zu McDonald's einladen und die Eltern sie dort absetzen. Oder sie laden Freunde nach Hause ein und bitten sie, ihre Playstation mitzubringen, damit sie zu viert vor dem Fernseher sitzen und „spielen" können. Dazu gibt es Pommes, Chips und Cola.

Elfjährige Mädels benötigen schon etwas mehr an Unterhaltung an ihrem Geburtstag. Sie dürfen „aufgehübscht" wie Models in Begleitung ihrer Eltern in eine Transvestitenshow gehen und – sie kommen anstandslos hinein.

Vierzehnjährige feiern ihren Geburtstag mit Freunden in der Stadt und trinken einige Tequilas.

Aber da es kein Einzelfall ist, dass betrunkene Jugendliche, eigentlich noch Kinder, spät in der Nacht unterwegs sind, nimmt selten jemand Notiz davon oder übernimmt Verantwortung, indem er diese Jugendlichen „beschützt".

Wenn ich betrunkene Kinder bzw. Jugendliche in einer Gruppe Gleichgesinnter am Samstag um 00.00 Uhr in der Stadt grölen höre, beobachte, wie sie sich auf dem Boden liegend fortbewegen wollen, berührt es mich innerlich sehr.

Dass Unfälle und Raufereien zum samstäglichen „Nightlife" gehören, können wir aus den Tageszeitungen immer wieder erfahren.

Die Öffentlichkeit und die Medien beschäftigen sich seit geraumer Zeit mit Themen wie

- „Kinder sind keine kleinen Erwachsenen – Verhaltensauffällige Kinder werden immer häufiger“ (Kleine Zeitung, 02.04.2007)
- „Exzesse sind ein Schrei nach Hilfe“ (Kleine Zeitung, 09.05.2007)
- „Phänomen Komatrinken – Alkoholtrinkende Kinder und Jugendliche werden immer jünger. Wir reden von einem Einstiegsalter von ungefähr zwölfeinhalb Jahren“ (Der Standard, 14.02.2007)
- „Gewalt im Klassenzimmer“ (Kurier, 26.09.2007)
- „Ein riesiges Defizit in der Erziehung der Kinder“ (Kleine Zeitung, 07.08.2008)
- „Kinderkriminalität in Österreich gestiegen.“ (Kleine Zeitung, 07.08.2008)
- u. v. m.

Das sind nur einige der Schlagzeilen aus unseren Medien. Ich möchte damit nicht aufzeigen, dass die „Jugend von heute“ nichts taugt. Ganz im Gegenteil, diese betroffenen Jugendlichen sind die Leidtragenden unserer Gesellschaft. Fehlende Geborgenheit, zu wenig Zuneigung haben sie seelisch vereinsamen lassen. Zu wenig Orientierung durch Regeln und Grenzen und dadurch fehlende Sicherheit haben sie orientierungslos und haltlos gemacht. Beeinflussung durch Fernsehen und Computerspiele zeigt ihre Wirkung. Sprachlos, gefühllos sich selbst und anderen gegenüber, grenzenlos, orientierungslos schlittern sie in solche Situationen, ohne wirklich zu wissen, was sie tun und welche Auswirkungen ihr Tun hat. Sie sind auf der Suche nach Zuwendung und Zuneigung und können doch Zuwendung nicht annehmen, weil ihr Vertrauen nicht ausreichend ist.

Fragen gehen mir durch den Kopf:

- Wo sind die Eltern dieser Kinder und Jugendlichen? Was geht in ihnen vor?
- Was tun Eltern, wenn ihre Kinder betrunken nach Hause kommen?
- Was fühlen Eltern, wenn ihre 14-, 15-jährigen Kinder um Mitternacht noch nicht zu Hause sind?
- Was bewegt Wirte und Lokalbesitzer, Alkohol an so junge Menschen auszugeben, vor allem wenn erkennbar ist, dass sie bereits zu viel getrunken haben?
- Was bedeutet Jugendschutz? Was nützt das Jugendschutzgesetz?
- Wie groß müssen die Verzweiflung und der Leidensdruck einer Mutter sein, die ihren eigenen Sohn bei der Polizei anzeigt, weil er in betrunkenem Zustand Menschen bei einem Autounfall verletzt hat?

Gerade diese jungen Menschen verdienen es, dass ihnen Aufmerksamkeit, Wertschätzung und Verständnis für ihre Probleme entgegengebracht werden. Die Folgen aus dieser Traumatisierung von Kindern und Jugendlichen spiegeln sich in unserer Gesellschaft.

Nachstehend ein Liedtext von Sido, einem deutschen Rapper. Sein Künstlername ist eine Abkürzung für „Superintelligentes Drogenopfer. Da ich mich für die Musik meiner Kinder interessiere und mir viele ihrer ‚Songs‘ gefallen, spielen sie mir ihre bevorzugten Lieder vor. So bin ich auf dieses Lied aufmerksam geworden.

Dieser Text hat mich in besonderer Weise berührt und nachdenklich gestimmt und auch so manche/n Jugendliche/n hat dieses Lied berührt. Schade, dass Sie es nicht hören können, denn Melodie und Rhythmus empfinde ich ansprechend. Auf der Internetplattform www.youtube.com können Sie sich dieses Lied anhören.

Augen auf
Hey, hallo Kinder!
Hallo Sido!
...

Die kleine Jenny war so niedlich, als sie 6 war,
doch dann bekam Mama ihre kleine Schwester.
Jetzt war sie nicht mehr der Mittelpunkt, sie stand hinten an
und dann mit 12 – fing sie hemmungslos zu trinken an.
Das war so was wie ein Hilfeschrei, den keiner hört,
bei jedem Schluck hat sie gedacht: Bitte Mama, sei empört.
Doch Mama war nur selten da, keiner hat aufgepasst.
Papa hat lieber mit Kollegen einen draufgemacht.
Jenny war draußen mit der Clique, hier war sie beliebt,
hier wird man verstanden, wenn man auch zu Hause Krise schiebt.
Sie ging mit 13 auf Partys ab achtzehn,
schminken wie ne Nutte und dann rein ins Nachtleb'n.
Extasy, Kokain, ficken auf'm Weiberklo
Flatrate saufen, 56 Tequila Shots – einfach so.
Wie viel mehr kann dieses Mädchen noch vertragen?
Und ich sag: Kinder kommt, wir müssen den Eltern was sagen!
Und das geht:
Refrain: Mama mach die Augen auf ...

Der kleine Dustin war nicht gerade ein Wunschkind,
doch seine Mama ist der Meinung:, abtreiben, gleich umbringen.
Das Problem war nur, dass Papa was dagegen hatte,
deshalb fand man Dustin nachts in der Babyklappe.
Er wuchs von klein auf im Heim auf,
doch wenn der Betreuer was sagte, gab er nen Scheiß drauf.
Er hat schnell gemerkt, dass das nicht sein Zuhause ist,
hier gibt man dir das Gefühl, dass du nicht zu gebrauchen bist.
Dass er jemals 18 wird, kann man nur wenig hoffen,
denn er raucht mit 6, kifft mit 8 und ist mit 10 besoffen.
Sag: Wie viel mehr kann dieser Junge noch vertragen?
Und ich sag: Kinder kommt, wir müssen den Eltern was sagen!
Refrain: Mama mach die Augen auf ...

Ein Kind zu erziehen ist nicht einfach, ich weiß das.
So hast du immer was zu tun, auch wenn du frei hast.
Pass immer auf, du musst ein Auge auf dein Balg haben,
am besten lässt du's eine Glocke um den Hals tragen.
Kinder sind teuer, also musst du Geld machen,
du musst Probleme erkennen, sie aus der Welt schaffen.
Du musst zuhören, in guten und in miesen Zeiten,
du musst da sein, du musst Liebe zeigen.
Wer Kinder macht, der hat das so gewollt,
doch sobald es ernst wird mit der Erziehung, habt ihr die Hosen voll.
Wie viel mehr kann die Jugend in Deutschland vertragen, (wie viel?)
Hört hin, wenn eure Kinder euch jetzt was sagen – und das geht:

Refrain: Mama mach die Augen auf,
treib mir meine Flausen aus.
Ich will so gern erwachsen werden und nicht schon mit 18 sterben.
Papa mach die Augen auf,
noch bin ich nicht aus'm Haus.
Du musst trotz all der Schwierigkeiten Zuneigung und Liebe zeigen.

In der Literatur wird von Erziehungskatastrophe und Erziehungsnotstand (Tschöpe-Scheffler, 2007) gesprochen.

Aus Gesprächen mit Lehrenden aller Schulstufen und Schultypen kenne ich Probleme an Schulen mit verhaltens-„kreativen" Kindern, Kindern mit Konzentrationsstörungen und Hyperaktivität, mit Defiziten im sozialen Verhalten. Kreativ sind diese Kinder in der Tat, sie müssen sich immer wieder Neues einfallen lassen, damit sie auf sich aufmerksam machen in der Hoffnung, endlich einmal gesehen zu werden.

Dabei sehe ich die Verantwortung dafür nicht bei den Kindern und Jugendlichen. Nicht die Kinder sind schlecht! Ich vermisse die Verantwortung bei den Erziehenden. Sie haben die Kinder zu dem geformt – oder besser gesagt „haben sie werden lassen", was sie heute sind.

Vorwürfe oder Schuldzuweisungen führen nicht ans Ziel. Ich versuche, beide Seiten zu verstehen, die Seite der Erziehenden und die der Kinder und Jugendlichen.

Wer einmal ein „beziehungsorientiertes“ Gespräch mit so einem jungen Menschen geführt hat, wer diese Verlorenheit, diese Verzweiflung, diese tiefe Traurigkeit gesehen und gespürt hat, wird mit Sicherheit nie wieder verurteilen. Viele unserer Jugendlichen von heute sind Suchende. Sie sind auf der Suche nach Geborgenheit, nach Liebe und Wärme, sie wünschen sich angenommen und verstanden zu werden und sie brauchen Struktur, Grenzen und freie Handlungsspielräume. Da sie auf wenig Erfahrung in diesen Dingen zurückblicken, sind ihre Seelen einsam und haben sie gelernt, mit dieser Einsamkeit umzugehen. Manche dieser Jugendlichen sind sich selbst fremd. Sie lassen niemanden an sich heran, nicht einmal mehr die eigenen Gefühle. Denn der Schmerz, der ihnen dadurch entstehen würde, ist schlimmer als jeder Ärger, den sie sich mit auffälligem Verhalten einhandeln.

Was nehmen wir aus diesen Erfahrungen mit?
Gibt es einen Lerneffekt?

→ *Auflösung Zitat:* Von Sokrates stammen diese Worte.

Hat es „das Problem mit der Jugend" nicht schon immer gegeben?

Denken Sie an Ihre eigene Kindheit und vor allem Jugendzeit zurück.

- Was haben Ihre Eltern damals gesagt, getan?
- Was war für Ihre Eltern damals schwierig?
- Wie haben Sie das erlebt?

1975 besingt Wolfgang Ambros in „Zwickt's mi" eine sich von Generation zu Generation wiederholende Geschichte: *„Die Jugend hat kein Ideal, kan Sinn für wahre Werte, den jungen Leuten geht's zu gut, sie kennen keine Härte ..."*

Die Zeit unterliegt einem ständigen Wandel. Für diesen Wandel ist die Gesellschaft verantwortlich. Die Zeit bleibt nicht stehen. Würde sie stehen bleiben,

- hätten wir heute vielleicht keinen Farbfernseher, und darauf wollen viele von uns nicht verzichten.
- hätten wir heute vielleicht keinen PC und müssten noch immer mit kastengroßen Rechnern arbeiten.
- kein Haushalt hätte heute so einen Computer zur Verfügung.
- hätten wir keinen MP3-Player, keine Stereoanlage und keinen Kassettenrekorder
- ja, wir hätten keinen Geschirrspüler und keine Waschmaschine
- ...

Diese Liste wäre endlos lang und es ist müßig, darüber nachzudenken. Jedoch möchte ich es bewusst machen.

Wenn uns diese Veränderung nämlich bewusst ist und wir uns damit auseinandersetzen, ist das ein erster entscheidender Schritt. Der zweite Schritt wäre, zu überlegen, welche Folgen – positive und negative – solche Veränderungen nach sich ziehen könnten. Ein dritter Schritt wäre, das Positive zu verfolgen, zu stärken und dem Negativen entgegenzutreten.

An dieser Stelle möchte ich betonen, dass es sehr viele junge Menschen gibt, die sich „gesund entwickeln“ durften, die eine gute Schulbildung abgeschlossen haben, die ein Studium absolvieren, die eine Lehre absolvieren, die ein Ziel in ihrem Leben haben und dieses erreichen wollen. Zu ihren Zielen zählen ein intaktes Familienleben, Freunde, ein sicherer Arbeitsplatz und ein Beruf, der Freude bereitet.

Wann wirst du endlich erwachsen?

Diese Frage stellen genervte Eltern manchmal ihren pubertierenden Kindern. Für Soziologen endet die Jugendzeit mit dem Abschluss der Schul- bzw. Berufsausbildung, wenn der junge Mensch sein eigenes Geld verdient und aus dem Elternhaus auszieht. Roenneberg[6] ist der Meinung: *„Erwachsen ist, wer wieder freiwillig früher ins Bett geht.“*

Deshalb möchte ich an dieser Stelle auf das für den Menschen in jedem Alter so wichtige Schlafbedürfnis eingehen.

Schlaf – ein gesundheitsförderndes Bedürfnis

Schlaf ist kein „Ruhezustand“, sondern ein ausgesprochen aktives Geschehen.

Alles, was tagsüber über die Sinneswahrnehmung aufgenommen wird, wird zunächst im Hippocampus abgelegt. Das ist sozusagen ein „Zwischenspeicher“ am unteren Rand der Hirnrinde.

6 Dr. Till Roenneberg, Professor am Institut für Medizinische Psychologie an der Ludwig-Maximilians-Universität München.

Im Schlaf ist unser Wahrnehmungssystem offline, das Gehirn nimmt keine Sinneseindrücke auf.

Und doch ist unser Gehirn teilweise aktiver als am Tag. Der Hippocampus überspielt die zwischengespeicherten Daten in die Großhirnrinde, den Sitz des Langzeitgedächtnisses. (Zulley, 2005)

Systeme, die für die Regeneration unseres Organismus wichtig sind, werden jetzt „hochgefahren". Gesteuert wird dies durch die Ausschüttung bestimmter Hormone, die wiederum von unserer inneren Uhr abhängig ist.

Gegen Abend, mit der Abnahme von Licht, beginnt unsere Zirbeldrüse, die sich am hinteren, oberen Abschnitt unseres Zwischenhirns befindet, das „Schlafhormon" Melatonin auszuschütten, das uns müde und schläfrig macht.

Der Schlaf vor Mitternacht

Nicht nur Melatonin, sondern auch das Wachstumshormon HGH wird am späteren Abend zunehmend ausgeschüttet. Besonders intensiv ist die Produktion dieses Hormons während des Tiefschlafs. Beim Jugendlichen ist das Wachstumshormon für das Längenwachstum verantwortlich. Jugendliche wachsen im wahrsten Sinne des Wortes „im Schlaf". Im Erwachsenenalter vollzieht sich unter dem Einfluss dieses Hormons die notwendige Zellreparatur.

Substanzen, die das Immunsystem steuern, werden während des Kernschlafs ausgeschüttet. Daher regeneriert sich unser Immunsystem in der Nacht – aber eben nur dann, wenn wir schlafen.

Unser Kernschlaf – der Schlaf, den wir unbedingt brauchen, um gesund zu bleiben und in den auch unsere Tiefschlafphasen fallen – beträgt mindestens fünf Stunden.

In der 2. Nachthälfte lernen wir neue Fähigkeiten am besten. Dafür muss das Gehirn jedoch bereits ausgeruht sein.

Für Vokabel ist z. B. der Tiefschlaf bedeutsam, für emotionales Erleben der REM-Schlaf (Rapid Eye Movement) und Bewegungsabläufe (z. B. Yoga-Übungen, Tennisbewegungen ...) werden in der Traumschlafphase verarbeitet. Wenn wir alles aufgenommen haben, schlummert der Körper besser als sonst. Sportler, z. B. Trampolinspringer, haben einen längeren Traumschlaf als Nichtsportler. Sie müssen die Bewegungen träumen, um die Abläufe gut zu erlernen.

Ebenso nachtaktiv ist die Verdauung. Die Endverdauung beginnt 3–4 Stunden nach der letzten Mahlzeit und unter der Voraussetzung, dass der Körper zur Ruhe gekommen ist.

Gegen drei Uhr morgens – es ist so etwas wie eine „biologische Mitternacht“ – wird dann das Hormon Cortisol ausgeschüttet, das weiteren Tiefschlaf verhindert und uns allmählich wieder wach und fit für den Tag macht.

Das heißt: Der für unsere Erholung so wichtige Tiefschlaf endet nach drei Uhr. Deshalb ist an dem bekannten Spruch „Der Schlaf vor Mitternacht ist der beste“ eben doch etwas dran.

Im Schlaf sinkt die Körpertemperatur. In der zweiten Nachthälfte ist sie am niedrigsten. Unsere Stimmung erreicht ebenfalls ihren Tiefpunkt. Nachts zwischen drei und vier Uhr haben wir eine depressive Stimmung. Deshalb ist es am sinnvollsten, um diese Zeit zu schlafen.

Fällt morgens Licht in unsere Augen, wird die Melatonin-Produktion wieder eingestellt.

Das Licht ist ein wichtiger „Zeitgeber“, der unsere innere Uhr steuert. Wer Schwierigkeiten hat, morgens richtig in die Gänge zu kommen, kann seinen Schlaf-Wach-Rhythmus unterstützen, indem er sich so rasch und so intensiv wie möglich dem Tageslicht aussetzt.

Schlaf hält den Körper in Balance! Wer zu wenig schläft, gerät aus der Balance, aus dem Gleichgewicht. Schlafmangel beeinträchtigt die Leistungsfähigkeit und in der Folge die Gesundheit. 90 % der Gesundheit hängen vom Schlaf ab![7] Je besser der Schlaf, umso besser die Abwehrkräfte.

Zu wenig Schlaf macht dumm, dick und krank. (Zulley, 2005)

Wer kennt sie nicht, die „jugendlichen Nachteulen"?

Durch eine verzögerte Melatonin-Ausschüttung werden Jugendliche später müde. Dadurch verschiebt sich ihre Schlafensgehzeit oft auf Mitternacht. Wenn sie dann trotzdem am Morgen zeitig aus dem Bett müssen, führt das zu einem „sozialen Jetlag".[8] Diese Entwicklung hält ca. bis zum 20. Lebensjahr an.

---

7 William C. Dement, Schlafforscher.

8 Dr. Till Roenneberg, Professor am Zentrum für Chronobiologie an der Ludwig-Maximilians-Universität (LMU) München.

Erziehung

Was verstehen Sie unter Erziehung?
Was bedeutet das konkret für Sie?

Das folgende Kapitel soll Bewusstsein schaffen über Ziele der Erziehung, über herkömmliche Erziehungsstile und das eigene Erziehungsverhalten.

Deshalb lade ich Sie zu einer ersten Übung zu dieser Thematik ein. Schreiben Sie spontan auf, was Ihnen zum Thema Erziehung so einfällt und gestalten Sie ein strukturiertes Bild in Form eines Mind-Maps.

Übung 1 

Spontane Ideen zum Thema

Erziehung ist …

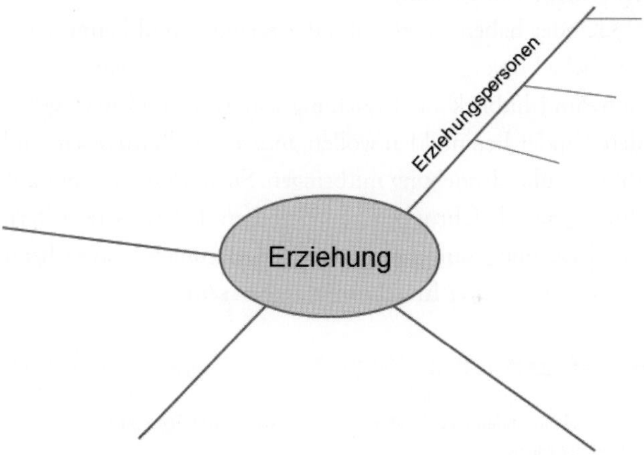

… ein wesentlicher Teil der Entwicklung und wird definiert als

- „Unterstützung und Förderung des heranwachsenden Menschen, die ihn in seiner geistigen und charakterlichen Entwicklung befähigen soll, sich sozial zu verhalten und als selbstständiger Mensch eigenverantwortlich zu handeln“[9]
- „… die planmäßige Tätigkeit zur Formung junger Menschen, die mit allen ihren Anlagen und Kräften zu voll entwickelten, verantwortungsbewussten und charakterfesten Persönlichkeiten im Sinn der geltenden Persönlichkeitsideale gebildet werden sollen.“[10]

Bei allen Definitionen von Erziehung geht es darum, Geist und Charakter zu bilden und Entwicklung zu fördern. Erziehung findet ausschließlich im sozialen Kontext, also durch andere Menschen, z. B. in der Familie, im Kindergarten, in der Schule usw. statt. Sie dient der Persönlichkeitsbildung, der Formung des Verhaltens und der Integration in das gesellschaftliche Umfeld.

Erziehung und Bildung liegen eng beisammen und greifen ineinander, wenn es um die „Heranbildung von erwachsenen Menschen“ geht. Erziehung ist eine Grundlage für Bildung. Bildung ist die Grundlage für eine individuelle und gesellschaftliche Entwicklung.

Kinder haben das Recht auf Erziehung und Familie, auf elterliche Fürsorge und Schutz. Erziehung setzt demnach Bildung im Hinblick auf Erziehung voraus. Wenn Eltern gebildete Kinder heranbilden wollen, müssen sie Bewusstsein und Bildung über Erziehung mitbringen. Sie dürfen nicht nur auf ihre eigenen Erfahrungen zurückgreifen. Je bewusster Eltern mit Erziehung umgehen, umso zielgerichteter und sicherer werden sie in ihrer Erziehungstätigkeit sein.

---

9 Meyers Lexikononline 2.0 (http://lexikon.meyers.de/meyers/Erziehung).
10 www.wissen.de

Bei Erziehung denken wir häufig an

- einen heranwachsenden jungen Menschen – er weiß noch nicht viel und braucht Hilfe
- einen erwachsenen Menschen – er weiß bereits viel und kann Hilfestellung geben.

Dieser Zugang verleitet den Erziehenden sich als wissend, stark, mächtig zu fühlen. Daraus resultiert ein bestimmendes-kontrollierendes Kommunikationsmuster, das im kritischen Eltern-Ich-Zustand seinen Ursprung findet. Dieses äußert sich in vielen Aussagen, von denen ich nur einige anführen möchte: „Lass das!", „Geh weg da!", „Das ist nichts für Kinder", „Hör auf!", „Sag Danke!", „Gegessen wird, was auf den Tisch kommt!", „Wie sagt man?", „Geh ins Bett!", „Putz deine Zähne!", „Iss auf!", „Sitz gerade!", „Lümmel nicht!", „Sprich nicht mit vollem Mund!", „Halt den Mund!", „Stör nicht!", „Keine Widerrede!", „Sei still!", „Jetzt red ich!", „Du musst das so machen!", „Du musst mehr üben!", „Das macht man nicht", „Das darf man nicht", „Mach schneller, beeil dich!", ... und viele, viele mehr dergleichen. (vgl. Lichtenegger, 1998)

Haben Sie sich darin gefunden?
Gehört die eine oder andere Aussage auch in Ihr Kommunikationsrepertoire?

Von Beginn an wird das Kind „bearbeitet", damit es nach den Vorstellungen des Erziehenden geformt wird. (vgl. Littauer, 2004)

Schuster-Brink (1995) schreibt, dass Erziehung, in der sich einer „über den anderen erhebt", Manipulation zugrunde liegt, also das „Handanlegen" am anderen.

Wir formen bzw. modellieren den anderen nach den eigenen Werten, Vorstellungen und Lebensanschauungen, ohne seine eigene Vorstellungen zu berücksichtigen.

Wir meinen, den anderen zu unserem Ziel hin(er)ziehen zu müssen, dabei sind wir uns über das „Ziel“ oft nicht im Klaren. Es gibt somit immer einen „Ziehenden“ und einen „Gezogenen“, einen der Macht ausübt und einen der davon „betroffen“ ist. Je nach Ausprägung dieses „Ziehens“ unterscheiden wir zwischen unterschiedlichen Erziehungsstilen.

Wie Erwachsene mit Erziehung umgehen, zeigt sich in ihrem Selbstwert, ihrer Verantwortung und ihrer Haltung gegenüber dem Kind oder Jugendlichen. Eltern, die über ihr Erziehungsziel und ihre eigenen Wertvorstellungen und Wünsche genau Bescheid wissen, haben meist konkrete Vorstellungen über ihr Erziehungsziel und die Art und Weise, wie sie ihre Kinder „heranbilden“ möchten, was ihnen dabei wichtig ist und worauf es Ihnen dabei ankommt. Hier liegen der Anfang und die Grundlage allen Erziehens. Hier wird der Boden geschaffen, für den Umgang miteinander – zuerst innerhalb der Familie, später nach außen.

Erziehung

- beinhaltet ein liebevolles Verhältnis zwischen Eltern und Kind
- ist ausgerichtet auf Selbstständigkeit und Selbstverantwortlichkeit des Kindes und eine spätere Ablösung von den Eltern
- beinhaltet Förderung und Führung im Interesse des Kindes ohne Zwang und Manipulation in Anpassung an die jeweilige Lebenssituation
- beruht auf Kommunikation, also auf Wechselwirkung und ist ständige Interaktion zwischen Erziehenden und Kind
- erfordert Auseinandersetzung mit den gegenwärtigen Voraussetzungen in der Gesellschaft
- berücksichtigt die zukünftigen Möglichkeiten für junge Menschen

Erziehung unterliegt einer ständigen Wechselbeziehung zwischen dem Kind und dem Erwachsenen. Sie soll ein Ausgleich zwischen Geben und Nehmen sein und ist mit Führung vergleichbar. Es ist wie eine Gratwanderung zwischen *Anleiten, Einfordern und Zulassen.* Dabei müssen die Bedürfnisse des Kindes und der Erziehenden berücksichtigt werden.

Erziehung soll geplant und bewusst umgesetzt werden. Eltern haben Verantwortung für Ihr Tun. Kinder heranbilden bedeutet,

- Zeit für sie haben,
- sich mit ihren Bedürfnissen und ihren Anliegen auseinanderzusetzen
- sie anleiten und fordern, damit ihre Selbstständigkeit und Selbstverantwortung gefördert wird
- fördern im Rahmen der Möglichkeiten (Anleitung, Unterstützung)

Wer starke und selbstbewusste Kinder entwickeln will, muss selbst stark und selbstbewusst sein. Optimale Erziehungsarbeit setzt soziale Fähigkeiten wie Wertschätzung, Empathie = Zuhören und Verstehen, Rücksichtnahme, Vertrauen schaffen, Motivieren usw. voraus. Dem Kommunikations- und Interaktionsprozessen innerhalb der Familie kommt hohe Bedeutung zu. Das, was Eltern ihren Kindern vorleben, prägt die Kinder am meisten.

Kinder lernen von ihren Eltern. Sie beobachten ihre Eltern, ihre Bezugspersonen und lernen daraus. Es ist ein Lernen am Modell und ergibt sich unbewusst, es benötigt keine Anweisungen und Vorgaben.

Geschichte

Vor Kurzem hat mir einer meiner Söhne geholfen, den Wäschetrockner auszuräumen und die T-Shirts gleich zusammenzulegen. Ich habe ihm nie gezeigt, wie ich das haben will. Deshalb war ich total überrascht, ich traute meinen Augen kaum: Er machte das genauso wie ich, mit denselben Handbewegungen, und dann strich er danach nochmals darüber, um alle Unebenheiten auszugleichen. Er muss mich beobachtet haben und hat das so übernommen.

Aber auch wir Eltern lernen. Wir lernen von unserer Kindern und müssen uns ständig an neue Gegebenheiten anpassen und umlernen, damit wir in dieser veränderbaren Welt zurechtkommen.

„Wenn Lenas Vater nach Hause kommt, wirft er die Tasche in die Ecke und läßt sich in den Sessel fallen. ‚Ich muß erst mal abschalten', sagt er, knipst den Fernseher an und zappt sich durch die Kanäle. Svens Vater macht das ähnlich: ‚Also jetzt muss ich erst mal was trinken', sagt er abends, wenn er heimkommt und zischt sein ‚wohlverdientes' Bierchen. Bei jedem kleinen Wehwechen greift Susis Mama zur Tablette."

(Hurrelmann & Unverzagt, 2000, S. 32 ff)

Die Macht der Nachahmung haben wir, mein Mann und ich, schon früh erkannt. Deshalb haben wir viel gemeinsam unternommen und den Kindern damit viele Fertigkeiten unbewusst vermittelt. Bei gemeinsamen Wanderungen haben wir die Natur kennengelernt, wir haben uns mittels Plan im Gelände orientiert. Wenn wir auf Urlaub gefahren sind, haben wir bereits zu Hause die Straßenkarte studiert, wo wir hinfahren wollten. So hatten unsere Jungs bereits im Volksschulalter eine Vorstellung, wo Italien oder damals noch Jugoslawien war. Sie erlernten viele Sportarten, die sie noch heute betreiben. Das Interesse für etwas und die Freude am Lernen können Eltern fördern, indem sie mit ihren Kindern viel gemeinsam unternehmen.

Im Gehirn werden dabei Speicherplätze oder „Karten" (ausführlich in Caspary 2009) angelegt, die später genutzt werden können. Je mehr solcher Plätze in der Kindheit angelegt werden, umso mehr Kapazität steht später für das Lernen z. B. in der Schule, zur Verfügung.

Geschichte

Unsere Söhne fahren z. B. beide Motorrad. Ich werde häufig gefragt, wie es mir damit gehe, dass meine Kinder – ein 22-Jähriger und ein 20-Jähriger – ein starkes Motorrad lenken. Also ganz ehrlich, ein wenig Sorge habe ich immer und sie bekommen jedes Mal den Appell „Pass gut auf dich auf, sei nicht leichtsinnig" mit auf den Weg. Wahrscheinlich ist das für sie schon zu so einer Gewohnheit geworden, dass sie es gar nicht mehr hören.

Da mein Mann und ich ihnen beiden das Autofahren beigebracht haben, wissen wir um ihre Kompetenzen im Straßenverkehr. Viele gemeinsame Ausfahrten mit dem Motorrad haben uns die Umsichtigkeit und Sicherheit gezeigt, mit der sie fahren. Sie wissen, wie sehr sie der Gefahr ausgeliefert sind, und gehören mit Sicherheit zu denen, die vernünftig unterwegs sind. Das gibt auch mir die Sicherheit und das Vertrauen in sie.

Natürlich bewahrt Vernunft nicht vor Unglück. Wollten wir das Unglück eliminieren, worauf müssten wir dann verzichten?

Erziehungsstile

legen verschiedene Arten von Erzieherverhalten, nach denen Erziehung umgesetzt wird, fest, und stellen sie gegenüber. Es ist die Art und Weise, wie Eltern oder Erzieherinnen mit ihren Kindern und Jugendlichen umgehen. Dadurch entwickeln sich Verhaltensmuster, die das Kind in seiner Kommunikationsform und in seinem Konfliktverhalten prägen.

Jahrzehnte haben Eltern ihre Kinder so großgezogen, wie sie von ihren Eltern erzogen worden sind. Werte, Normen und Regeln – Alltagswissen – wurden also von einer Generation an die nächste weitergegeben. Eltern und zum Teil Großeltern haben diese Aufgabe übernommen.

War es einst ein eher machtausübender Erziehungsstil, der geprägt war von gesellschaftlichen Werten wie Unterordnung, Gehorsam, Ordnung und Fleiß, tendierte der Erziehungsstil nach der 68er-Revolution langsam zum anderen Extrem, dem vernachlässigenden Erziehungsstil.

Es stand der autoritäre Stil dem laissez-faire-Stil gegenüber. Seit dieser Zeit wird mit Kindererziehung „experimentiert“ und es entwickelte sich daraus ein eher toleranter Erziehungsstil.

Tatsache ist, dass Eltern „es besser machen“ möchten, als ihre Eltern es gemacht haben. Ob das nun bedeutet, dass sie sich schlecht erzogen fühlen, ist fraglich. Auf jeden Fall greifen sie in der Erziehung auf eigene Erfahrungen und Erlebnisse zurück und möchten es eben „besser“ machen, weil sie ja auch mit anderen Voraussetzungen, bedingt durch die Veränderungen in der Gesellschaft, konfrontiert sind. In der Regel gelingt ihnen das auch. In Stresssituationen allerdings greifen Erziehende unbewusst auf alte Verhaltensmuster zurück, weil Vorbilder und Rollenmodelle für einen „neuen Erziehungsstil“ fehlen, und sie verhalten sich so, wie sie es „gelernt“ bzw. erlebt haben.

Mit Erziehung übernehmen Eltern eine sehr große Verantwortung ihrem Kind gegenüber. Das bedeutet nicht, dass sie ihrem Kind Verantwortung abnehmen sollen. Ganz im Gegenteil, es geht um Verantwortung für jeden, für Eltern und Kind. Das Kind soll zu eigenverantwortlichem Verhalten angeleitet und darin unterstützt werden.

Und dennoch gibt es keinen einzigen oder richtigen Weg in der Erziehung, kein Patentrezept oder All-Round-Mittel. Ein starres Erziehungskonzept würde die notwendige Anpassung an Situation und individuelle Bedürfnisse des Kindes verhindern. Es braucht Flexibilität der Eltern und ständig wiederkehrende Auseinandersetzung mit dem eigenen Erziehungsverhalten, den eigenen Werten und Bedürfnissen unter Berücksichtigung der Entwicklungsstufen und Bedürfnisse des Kindes.

Nachstehend möchte ich auf vier unterschiedliche Erziehungsstile eingehen und diese nachfolgend beschreiben. Da ist zunächst einmal der

Der autoritäre Stil

Dabei geben Erwachsene den Ton an und setzen ihre Vorstellung darüber, wie ein Kind sein soll, was es darf und was nicht, durch. Hier herrschen Ordnung, Perfektion und Gehorsam. Eltern üben Macht und eine starke Kontrolle auf ihre Kinder aus. Widersprüche werden nicht geduldet. Verstöße werden mit Strafen geahndet – „hart, aber gerecht". Die Einhaltung von erziehenden Maßnahmen wird belohnt. Dieser Stil lässt wenig Raum für Respekt und Wertschätzung jungen Menschen gegenüber, es wird ihnen Disziplin gelehrt. Mit diesem Wort verbinden sich Werte wie Ordnung, Organisation, Regeln, Vorschriften, Wissen, Bildung, Leistung. Disziplinieren wird damit definiert, „jemanden durch Übung und Kontrolle in einen Zustand der Ordnung und des Gehorsams zu bringen, wie z.B. kontrollieren, strafen, korrigieren." (ausführlich in Gordon, 1993)

Erziehende praktizieren einen bestimmenden-kontrollierenden Stil, in schwierigen Situationen mitunter gepaart mit einem aggressiv-entwertenden Stil

Die Grundbotschaft des Erziehenden an das Kind lautet: Ich weiß, was richtig ist. Du weißt es nicht, deshalb muss ich es dir sagen und du musst es tun. Ich bin der Stärkere.

Zur Disziplinierung von Kindern gehört Macht, die in Form von Strafen und Drohungen zum Ausdruck gebracht wird. In Abhängigkeit vom Charakter des Kindes und der bisher geprägten Persönlichkeit reagieren sie darauf. Manche wehren sich dagegen, indem sie sich sträuben, rebellieren und zu Lügen greifen. In dieser Beziehung fehlt es an Wärme und Vertrauen.

Werden die Bedürfnisse des Kindes nicht beachtet oder oft verletzt, führt das zu Trotz und Rebellion und später

Frustration. Autoritäres Erziehungsverhalten und übermäßige Strenge fördern häufig Aggression und Gewalt als Widerstandshandlung. Mit diesem Verhalten erleben Jugendliche jedoch wieder Enttäuschung. Aggression ist die häufigste Reaktion auf Enttäuschung.

Eine weitere Reaktionsmöglichkeit ist Flucht. Die Kinder ziehen sich in sich zurück, blockieren Nähe und Kontakt zu Eltern. Sie sind auf der Suche nach Zuwendung, nach Liebe und Anerkennung und diese Suche wird zur Sucht. „Jede Sucht beginnt als Sehnsucht in der Kindheit." (ausführlich in Hurrelmann & Unverzagt, 2000)

Eine dritte mögliche Reaktion ist die Unterwerfung oder Anpassung. Die Kinder verzichten auf ihre eigenen Bedürfnisse, sie wollen den Vorgaben und Erwartungen entsprechen, sie wollen gut dastehen, auch auf Kosten von anderen, und tun „nach oben" alles dafür. Durch diese, Anpassung nach oben, werden Emotionen angestaut. Wenn „das Maß dann voll ist" und die Emotionen überschäumen, richten sie sich häufig als Aggressionen gegen Schwächere.

Dem gegenüber steht der

Laissez-faire-Stil = Vernachlässigung

Er war einst das Gegenstück vom autoritären Stil und resultierte aus der 68er-Generation, der sogenannte antiautoritäre Erziehungsstil. Kinder durften machen, was sie wollen: „Lass sie doch!" ist ein häufiger Satz in der Erziehungshaltung. Es gab keinen Rahmen und keine verbindlichen Regeln, es fehlte an Wärme und Zuneigung. Die Kinder sind emotional und sozial vernachlässigt worden.

Diese Kinder kennen wenig Achtung vor anderen Dingen und zeigen anderen Menschen gegenüber wenig Respekt. Es gibt für sie keinen Tadel und keine Strafe. Oft ist dieser Stil eine Reaktion der Eltern auf den selbst erlebten stark autoritären Erziehungsstil.

Die Stimmung ist oft geladen, es wird lautstark argumentiert und geschimpft. Das beeindruckt jedoch wenig, denn es hat ja trotz der momentanen miesen Stimmung keine Konsequenzen. Diese Regellosigkeit ist eine gewisse Lieblosigkeit den Kindern gegenüber. Kinder, die in einem „rahmenlosen“ Umfeld aufwachsen, erleben ihre Eltern als schwach und beherrschbar. Es ist eine Freiheit ohne Geborgenheit, eine „grenzenlose“ Liebe. (Hurrelmann & Unverzagt, 2000)

Alles zu dürfen und nichts zu sollen, das funktioniert nicht. Es führt zu Unreife in Bezug auf soziale Verantwortung. Diesen Kindern fällt es schwer, Grenzen zu erkennen, zu akzeptieren und für ihr Handeln Verantwortung zu übernehmen.

Diese beiden Erziehungsstile stellen zwei Extreme dar. Erziehende schwanken häufig zwischen diesen beiden Gegensätzen autoritär und laissez-faire hin und her. Es ist ein Entweder – Oder.

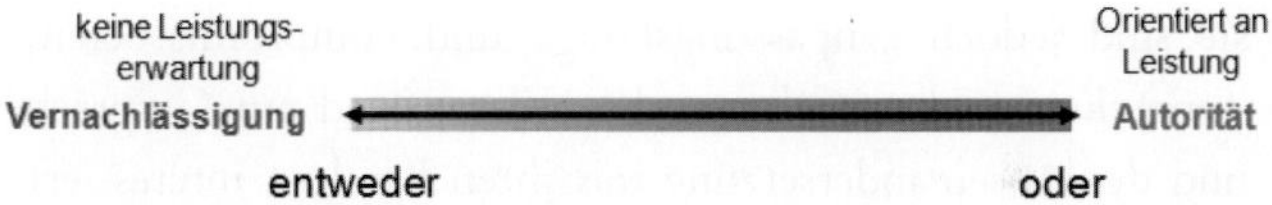

Erziehungsstil polarisiert

Nun werden Sie sich vielleicht denken: „Wie immer ist es der goldene Mittelweg“, der eingeschlagen werden soll. Das Defizit dieser beiden Stile ist jedoch die soziale Komponente. Autorität ist auf Leistung und nicht auf Bedürfnisse ausgerichtet. Vernachlässigung fordert wenig bis keine Leistung und ist ebenfalls nicht bedürfnisorientiert. Bei diesen beiden Erziehungsstilen geht es entweder um Leistung oder um keine bis wenig Leistung.

Achten wir auf die Bedürfnisse des Kindes, entsteht eine neue Dimension und damit eine neue Ausrichtung. Das Kind mit seinen Bedürfnissen wird erkannt und berücksichtigt und dadurch entsteht ein wesentlich größerer Handlungsspielraum.

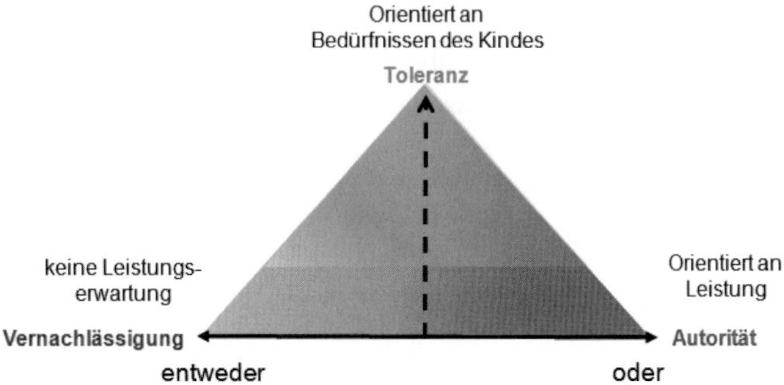

Erziehung schwankt

Der tolerante Stil

Dieser Erziehungsstil lässt einen wesentlich größeren Handlungsspielraum zu. Eltern geben Regeln und Normen vor, sie sind jedoch „anpassungsfähig" und kompromissbereit, wenn diese nicht erfüllt werden. Eltern sind am Gespräch und der Auseinandersetzung mit ihren Kindern interessiert und orientieren sich an den Bedürfnissen ihrer Kinder.

Die Kinder nutzen den Austausch und wollen ihre Grenzen erweitern und sich durchsetzen. Dafür diskutieren sie ausgiebig. Die Geduld der Eltern und ihr anfänglich großes Einfühlungsvermögen enden manchmal jedoch in einer Hilflosigkeit. Bei Entscheidungen sind die Eltern eher zurückhaltend und überlassen es ihren Kindern, wie diese es machen wollen. Das fördert zwar die Eigeninitiative der Kinder, untergräbt jedoch die Kooperations- und Teamfähigkeit.

Kinder sind in ihrem Streben zielgerichtet und konsequent, weil sie ihr Ziel rasch erreichen wollen. Den Kindern wird Wertschätzung entgegengebracht. Die Grenzen sind verschwommen und können leicht verschoben werden, im Sinne von Erweiterung oder Verboten. Wenn es Eltern zu viel wird, greifen sie zu Verboten, die dann jedoch häufig widerrufen werden, damit die Wünsche ihrer Kinder letztendlich doch erfüllt werden. Die wahren Bedürfnisse der Kinder werden dabei häufig übersehen.

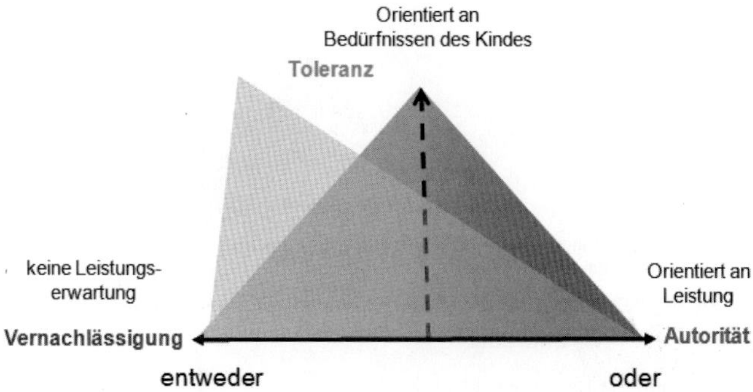

Erziehungsstil mit mehr Toleranz

Das ist ein häufig praktizierter Erziehungsstil. Für Eltern gibt es Zulassen oder Verbieten. Die Kinder und Jugendlichen werden in ihren Bedürfnissen wahrgenommen und wertgeschätzt. Leistung hat weniger Stellenwert.

Der demokratische Stil

Er ist ein maßvoller Erziehungsstil mit einem ausgewogenen Verhältnis zwischen Vorgabe und Unabhängigkeit. Er basiert auf Gleichwertigkeit und Respekt. Er nimmt unerwünschtes Verhalten auf, spricht es an und macht es zum Gegenstand des Gespräches. Für ein gutes Miteinander braucht es klare Regeln und Vereinbarungen sowie angemessene Konsequenzen, wenn Vereinbarungen nicht eingehalten werden oder gegen Regeln verstoßen wird. Bereits in den 40er-Jahren erkannte Heinrich Jacoby in seiner Reformpädagogik, die sich gegen Drill und Zwang richtete, Kinder müssen sich entfalten können, anstatt erzogen zu werden. Mit den richtigen Voraussetzungen durch Erzieher bringt dieser Stil kompetente, sozial verantwortungsbewusste, selbstsichere und unabhängige Kinder hervor, die ein positives Selbstbild und gute Chancen besitzen, ihr Leben erfolgreich zu gestalten.

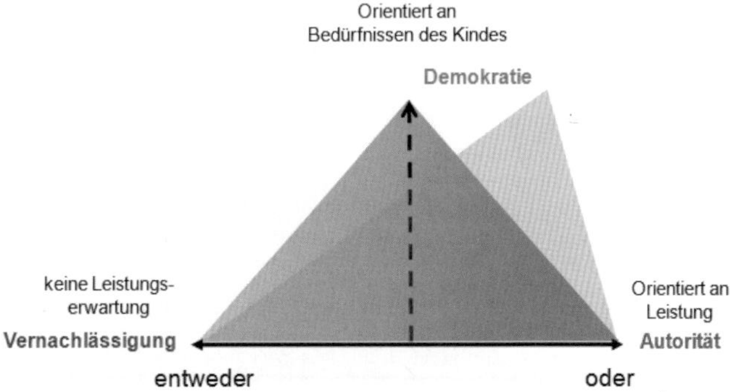

Erziehungsstil mit mehr Demokratie

Erziehungsstil in der Praxis

In der Praxis wird kein Stil für sich alleine angewandt. Der eigene Erziehungsstil ist eine Mischung aus allen Richtungen, indem der eine oder andere Stil mehr oder weniger ausgeprägt ist. Erziehung ist ein Wechsel zwischen Zulassen und Verbieten und mehr oder weniger Toleranz. Je nach Situation und eigener Befindlichkeit greifen Erziehende auf das Wissen zu, das für sie gerade am passendsten erscheint, ohne sich darüber im Vorfeld Gedanken zu machen. Sie zeigen sich freundschaftlich, geduldig und sind geneigt, tolerant zu sein. Sie greifen dabei wieder auf eigene Erlebnisse und Erfahrungen zurück. Sie sind sicher, über Erziehung viel zu wissen, sie haben es ja ein Leben lang selbst erlebt und ihre Erfahrungen daraus gemacht. Auch wenn es für sie nicht immer gute Erfahrungen waren und ihr Ziel in der Erziehung der eigenen Kinder ist, es anders zu machen, als ihre Eltern Erziehung umgesetzt haben.

Durch den „toleranten Einfluss", durch die Veränderung in der Gesellschaft sind Kinder selbstbewusster, stärker geworden. Sie geben nicht so einfach nach oder gar auf. Sie kämpfen mit allen ihnen zur Verfügung stehenden Mitteln, um sich durchzusetzen. Eltern sind über die Heftigkeit der Auseinandersetzungen manchmal verblüfft. Vielen fehlt die Kraft und Stärke, die Grenzen, die ihnen manchmal selbst nicht ganz bewusst sind, klar aufzuzeigen. Solche Streitigkeiten kosten Energie und gehen an die Grenzen der Belastbarkeit bei Eltern.

Die heutigen Anforderungen an Erziehung aufgrund der gesellschaftlichen Einflüsse verlangen Eltern vieles mehr ab. Dazu kommt dann noch die Doppelbelastung Job und Familie und das alles lässt wenig Zeit und Gelegenheit, sich Informationen zu beschaffen, sich „am Markt" zu orientieren. Gleichzeitig werden Familien kleiner und kinderärmer. Heute wachsen Kinder häufig als Einzelkinder auf, sie sind von Erwachsenen umgeben und haben keine Gleichaltrigen, an denen sie sich probieren und reiben können. Gruppendynamische Prozesse fehlen und daraus resultiert, dass soziale Fähigkeiten verloren gehen.

Der Stress, unter dem viele Eltern stehen, diese entstehende Unsicherheit, ja oft Hilflosigkeit wollen Eltern nicht wahrhaben und sich nicht eingestehen. Diese „Orientierungslosigkeit" der Erziehenden macht es für Eltern selbst und für ihre Kinder schwer. Deshalb ist es wichtig, dass Sie als Erziehende/r sich mit dem eigenen Erziehungsstil, mit ihrem eigenen Verhalten in unterschiedlichen Situationen auseinandersetzen.

Die Grenzen sind verschwommen, weil die Gefühlslage der Erziehenden und die Situation unterschiedlich sind. Mal dürfen die Kinder mehr, weil der Stresspegel des Erziehenden höher liegt, mal weniger, weil der Erziehende ohnehin schon genervt ist. Die Kinder sind ständig am Ausloten und versuchen, ihre Grenzen zu finden. Sie finden wenig Orientierung und werden orientierungslos bzw. haltlos. Viele Erziehende sind hilflos und greifen in ihrem Stressmuster auf eigene Erfahrungen zurück. „Die g'sunde Watschn" zur richtigen Zeit hat noch keinem geschadet oder „Lass sie nur, es wird sich schon legen".

Den eigenen Erziehungsstil erkennen

Übung 2

Nun haben Sie sich beim Lesen bestimmt in Ihrem Erziehungsverhalten erkannt.

Nachfolgende Übung soll Ihnen einen Überblick über ihr eigenes bevorzugtes Verhalten geben.

Setzen Sie sich mit konkreten Interventionen im Verlauf einer Woche auseinander und bewerten Sie, auf welchen Erziehungsstil Sie zurückgegriffen haben.

Machen Sie einen Strich in das jeweilige Feld. Durch eine genaue Positionierung ihres Striches können Sie noch innerhalb des jeweiligen Stiles differenzieren.

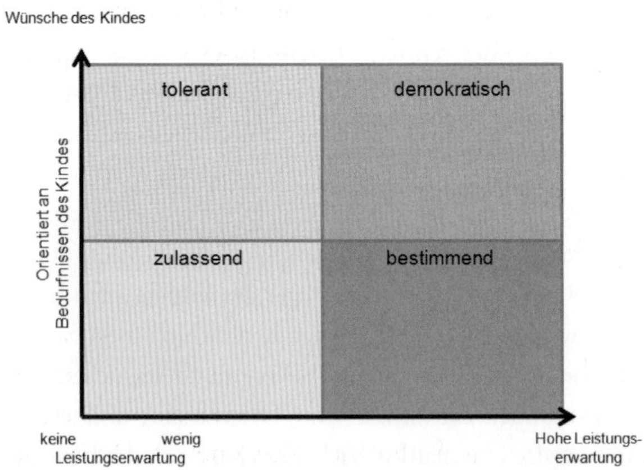

Reflexion des eigenen (Erziehungs-)Verhaltens

Nachstehendes Kapitel soll Ihnen helfen, die momentane Erziehungssituation bewusst zu machen und zu visualisieren. Wenn Sie bereits Kinder haben, können Sie sich Ihre Erfahrungen und Erfolge bewusst ansehen.

Übung 3

Überprüfung der eigenen Erziehung

Markieren Sie durch ein Kreuz oder einen senkrechten Strich, wo Sie Ihr Empfinden auf der Skala ansiedeln.

<table>
<tr><td>Wie zufrieden sind Sie mit Ihrer Erziehungsarbeit?</td><td>| .... |
sehr gar nicht</td></tr>
<tr><td>Wie oft hat es schon Ansätze zur Veränderung gegeben?</td><td>| .... |
häufig nie</td></tr>
<tr><td>Wie erfolgreich sind Sie in Ihren Strategien?</td><td>| .... |
sehr gar nicht</td></tr>
</table>

- Wenn die Erfolgsquote eher niedrig ausgefallen ist:
- Sind Sinn und Zweck der Veränderung nicht klar.
- Wurden Ziele, in welche Richtung die Veränderungen gehen sollen, nicht präzise genug formuliert.
- Begleiteten möglicherweise Ungeduld, Ratlosigkeit, Überforderung den Prozess.
- Haben Sie Ihr Potenzial zu wenig genutzt.
- Wurden Bedürfnisse zu wenig beachtet.

Dadurch erscheint der Aufwand für die Veränderung sehr hoch und wirkt manchmal unüberwindbar. Machen Sie kleine Schritte. Geben Sie sich Zeit und geben Sie Ihren

Kindern Zeit. Rom wurde auch nicht an einem Tag erbaut.

Übung 4

Zufriedenheit mit der eigenen Erziehung

Was läuft aus Ihrer Sicht in der Erziehung Ihrer Kinder gut?
Was läuft aus Ihrer Sicht nicht so gut, was möchten Sie gerne verändern?
Aus Ihrer Sicht: Was, denken Sie, findet Ihr Kind an seiner Erziehung gut?
Was, denken Sie, würde Ihr Kind gerne anders haben?

Nun befragen Sie bitte Ihre Kinder. Die Entscheidung, ob ihr Kind aufgrund seines Alters diese Fragen versteht und beantworten kann, liegt bei Ihnen. Ich denke, dass Kinder ab 6 Jahren bereits eine Meinung dazu haben.

Was gefällt Ihren Kindern an der Art und Weise, wie sie erzogen werden?
Was möchten Ihre Kinder gerne anders haben? Was wünschen sie sich?

Übung 5

Beziehung zum Kind

Wie gut würden Sie die Beziehung zu Ihrem Kind einschätzen?	.... Sehr gut – Sehr wenig
Wie groß ist das Vertrauen in Ihr Kind?	.... Sehr gut – Sehr wenig
Wie selbstverantwortlich erachten Sie Ihr Kind?	.... Sehr viel – Sehr wenig
Mithilfe im Haushalt	.... Sehr viel – Sehr wenig
Hausübung machen	.... Sehr viel – Sehr wenig
Lernen	.... Sehr viel – Sehr wenig
Umsetzung der eigenen Wünsche	.... Sehr viel – Sehr wenig

Wie wird meine Erziehung erlebt?

Jeder Mensch hat einen „blinden Fleck“. Damit ist ein Bereich gemeint, der uns selbst verborgen bleibt, der uns nicht bewusst ist. Das ist der Haken dran: Wenn uns etwas nicht bewusst ist, wie sollen wir dann darauf reagieren, damit umgehen, etwas verändern? Nutzen wir die Augen des anderen, um die eigenen Fehler, aber auch Vorteile sehen zu können.

Um dies ein wenig anschaulicher zu erklären, greife ich auf das Modell des Johari-Fensters[11] (Simon, 2007) zurück. Es ist wieder ein Modell in zwei Dimensionen,

- meine eigene Sicht (Selbstbild)
- die Sicht der anderen (Fremdbild)

	mir bekannt	mir unbekannt
anderen bekannt	**Öffentliches** Kleidung Aussehen Stimme, Tonlage	**„blinder Fleck“** Eigene Wirkung auf andere Anteile meines Verhaltens Unbewusste Redensarten Bestimmte Körpersprache
anderen unbekannt	**Privates** Das, was wir vor anderen nicht preisgeben Eigene Erfahrungen Gefühle Gedanken	**Unbewusstes** Ist in uns vorhanden, wir haben keinen bewussten Zugriff darauf zB Erlebnisse aus früher Kindheit Können Verhalten mitbestimmen

Johary-Fenster – eigene Darstellung

11 1955 von den Sozialpsychologen Joseph Luft und Harry Ingham entwickelt.

Da ist der *öffentliche Bereich,* das, was jeder an Ihnen wahrnimmt und was auch Ihnen bekannt ist.

Z. B. Wie Sie sich anziehen, wie Sie mit Ihrem Kind reden, wie Sie sich in verschiedenen Situationen verhalten, in denen Sie sich von anderen beobachtet fühlen, usw.

Dann gibt es den Bereich des *Privaten.* Darüber wissen nur Sie selbst Bescheid.

Z. B. Was in Ihnen vorgeht, während Sie mit anderen sprechen, wie Sie denken und fühlen, welche Erfahrungen Sie gemacht haben, usw.

Es gibt den Bereich des *Unbewussten.* Da sind Dinge verborgen, die Ihnen nicht bewusst sind, die in Ihrem Gehirn jedoch gespeichert sind.

Z. B. Erlebnisse aus der Kindheit, die Ihnen nicht bewusst sind, die jedoch Ihr Verhalten beeinflussen.

Und dann gibt es den Bereich des *„Blinden Flecks“*, das was andere wahrnehmen, Ihnen selbst jedoch nicht bewusst ist.

Z. B. Eine bestimmte Körpersprache, ein bestimmter Ton bei Aussagen, bestimmte Verhaltensweisen, die für Sie normal sind, bei anderen möglicherweise auf Ablehnung stoßen, usw.

Andere Menschen um Sie, Ihre Freunde, Bekannten sehen also diesen, Ihnen verborgenen Bereich Ihrer Persönlichkeit und Ihres Verhaltens. Was bietet sich mehr an, damit Rückmeldung über das eigene Erziehungsverhalten erlangt wird, als andere zu befragen.

Um Ihren „blinden Fleck“ zu verkleinern, können Sie auf die Rückmeldung anderer Personen zurückgreifen. Stellen Sie Fragen wie:

- Wie erlebst du mich als Mutter?
- Was gefällt dir daran?

- Was hättest du gerne anders?
- Was ist der Grund dafür, das es dir gefällt/nicht gefällt?
- Was würdest du anders machen?
- Wie würdest du es machen?
- ...

Diese Rückmeldung ist eine weitere Sichtweise. Sie müssen damit nicht einverstanden sein, sie müssen sich nicht anpassen. Sie können jedoch zuhören und darüber nachdenken und sich mit der betreffenden Person darüber unterhalten. Es geht dabei nicht darum, wer recht hat oder nicht. Es ist für Sie lediglich eine Möglichkeit, mehr über Ihr eigenes Verhalten zu erfahren. Es ist eine Chance, auch einmal etwas Positives zu erfahren.

Eltern als „Coach" ihrer Kinder

Mit den Fähigkeiten und Fertigkeiten eines Coachs ausgestattet, können Eltern ihre Kinder auf dem Weg zum Erwachsenwerden begleiten. Mit den erworbenen Kompetenzen kommen Eltern mit schwierigen Situationen leichter zurecht. Sie gehen dabei nicht nach einem „Rezept", nach „Schema F" vor, sondern sie sind sich ihrer Fähigkeiten und Möglichkeiten bewusst, setzen sich mit der jeweiligen Situation konstruktiv auseinander, haben Handlungsalternativen zur Verfügung. Damit unterstützen Eltern ihre Kinder, indem sie diese zu eigenverantwortlichem Handeln anleiten.

Ziel dieses Buches ist es, Ihre bereits vorhandenen Erziehungskompetenzen zu erweitern.

Erziehungskompetenzen für den „coachenden Erziehungsstil" sind:

Bewusstsein über die eigenen Stärken und Schwächen, über besonderen Fähigkeiten und über die eigene Persönlichkeit. Erziehende richten zuerst ihren Blick nach innen, indem sie sich über sich selbst Bewusstsein verschaffen, sich selbst beobachten und stets reflektieren. Sie müssen mit sich selbst im Einklang sein und Vertrauen in sich und ihre Fähigkeiten haben.

Der Blick nach außen soll helfen, die Umgebung und das Ziel im Auge zu behalten. Erziehende benötigen

- Wissen, wie sich Kinder entwickeln, welche Bedürfnisse sie haben
- Wissen um das aktuelle Geschehen. Sie müssen die Gefahren erkennen, denen Kinder und Jugendliche heute ausgesetzt sind. Das gelingt am besten, indem Erziehende versuchen, die Welt der Kinder zu verstehen, indem sie sich konstruktiv mit dieser Welt auseinandersetzen. Im Dialog mit ihren Kindern können Eltern z. B. Freizeit mitgestalten und zu sorgfältigem Umgang anleiten.

Soziale Fähigkeiten wie

- Empathie: die Fähigkeit, sich in das Denken und Fühlen ihrer Kinder hineinzuversetzen.
- Akzeptanz und Toleranz
- Kommunikationsfähigkeit: wertschätzend miteinander umgehen, Respekt und Achtung vor dem anderen
- Kommunikative Fähigkeiten wie zuhören, ausreden lassen, den anderen verstehen wollen, fragen und nachfragen, wertschätzende Ich-Botschaften
- Konfliktfähigkeit, sich mit Konflikten bewusst auseinanderzusetzen und sie im Dialog gemeinsam lösen

Soziale Fähigkeiten sind für Erziehende unerlässlich. Davon hängt es zum Großteil ab, wie sie mit anderen Menschen umgehen, welche Haltung sie anderen Menschen gegenüber einnehmen.

Erziehende müssen ihren Kindern Vorbild sein.

- Vertrauen und Zutrauen in ihre Kinder und Jugendlichen

Durch „Erziehung im Coaching-Stil" wird eine Entwicklung in Gang gesetzt, die sowohl an der Aufgabenreife (Fähigkeiten, Fertigkeiten) als auch an der psychologischen Reife (Selbstvertrauen, Mut, Motivation, Sinn des Tuns, Bereitschaft zur Übernahme von Verantwortung) ansetzt.

Grundannahmen

- *Warum sind Menschen so, wie sie sind?*
- *Warum bist du so, wie du bist?*
- *Warum bin ich so, wie ich bin?*
- *Diese Fragen haben sicher die meisten von uns schon beschäftigt.*

Jeder Mensch ist einzigartig und sollte die Möglichkeit bekommen, seine Einzigartigkeit zu zeigen und zu leben. Er ist auf Beziehung hin angelegt und braucht dazu einen geeigneten Boden und Rahmen, um seine besonderen Fähigkeiten entwickeln zu können.

Dieser Rahmen ist veränderlich. Ist es zuerst die Familie, die den Grundstein legt, sozusagen das Fundament baut, so sind das später Kindergarten, Schule, Freunde, die den Menschen formen und prägen.

Der Mensch kommt als Individuum, als ein Original mit der Grundausstattung zum Überleben zur Welt. Er ist ein Produkt einer zufälligen Mischung der genetischen Anlagen seiner Ahnen. Er besteht aus ca. 30000–40000 Genen. Ca. 99 % davon sind ident. Nur 0,1–0,5 % des genetischen Materials, also des Erbgutes, machen den Unterschied aus. Jedes Gen hat man zweimal, einmal von der Mutter und einmal vom Vater. Eine dieser beiden Gen-Varianten setzt sich gegenüber der anderen durch. (ausführlich in Hengstschläger, 2008) So kann z.B. die Haarfarbe vom Vater sein, die Locken von der Mutter, die Haaransatzform von der Großmutter und die Dichte der Haare vom Großvater.

Bestimmte Charakterzüge, Erbanlagen, sind uns angeboren und bestimmen unser Temperament (z.B. Grad der

Aktivität und der Ängstlichkeit, Begabung, Intelligenz). Aussehen und Charakter sind genetische Determinanten. Wir sind sozusagen „aus einem bestimmten Stein" gefertigt, das kann Sandstein, Marmor, Granit etc. sein. Die Zusammensetzung des Steines ist – wie jeder Mensch – einmalig. Diese genetischen Faktoren spielen eine große Rolle in der Persönlichkeitsentwicklung. Abhängig von dieser Zusammensetzung lässt sich der eine Stein leichter, der andere schwerer bearbeiten. Im Laufe des Lebens wird dieser Stein bearbeitet. Viele meißeln, schleifen, polieren daran herum. Dadurch entsteht die Persönlichkeit des Einzelnen. (vgl. Littauer, 2004).

Zu diesen Faktoren zählen z. B. Einflüsse und Erfahrungen aus unserer Kultur und aus der Zugehörigkeit zu einer sozialen Schicht. Jede Kultur hat ihre eigenen Verhaltensmuster, so auch jede Familienkultur. Diese sind uns oft nicht bewusst, bis zu dem Zeitpunkt, wo wir mit anderen Kulturen in Berührung kommen. Dann werden Unterschiede deutlich und meist ist für uns klar: Der andere ist anders, bei uns, in uns ist es richtig und in Ordnung.

Lange Zeit ist man davon ausgegangen, dass bei der Ausformung der Persönlichkeit der Umwelt die größere Bedeutung zukommt, dass durch Erziehung der Mensch geformt wird.

Verhaltensgenetiker weisen darauf hin, dass die Gene bei der Persönlichkeitsentwicklung eine größere Rolle spielen als Lebenserfahrungen. Geschwister sind z. B. genetisch vollkommen unterschiedlich. Deshalb ist es der Fall, dass Geschwister – trotz „Gleichbehandlung" durch die Eltern unterschiedlich reagieren und sich unterschiedlich entwickeln. Obwohl sie in der gleichen Familie aufwachsen, erfährt jeder Geschwisterteil das Umfeld auf seine Art und Weise. So werden Kinder, die von ihrem Charakter her vielleicht sehr aktiv und rege sind, ein anderes Umfeld suchen und andere Reaktionen bei den Mitmenschen hervorrufen als Kinder mit eher ruhigem und passivem Charakter. Auch werden sie auf ein und dasselbe Ereignis unterschiedlich reagieren.

Eltern wiederum reagieren auf die unterschiedliche Verhaltensweise jedes ihrer Kinder unterschiedlich, auch wenn sie sich bemühen, „gerecht zu sein“ und beide gleich behandeln wollen. Das ist nicht möglich.

Die Vererbung legt demnach die Grenzen der Begabung, für Musik oder Sport fest. Die Umwelt bestimmt jedoch, in welchem Ausmaß sich jede Begabung entwickeln kann (ausführlich in Pervin, 2000), indem Talente und Neigungen von Erziehenden gefördert werden.

Es sind jedoch nicht nur die Erfahrungen zu Hause, sondern auch die Erfahrungen außerhalb der Familie, Erfahrungen, die man in der Kindheit im Kindergarten, als Schüler in der Schule oder als Heranwachsender unter Gleichaltrigen macht.

Daraus ist eindeutig erkennbar, weshalb Kinder aus dem gleichen Umfeld, aus derselben Familie verschieden sind. Sie bringen unterschiedliche Gene mit und sie machen unterschiedliche Erfahrungen, die sie unterschiedlich prägen. Jedes Kind, jeder Mensch ist ein Individuum.

Aus diesen beschriebenen Grundannahmen über den Menschen ist es nur ein kleiner Schritt zum Konzept der Grundeinstellungen, einem Modell der Transaktionsanalyse. Die in den ersten Lebensjahren gewonnenen Grundeinstellungen resultieren aus Sinneseindrücken, der Beziehung zur Mutter und daraus entstandenen Emotionen.

Wir leben, um unsere Bedürfnisse zu befriedigen

Der Mensch kommt mit Grundbedürfnissen nach *Beziehung, Sicherheit und Autonomie* zur Welt.

Was bedeutet das?

Der Mensch ist, um sich entwickeln zu können, auf Beziehung angewiesen. Er hat Beziehungsbedürfnisse, die erfüllt werden müssen, damit er sich gesund entwickeln kann. Er muss sich in dieser Beziehung sicher fühlen, erst dann ist er stark genug, sich nach außen zu wenden. Er braucht Autonomie, damit er sich weiterentwickeln kann und Zutrauen und Vertrauen bekommt.

Die Erfüllung jedes dieser Grundbedürfnisse ist für ihn lebensnotwendig. Dafür braucht er andere Menschen, die seine Bedürfnisse erfüllen. Sind es vorerst nur die Grundbedürfnisse, die erfüllt werden müssen, damit er sich „gesund entwickeln" kann, so strebt er im Laufe seiner Entwicklung nach der Erfüllung höherer Bedürfnisse.

In Erweiterung des fünfstufigen Modells nach Maslow hat Erikson die Bedürfnisse in der psychosozialen Entwicklung[12] auf 8 Stufen erweitert.

Als Pyramide ist es deshalb dargestellt, weil in der Entwicklung eine Phase auf der anderen aufbaut. Erst wenn die darunter liegende Stufe ausreichend erfüllt ist, übernimmt die nächsthöhere die treibende Rolle im Handeln des Menschen. Rosenberg bezeichnet das Bedürfnis als die Wurzel allen Handelns (vgl. Rosenberg, 2002. Ob ein Bedürfnis erfüllt ist, zeigt sich im Gefühl, das dadurch entsteht. Ist es Glück und Zufriedenheit oder Unzufriedenheit, Ärger, Trauer? Un-

---

12 Erik Erikson: Psychoanalytiker, Neofreudianer, Stufenmodell der Psychosozialen Entwicklung

erfüllte Bedürfnisse – vor allem Beziehungsbedürfnisse – haben also große Wirkung auf unser Verhalten und auf unsere Gesundheit.

Die Grenzen zwischen den einzelnen Ebenen verlaufen fließend.

Bedürfnisse

Wenn das Kleinkind ausreichend Liebe und Zuwendung sowie Nahrung bekommt, es geregelte Schlafens- und Essenszeiten hat, kann es sich dadurch sicher und aufgehoben fühlen.

Wenn die Familie das Kind umsorgt, ihm ein Heim bietet und ihm zusätzlich Zuneigung und Liebe entgegenbringt, hat das Kind alle Voraussetzungen, sich in der Familie wohlzufühlen. Es wird geliebt und liebt seine Familie. Es fühlt sich in Sicherheit, auch wenn es sich mal nicht so benimmt, wie es erwartet wird. Es ist sich der Liebe seiner Eltern sicher. Es wird angenommen und hat Vertrauen in seine Bezugspersonen. Es erfährt selbst etwas wert zu sein, es erkennt seinen Selbstwert.

Wenn es Vertrauen in seine Umgebung hat, wagt es sich nach außen. Es knüpft Freundschaften und lernt andere

Werte, andere Kulturen kennen. Hat sich das Kind seinen Platz in der Gruppe gesichert, seinen Wert innerhalb der Gruppe erkannt, dann steht dem kognitiven Lernen nichts im Wege.

Findet es in der Gruppe z. B. einer Schulklasse keinen Anschluss, fühlt es sich „gemobbt", was heute nicht selten vorkommt, werden wichtige Beziehungsbedürfnisse nicht erfüllt. Lernen und Weiterentwicklung bleiben auf der Strecke.

Bekommt es für seine Leistungen keine Anerkennung, wird es getadelt, sinkt sein Selbstwert und damit das Interesse und die Motivation zu lernen.

Verliert ein Schulkind z. B. durch Trennung der Eltern seine Sicherheit, sein Zuhause, seine gewohnte Umgebung, fällt es auf der Bedürfnispyramide rasch hinunter. Andere Bedürfnisse entstehen und das Kind wird verunsichert. Gefordert wird jedoch häufig Leistung in der Schule. Doch diese kann es erst wieder bringen, wenn die darunter liegenden Bedürfnisse weitgehend erfüllt werden.

Akute Bedürfnisse auf jeder Stufe blenden die darüber liegenden Stufen aus den Interessen des Menschen einfach aus.

Massive Eingriffe in die Lebenssituation, eine Scheidung in der Familie lässt die Bedürfnisse sofort sinken.

Beispiel

Wenn eine Familie glücklich und zufrieden ist, befindet sie sich wahrscheinlich auf der Stufe der ästhetischen Bedürfnisse.

Der Vater geht seiner Arbeit nach und ist zufrieden mit seiner Arbeit und dem Gehalt.

Die Mutter sorgt sich um die Familie, kümmert sich um Haushalt und Kinder und ist mit diesem Leben zufrieden.

Die Kinder dürfen in einer harmonischen Familie aufwachsen. Sie werden gestärkt, weil sie geliebt werden. Es ist ein Miteinander, jeder kann sich auf den anderen verlassen.

Jeder bekommt seine Beziehungsbedürfnisse erfüllt. Die Kinder gehen mehr oder weniger gern in die Schule, sie lernen, weil sie motiviert sind und in Abhängigkeit von ihrem Alter Ziele haben und diese verfolgen.

Kommt nun Unzufriedenheit in dieses System, beginnt es zu wanken und gerät möglicherweise aus dem Lot. Es kommt zu Streitigkeiten, und der entstandene Frust, der Stress wird auf alle übertragen. Es fehlt den Kindern an Liebe und Geborgenheit und damit an Sicherheit, der Selbstwert sinkt, das Vertrauen in das System Familie geht verloren. Kinder sind traurig, wenn ihre Eltern streiten, sie haben Scheu die Eltern mit ihren eigenen Problemen zu belasten. Sie geraten unter Druck und können sich nicht mehr ausreichend auf die Anforderungen in der Schule konzentrieren. Das erklärt, weshalb z. B. ihre Leistungen in der Schule nachlassen. Ohne das nötige Vertrauen wollen sie sich auch nicht den Eltern anvertrauen. Zu wem von beiden sollen sie Vertrauen haben? Auf welche Seite sollen sie sich stellen? Sie wollen niemanden enttäuschen, sie wollen nicht die Entscheidung treffen, Vater oder Mutter. So reduzieren ihre Bedürfnisse sehr rasch auf Beziehung, Sicherheit, Schutz.

Kinder übernehmen häufig (unbewusst) die Verantwortung für den Streit zwischen den Elternteilen. Es kommt zur Trennung der Eltern und die Kinder fühlen sich wiederum schuldig, sie geben sich selbst die Schuld, es nicht „repariert“ zu haben, sie denken „versagt zu haben“. Auch wollen sie „stark sein“ und Vater oder Mutter nicht noch mehr belasten. Viele Kinder stehen zwischen Vater und Mutter, sie müssen sich entscheiden, ob sie bei Vater oder Mutter leben wollen. Sie wollen keinen von beiden enttäuschen, denn sie lieben Vater und Mutter gleich. Um dieser Entscheidung zu entfliehen, ziehen sie sich zurück. Häufig ist ihnen das nicht bewusst oder sie verdrängen es, um sich selbst zu schützen.

Auch haben Eltern in einer solchen Trennungssituation schon genug Stress mit der Situation, mit sich selbst, und es fehlt ihnen an Empathie für Ihre Kinder. Deshalb bleiben solche kindlichen Verhaltensweisen oft unbemerkt, haben jedoch große Wirkung auf die Psyche des Kindes. Den Erziehenden fällt nur auf, dass die Leistungen des Kindes zurückgehen und die Ursache dafür ist klar: Die Trennung der Eltern macht ihnen zu schaffen. Auf die Bedürfnisse der Kinder wird meist nicht geachtet und diese bleiben unerfüllt.

Bleiben wesentliche Bedürfnisse des Kindes über einen längeren Zeitraum unerfüllt, entstehen Ängste. Aus diesen unbewältigten Ängsten resultiert Ärger. Dem Kind ist es nicht gestattet, seinem Ärger freien Lauf zu lassen, ihn zu thematisieren. Diesen erlebten Schmerz muss es verdrängen und seine Gefühle unterdrücken.

Sehnsucht nach Geborgenheit, nach Erfüllung seiner Bedürfnisse, Verzweiflung, Angst lassen diesen Ärger mächtiger werden. Dieser Ärger kann sich gegen andere richten und wir sprechen von aggressivem Verhalten oder er richtet sich gegen das Kind selbst. Die Folge ist Alkoholismus, Sucht, Krankheit, Suizidgefahr. Wir sprechen dann von Traumatisierung, von einer inneren Entfremdung. Häufig wird eine solche Traumatisierung erst in späteren Jahren erkannt.

Beziehungsbedürfnisse

Beziehungsbedürfnisse sind menschliche Bedürfnisse[13], für deren Erfüllung wir auf andere Menschen angewiesen sind – ein Leben lang. Kinder sind jedoch darauf angewiesen, von ihren Eltern bzw. Bezugspersonen auf diese Art und Weise wahrgenommen zu werden. Wenn wir diese Bedürfnisse bei unseren Kindern erkennen und angemessen beantworten, steigen die Chancen für Kooperationsbereitschaft des anderen.

Das Kind braucht verlässliche Ansprechpersonen, im Idealfall Vater *und* Mutter, Mann *und* Frau. In Hamburg habe ich z. B. Kindergruppen beobachtet, die von männlichen und weiblichen Personen betreut wurden. So stehen beide Geschlechter als AnsprechpartnerIn zur Verfügung und das Kind kann auswählen. Für die Betreuer ist es mit Sicherheit auch einfacher, 6–8 Kinder zu zweit zu betreuen. Dadurch wird auch eine „Familiensituation" simuliert.

Menschen haben das Bedürfnis

nach Sicherheit

Damit das Bedürfnis nach Sicherheit erfüllt wird, braucht das Kind klare Absprachen und Regeln. Es will wissen, woran es ist. Das gibt ihm Sicherheit. Es will beschützt werden, es braucht einen Rahmen, in dem es sich sicher und geborgen entwickeln kann.

nach Vergewisserung

Das Kind braucht kontinuierliche Rückmeldung über sein Verhalten. Es will gelobt werden. Es will, dass Beziehungen Bestand haben, auch wenn das Verhalten mal nicht den Vorstellungen der Eltern entspricht.

---

13 nach Richard G. Erskine und Rebecca Trautmann, amerikan. Psychologen, ROMPC®-Ausbildung bei Thomas Weil.

nach Grenzen

Das Kind braucht klare Grenzen, Stopp-Signale. Bis hierher und nicht weiter. Wenn Grenzen überschritten werden, braucht es Konsequenzen, die auf eine Lösung und einen Lerneffekt abzielen. Das Kind will vor Übertreibungen in Schutz genommen werden. (Dafür gibt es auch das Jugend-*Schutz*-Gesetz. Wenn ich die Umsetzung dieses Gesetzes im Detail ansehe, so frage ich mich, ob dadurch die Wirtschaft oder das Kind mehr geschützt wird.)

In jedem Fall ist es Aufgabe der Eltern, das Kind zu schützen, und die Diskussionen mit dem Nachwuchs sind nicht einfach für Eltern. Je wertschätzender – also je mehr Verständnis für die Werte des Jugendlichen gezeigt wird – und konstruktiver – auf eine *gemeinsame* Lösung hin orientiert – solche Gespräche ablaufen, umso mehr sind sie von Erfolg gekrönt.

nach Bestätigung

Das Kind möchte in seinem Erleben (Werte, Gefühle und Bedürfnisse) verstanden, angenommen und gespiegelt werden. Es will, dass man ihm glaubt.

Wenn es z. B. erzählt, wie „schrecklich“ langweilig es heute wieder in der Schule war, dann will es erzählen dürfen und verstanden werden. Eltern, die dem Kind dann sagen: „Aber geh, so schlimm ist das ja gar nicht“, schenken dem Kind wenig Glauben. Es muss sich also etwas „einfallen“ lassen, damit man ihm glaubt.

nach Einmaligkeit

Das Kind möchte anders sein dürfen und in seiner Einmaligkeit gesehen werden. Jedes Kind hat Schwächen und jedes Kind hat *Stärken.* Indem Stärken gefördert werden, treten Schwächen in den Hintergrund. Anerkennung und Wertschätzung helfen dem Kind und motivieren es. Häufige Vergleiche mit anderen Kindern, die womöglich noch als Vorbild dienen sollen, verletzen und verunsichern das Kind.

nach Einfluss

Das Kind möchte Einfluss nehmen auf das Geschehen, möchte etwas bewirken und will, dass andere sich davon betreffen lassen. Kinder wollen helfen und sie wollen gebraucht werden. Mitunter wollen sie auch Macht und Kontrolle ausüben und sagen, wie es geht und sie wollen in ihrem Tun ernst genommen werden.

nach Initiierung durch andere

Das Kind braucht, dass andere auf es zukommen und ihm Angebote machen. Es will nicht den ersten Schritt machen. Es hat Scheu, aus welchem Grund auch immer, auf andere zuzugehen. Sie können ihre Bedürfnisse meist nicht selbst formulieren, sie haben Scheu Wünsche zu äußern. Es braucht achtsame, einfühlsame Menschen, denen diese Zurückhaltung auffällt und die das Kind aktiv motivieren und auffordern.

etwas zu geben

Das Kind braucht, dass andere annehmen, was es zu geben bereit ist. Es will helfen, für andere da sein und einen sinnvollen Beitrag leisten. Es will gebraucht werden.

Werden Beziehungsbedürfnisse erfüllt, kann sich das Kind gesund entwickeln. Unerfüllte Beziehungsbedürfnisse sind als Defizite in der Beziehung zu verstehen und wirken sich auf die seelische Befindlichkeit und die Gesundheit aus. Beziehungsbedürfnisse können nur durch Beziehung zu anderen Menschen befriedigt werden.

„Wir sind durch Beziehung krank geworden,
also werden wir nur durch Beziehung wieder gesund.“
(Thomas Weil)

In der Erziehung muss also darauf geachtet werden, dass das Minderwertigkeitsgefühl so klein wie möglich gehalten wird und das Kind möglichst wenig entmutigt wird. Entmutigung wirkt entwicklungshemmend.

Dem Abbau von Minderwertigkeitsgefühl steht der Aufbau des Selbstwertgefühles gegenüber. Menschen mit Selbstwert haben Gemeinschaftsgefühl und besitzen soziale Kompetenz. Diese kann nicht anders entwickelt werden, als in einer gelebten, von gegenseitiger Zuneigung und Annahme getragenen Gemeinschaft.

Deshalb ist es gerade für junge Menschen notwendig, dass Erziehende eine emotionale Beziehung zu ihnen aufbauen, ihnen Werte vermitteln und Perspektiven zeigen, damit Kinder und Jugendliche sich ihre eigenen Ziele formen und diese verfolgen können. Dafür brauchen sie

- Wärme, Liebe, Zuwendung, Verständnis,
- Struktur und Ordnung,
- Förderung, Anerkennung,
- Wertschätzung, Respekt, Achtung,
- Vertrauen und Kooperation.

„Das Leben ist eine Entdeckungs- und Entwicklungsreise.
Wer glaubt etwas zu sein, hat aufgehört, etwas zu werden."
(Philip Rosenthal)

Genauso wichtig ist es jedoch, dass Erziehende auf ihre eigenen Bedürfnisse achten. Das setzt voraus, dass der Erwachsene sich seiner Bedürfnisse bewusst ist. Häufig bleibt wenig Zeit, dass Erziehende auf ihre eigenen Bedürfnisse achten. Dass man sich seiner selbst bewusst wird und die eigenen Bedürfnisse offen und wertschätzend mitteilt, ist hilfreich für eine gute Beziehung und ein gutes Miteinander.

Liebe – unser aller Bedürfnis

- *Was bedeutet Liebe für Sie?*
- *Was wünschen Sie sich von den Menschen, die Sie lieben?*
- *Was bekommen Sie von den Menschen, die Ihnen Liebe entgegenbringen?*

Übung 6 

Assoziationen zum Thema Liebe
Schreiben Sie bitte spontan alles auf, was Ihnen dazu einfällt.

....

....

....

....

....

....

....

Gehört zu diesem Repertoire an „Liebesbezeugungen“ auch

- Vertrauen
- Offenheit
- Zutrauen
- Zuneigung
- Verständnis, Verstandenwerden
- Dass der/die andere Zeit für mich hat
- Gespräche
- Dass er/sie mir zuhört, wenn ich etwas erzählen möchte
- Geben, auch mal auf etwas verzichten können
- Gemeinsamkeit, Zusammenhalt
- Freud und Leid teilen
- Gefühle zeigen dürfen
- Angenommenwerden
- Gemeinsam Ziele erreichen

Was davon geben Sie Ihren Kindern?

Markieren Sie das, was Sie jederzeit bereit sind, an Ihre Kinder weiterzugeben, und ihnen auch geben.

....

....

....

....

....

....

....

Wer seine Kinder wirklich liebt,

- der gibt Ihnen Regeln mit auf den Weg, damit sie vertrauensvoll folgen können,
- der zeigt ihnen Grenzen, damit sie in einem sicheren und geschützten Rahmen selbstständig = autonom agieren dürfen,
- der lässt diese Eigenständigkeit zu und begleitet durch Führung und Förderung.

Liebe bedeutet, das Kind zu begleiten und nicht ihm alle Steine aus dem Weg zu räumen.

Kinder, die zu wenig Liebe erfahren und erleben durften, werden sich schwer tun, andere Menschen zu lieben.

„Alle menschlichen Verfehlungen sind
das Ergebnis eines Mangels an Liebe."
(Alfred Adler)[14]

14 Österr. Arzt und Psychotherapeut, Begründer der Individualpsychologie. Quelle: http://www.individualpsychologie.at/.

Das Umfeld hat sich verändert

Schon immer hat sich unsere Gesellschaft und unser Umfeld verändert. In den letzten Jahrzehnten ist diese Veränderung jedoch rascher vorangegangen. Durch die technische Entwicklung und Automatisierung und das daraus resultierende Wirtschaftswachstum hat der Wohlstand zugenommen. Globalisierung ist seit den 80er-Jahren in vieler Munde und hat wirtschaftliches Wachstum forciert. Damit ist auch eine Internationalität entstanden. Unterschiedliche Kulturen treffen aufeinander und beeinflussen den Kulturstandard. Medien haben sich rasant verbreitet und Informationen werden in Minutenschnelle um den Erdball transportiert. Eine Schnelllebigkeit und damit eine gewisse Oberflächlichkeit ist entstanden.

Zum einen halten wir an überlieferten Dingen, an Werten fest und pflegen unsere Tradition. Zum anderen kommen durch Veränderung des Umfeldes (durch Technik, durch andere Kulturen) Werte auf uns zu, die wir als modern und weltoffen erleben und die uns sinnvoll erscheinen. Aus dieser Ambivalenz heraus entsteht so etwas wie ein innerer Konflikt. Es fehlt an Bewusstsein und Reflexion und damit Sicherheit und wir erleben Unsicherheit.

Die Hektik und der Zeitmangel lassen es häufig nicht zu, dass wir uns mit dieser Thematik, mit diesem Konflikt auseinandersetzen. Auch das hat mit Ihren persönlichen Werten zu tun, denn nur Sie selbst entscheiden, was Ihnen wichtig ist. Die Strategie lautet also nicht Auseinandersetzung, sondern Flucht und wir finden „Lösungen" wie „Ich habe keine Zeit dazu", „Ich kann nichts dagegen machen". Wir fühlen uns machtlos und der Situation ausgeliefert. Doch mit Erziehung übernimmt jeder Erziehende Verantwortung und er darf sich nicht durch „Flucht" aus dieser Verantwortung entziehen.

Werte und Kultur

Werte

Unter dem Begriff „Werte“ verstehen wir Vorstellungen über Eigenschaften oder Qualitäten, die für einzelne Personen, für soziale Gruppen oder für eine ganze Gesellschaft wichtig sind. Jede Gemeinschaft baut auf einem Wertesystem auf. Dieses Wertesystem nimmt Einfluss auf unsere Wahrnehmung, unser Fühlen und Denken und damit auf unser Handeln. Werte sind das, was uns wichtig ist, worauf wir in unserem Leben eben „Wert“ legen. Diese Werte übernehmen wir zu einem Großteil aus familiären Prägungen wie Tradition, Familienkultur und Erziehung und zum Teil aus später gemachten Erfahrungen. Dabei entstehen unterschiedliche und miteinander konkurrierende Werte. Diejenigen, die sich als sinnvoll erweisen, nehmen an Bedeutung zu und damit werden die anderen automatisch bedeutungsloser.

Nachstehend möchte ich die Veränderung von Werten in unserer Gesellschaft beleuchten.

50er-Jahre:	Ordnung und Fleiß
60er-Jahre:	Selbstständigkeit, freier Wille
70er-Jahre:	Freiheit, Selbstentfaltung, Autonomie
80er-Jahre:	Vermögen, Reichtum
90er-Jahre:	Freizeit, Erholung, Gesundheit
2000:	Spaß, Unterhaltung
2005:	Information, Leistung, Bildung

In den letzten Jahren vollzieht sich dieser Wandel bedingt durch die Technik, die Globalisierung, die Medien, die internationale Vernetzung, den Konsumreichtum auf jeden Fall rascher.

Deshalb ist es für mich wichtig, dass wir uns mit unseren Werten, mit dem was uns wichtig ist, auseinander setzen und es uns bewusst machen.

Übung 7

Was ist Ihnen im Leben wichtig?

Nachfolgende Übersicht soll einen Überblick über Werte und Tugenden geben. Die Entstehung begann im Altertum, dem Ursprung der klassischen Ethik.

Werte beeinflussen unsere Kultur und daraus leiten sich Normen und Regeln ab. Werden diese nicht vollständig oder gleich an nachfolgende Generationen weitergegeben, hat dies einen Wertewandel zur Folge.

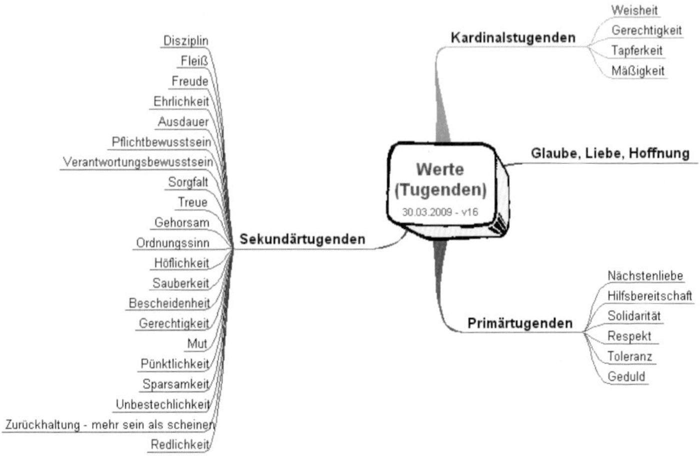

Tugenden und Werte

Diese aufgelisteten Werte bzw. Tugenden können zum Vergleich mit den eigenen Werten herangezogen werden und natürlich ergänzt werden.

Das Bewusstsein über die eigenen Werte und damit verbundenen Einstellungen sind wesentlich, wie Erziehung umgesetzt wird.

Auf der einen Seite müssen wir „mit der Zeit mitgehen", auf der anderen Seite wollen wir an Werten, an Traditionen festhalten. Um diesen Bogen spannen zu können, brauchen wir Bewusstsein dafür.

Kultur

Was verstehen wir unter Kultur?

Wir sprechen von „unserer Kultur“ und meinen damit Familienkultur, Schulkultur, Firmenkultur, Unternehmenskultur, Landeskultur. Was ist damit konkret gemeint?

Bei Kultur handelt es sich um Umgangsformen und Verhalten
- wie wir Dinge tun
- welchen Stellenwert wir ihnen beimessen
- wie wir mit eigenem und fremdem Verhalten umgehen

Kultur gibt Aufschluss über
- Regeln, Richtlinien, Normen, Grenzen, geschriebene und ungeschriebene An- und Verordnungen
  wie z.B. Regeln in der Familie, Schulordnung, Hausordnung, Leitbild
- Hierarchie, Rangordnung, Werte und Einstellungen, die in das System z.B. Familie hineingetragen bzw. von den Eltern vorgelebt werden
- Sitten, Bräuche, Religion, Küche, Umgangsformen, Kleidung

Kultur ist etwas, was uns Orientierung gibt, und sie beeinflusst unser Denken, Werten und Handeln. Dabei hat jedes System seine eigene Kultur und jeder, der sich an diese Kultur anpasst, zeigt seine Zugehörigkeit zu diesem System. Um sich an diese Kultur anpassen zu können, müssen auch alle im System befindlichen Kenntnis über Regeln, Normen, Grenzen usw. haben.

Kinder kennen zuerst nur das „System Familie“. Die Werte, die hier gelebt und vermittelt werden, sind für das Kind „normal“, es ist Standard. Im Kindergarten, in der Schule kommen unterschiedliche Kinder aus unterschiedlichen Familien zusammen. Das Kind erfährt zum ersten Mal, dass es auch andere Kulturen gibt, weil jedes Kind aus seinem Kulturkreis Familie einen eigenen Standard und eigene Wertigkeiten mit anderen Sitten und Regeln mitbringt.

Wer sagt, was Brauch ist und wie wir miteinander umgehen, und bestimmt dadurch die Kultur?

Kultur wird in jedem System selbst bestimmt. Jede Familie, jede Schule hat ihre, jedes Unternehmen, jedes Land hat seine eigene Kultur. Geprägt wird diese Kultur immer durch die Älteren, durch die in der Hierarchie Höhergestellten. So wird z. B. die Kultur in der Familie von Generation zu Generation weitergegeben.

Geschichte

Mit meinem Fahrrad fuhr ich einkaufen und war gerade beim Absperren meines Rades. Neben mir vor dem Lebensmittelgeschäft war ein Hund angebunden und ein etwa 5-jähriger Junge war neben dem Hund. Er trat mit dem Fuß auf das Tier und schrie den Hund an: „Sitz nieder! Folgst jetzt? Sitz!" Ich beobachtete das Treiben und dachte mir, „Ob das gut geht? Der Hund lässt sich ganz schön was gefallen. Was, wenn er zubeißt?" Der Bub sprang unruhig hin und her, lief immer wieder weg und zurück. Auf den ersten Blick war mir nicht klar, wer hier auf wen aufpassen sollte. Der Hund wollte immer mit ihm mit und konnte nicht, weil er angebunden war. Und dann trat der Bub wieder mit dem Fuß auf den Hund hin und schrie ihn an: „Sitz, du …" Ich fragte den Buben, weshalb er das mache. „Der soll sitzen". Ich fragte ihn, ob das sein Hund ist und er bejahte. Dann fragte ich ihn, ob ihm der Hund nicht leid täte, wenn er ihn so behandle. „Der soll sich hinsetzen", war seine Antwort. Dann erklärte ich ihm, dass ihn der Hund sicher gern habe und dass es dem Hund weh täte, wenn er ihn mit dem Fuß tritt. Er sah mich ungläubig an. Ich fragte ihn: „Was glaubst du passiert, wenn du dich ruhig neben deinen Hund hinstellst?" Das probierte er sofort aus. Er stellte sich neben den Hund und es klappte. Der Hund sah ihn an und setzte sich nieder. Die Verblüffung war dem Buben ins Gesicht geschrieben. Er setzte sich neben den Hund auf den Boden und der Hund legte sich nieder. Er lächelte mich an und strahlte, weil der Hund so brav folgte. „Meinst hat mich der wirklich gern?“ Dann fragte er mich plötzlich: „Warum hast du kein Auto? Bist du so arm? Wir haben ein Auto.“

Treffen Kinder aus verschiedenen Ländern zusammen, spricht man von einer interkulturellen Begegnung. Mehrere unterschiedliche Standards treffen aufeinander und erschweren Kommunikation und Beziehung. Das Ziel von Kommunikation ist gegenseitiges Verstehen und partnerschaftlicher Umgang miteinander. Im Zusammenspiel mit anderen lernen Kinder, wie sie mit anderen Regeln, Sitten und Bräuchen umgehen. Sie müssen lernen sich anzupassen, sich zu verändern und trotzdem ihrem Standard treu zu bleiben. Das sorgt natürlich für Verunsicherung und es erfolgt eine gewisse Anpassung. Damit wird Kultur bereits verändert.

Durch die Globalisierung, durch die Öffnung der Grenzen, durch die Vernetzung der Welt treffen heute viele unterschiedliche Kulturen aufeinander. Wichtig ist es Unterschiede zu erkennen, sich damit auseinanderzusetzen, sie zu akzeptieren und zuzulassen, aber auch an den eigenen Werten, an der eigenen Kultur festzuhalten. Es bedeutet wiederum Auseinandersetzung mit meinem Umfeld und mit mir selbst.

Zur unserer Kultur gehört auch, wie wir mit Konflikten umgehen bzw. in Konfliktsituationen reagieren. Dabei ist es zur Tradition geworden „Schuldige“ zu suchen. „Bist du schuld, dann bin ich aus dem Schneider“ – so einfach geht das. Diese Verurteilung geht rasch voran und ruft zur Verteidigung auf und es entsteht eine Dynamik. Der Streit ist perfekt. Von der eigenen Persönlichkeit und Konfliktfähigkeit hängt es nun ab, ob ich die Schuld bei mir selbst suche oder bei anderen. Die Suche nach Ursachen gestaltet sich meist schwieriger. Dabei muss ich auch auf mich genau hinsehen und mein eigenes Verhalten reflektieren. Zielführend ist es, sich mit Eigenverantwortung zu beschäftigen – was kann ich tun, damit es besser wird – und Lösungen zu suchen.

Der Wandel in unserer Kultur und unseren Werten

Für einen langen Zeitraum in unserer Vergangenheit war die Familienstruktur klar definiert. Der Mann war Alleinverdiener bzw. Familienversorger und das Oberhaupt in der Familie. Die Frau war für Heim und Kinder und alles, was mit Familie und Haushalt zusammenhing, zuständig. Sie war sozusagen das Herzstück der Familie und sie war sich dieser Verantwortung bewusst und nahm diese gerne wahr. Heute würde man sagen: Sie war „der Chef zu Hause".

Rückblickend gesehen galt die Erziehung früher als einfacher. Kinder waren in die täglich anfallenden Dinge eingebunden, sie sahen der Mutter zu, hatten Geschwister zum Spielen und lernten aus dem Verhalten ihrer Familie und Umgebung. Die Menschen waren sozial eingebettet.

Das Kind wuchs bis zum Schuleintritt in einer geordneten Familiensituation auf. Es gab klare, meist autoritäre Regeln und Gebote, an die es sich halten musste. Eltern gaben die von ihren Eltern, Großeltern, Tanten und Onkeln vermittelten Werte an ihre Kinder weiter. Jeder hatte seinen Platz in der Familie und seine Aufgaben.

Als Grundlage und Richtlinie diente die Kirche mit den 10 Geboten und setzte damit klare Maßstäbe und Grenzen. Der Erziehungsstil war eher autoritär. Das Erziehungsziel waren Menschen, die *sauber, gehorsam, gläubig, fleißig, pünktlich und ordentlich* waren. Erziehung beruhte zum Großteil auf moralischen Wertvorstellungen. Die Erziehenden bzw. Lehrenden hatten das Sagen und die gesellschaftlich anerkannte Macht.

Die Kinder mussten gehorchen. Die Werte der Schule und die der Familie stimmten großteils überein.

Ab den 50er-Jahren, also nach dem Krieg, waren es *Ordnung und Fleiß,* die *Unterordnung und Gehorsam* zum Teil ablösten. Der Vater war nicht nur Oberhaupt, sondern in der Regel auch Alleinverdiener. Hausfrau zu sein, war einst ein sicherer „Traumberuf", zeugte es doch von Wohlstand, wenn die Frau „zu Hause bleiben konnte". Familie hatte einen hohen Stellenwert und diente als das Kommunikationszentrum. Oft konnte man noch Großfamilien vorfinden, in denen zwei und drei Generationen unter einem Dach wohnten.

Gleichzeitig begann eine leise Spaltung in eine finanziell bessergestellte Bürgerschicht (Beamte, Selbstständige …) und eine Arbeiterschicht. Eltern, die selbst einen „gehobenen" Beruf hatten, legten mehr Wert auf Bildung ihrer Kinder. In Arbeiterfamilien hatte Bildung weniger Stellenwert.

Mitte der 60er-Jahre gewannen *„Selbstständigkeit und freier Wille"* an Bedeutung.

Die Geschlechterrollen in der Familie begannen sich zu verändern. Die „moderne Frau" machte etwas aus sich. Frauen strebten nach Selbstwert, Anerkennung und Gleichberechtigung. Immer mehr Frauen wollten sich nicht in eine finanzielle Abhängigkeit begeben, sie wollten sich weiterbilden und einen Beruf ergreifen.

Die sogenannte „68er-Generation", eine ursprüngliche Studentenbewegung, wandte sich von gesellschaftlichen Konventionen und Regeln ab. Sie sah die seit den Nachkriegsjahren entstandene kapitalistische Wohlstandsgesellschaft als Ursache für Ungerechtigkeit und lehnte das bestehende System samt seinen Konventionen weitgehend ab. Für viele von ihnen waren ‚Umgangsformen' und ‚Kultur' lediglich eine Fassade, die die angepasste Einstellung der älteren Generation widerspiegelte.

Als Eltern wollten die Anhänger der 68er-Generation es „anders und besser machen“. Aber auch „Nicht-Anhänger“ wurden in ihren Einstellungen geprägt.

In den 70ern wurde die Autorität infrage gestellt, der Erziehungsstil wurde freidenkerischer und liberaler und tendierte in Richtung Antiautorität. Daraus entwickelten sich Werte wie *Freiheit, Selbstentfaltung, Autonomie.*

Was einst eine „Sonderstellung“ in der Gesellschaft bedeutete, wenn die Frau „zu Hause bleiben konnte“, mutierte zu einer eher abschätzigen Wertung – „das Heimchen am Herd“. Seit den 70er-Jahren kämpfen Frauen um Gleichberechtigung. Viele entschieden sich für den Weg in die Berufstätigkeit und strebten nach gesellschaftlicher Gleichstellung mit dem Mann und Anerkennung. Manche trafen diese Entscheidung natürlich auch aus finanziellen Gründen. Familien mit zwei Einkommen konnten sich mehr leisten, die Ansprüche wurden höher und die entstehende Konsumgesellschaft trug ihren Teil dazu bei.

Die 80er waren geprägt von einem „hohen Lebensstandard“. *Haben* wurde wichtiger als *Sein.* Zu der Modalität *„Haben“* zählen materielle Werte, Haltungen wie Streben nach Geltung bzw. Macht, Konfrontation, Minderwertigkeitsgefühl, Angst, Eigenliebe, Verschlossenheit, Rollenverhalten, Misstrauen.

Die Modalität *„Sein“* beinhaltet die Möglichkeit Beziehung einzugehen, Kooperation, zu lieben, Selbstwertgefühl, Sachbezogenheit, Risikobereitschaft, Sicherheit, Selbstannahme, Empathie, Offenheit, Echtheit, Vertrauen. *Sein* orientiert sich an immateriellen, inneren Werten, die es uns ermöglichen glücklich zu sein.Um das *Sein* zu zeigen, wird durch *Haben,* also durch materielle Dinge, versucht, das *Sein* auszudrücken. Dabei wird der Einklang zwischen *Haben* und *Sein* vergessen. Aufgabe des Menschen ist es jedoch, das Gemeinschaftsgefühl auszubilden, d.h. die Verhaltensmöglichkeiten des *Seins* zu stärken. Das muss sich in der Erziehung, in der Heranbildung von jungen Menschen ausdrücken.

Wie wertvoll ist unser Leben

Wie viele Menschen gibt es heute in unserer nächsten Umgebung, die reich an materiellen Dingen und trotzdem unglücklich sind?

Sie sind unzufrieden und ruhelos und ständig auf der Suche nach Zufriedenheit und Glück. Sie können die Gegenwart, das Hier und Jetzt nicht annehmen und er*leben,* sondern sehen gern zurück in die Vergangenheit, in „die gute alte Zeit" oder in die Zukunft, in der Hoffnung, dort ihr Glück zu finden. Sie fahren von einem Ort zum anderen, ständig auf der Suche. Und nirgendwo ist es so schön wie zu Hause und nirgendwo sind sie so unglücklich. Zu Hause sind sie über den Alltag und mit sich selbst unzufrieden. Sie richten sich neu und modern ein und fühlen sich trotzdem nicht wohl in den eigenen vier Wänden. Sie kaufen sich ein neues Auto und trotzdem wird das Leben nicht besser und macht sie das Autofahren nicht glücklicher.

Der Kultursoziologe Gerhard Schulze unterscheidet zwischen vier Erlebnismilieus, die sich in den 80ern gebildet haben. (vgl. Schulze, 2005)

1. Niveaumilieu – strikte Trennung zwischen Hochkultur und seichter Unterhaltung
2. Harmoniemilieu – Unterhaltung der Arbeiterschicht, Heimatfilme, Volksmusik
3. Selbstverwirklichungsmilieu – Lust und Glück als höchstes Gut
4. Unterhaltungsmilieu – Spannung und Action, Computerspiele und Videos

In unterschiedlichen sozialen Schichten ist eine unterschiedliche Wertvorstellung zu erkennen. So streben schlechter situierte Familien nach einem besseren Auto, einem Eigenheim, nach modischer Kleidung, nach einer Ausbildung für ihre Kinder, damit diese einen gut bezahlten Job bekommen. Diese Entwicklung brachte es mit sich, dass Frauen sich freiwillig für Berufstätigkeit entschieden. „Man will sich etwas leisten können."

Besser situierte Familien streben nach einem erholsamen Urlaub, nach Gesundheit und Wellness, nach qualitativ hochwertiger Kleidung, nach Markenkleidung. Sie ermöglichen ihren Kindern Weiterbildung, damit die Kinder einen angesehenen und guten Job bekommen. Kindererziehung hat einen Stellenwert, ebenso Selbstverwirklichung der Frau im eigenen Berufsleben. All dieses Streben steht in direktem Zusammenhang mit unseren Bedürfnissen.

Mit dem Streben nach Gesundheit und Freiheit wurden auch die Großmütter rüstiger und lebenslustiger. Welche Oma übernimmt heute mit den Eltern gemeinsam die Erziehung ihrer Enkelkinder, weil die Mutter berufstätig ist? Die einstige Großfamilie mit ihrer eigenen Kultur, ihren eigenen Wertmaßstäben, in die das Kind eingebettet war, ist kaum mehr anzutreffen.

Der technische Fortschritt machte es möglich, dass die Menschen weniger arbeiten mussten. So entstand die 5-Tage-Woche und die Zahl der wöchentlichen Arbeitsstunden sank von 45 auf 40 bzw. 38 ½. Freizeit bekam einen immer höheren Stellenwert. Laut einer deutschen Untersuchung haben die Menschen in Deutschland seit den 90er-Jahren erstmals mehr Stunden zur freien Verfügung, als sie für den Erwerb ihres Unterhalts aufwenden müssen.[15] Die österreichische Bevölkerung unterscheidet sich davon nicht wesentlich.

---

15 vgl. Deutscher Lehrerverband: Forschung & Lehre, Heft 2. Autor: Kraus, Josef: Pisa und die Spaßgesellschaft. Bonn 2002

Der Begriff „Spaßgesellschaft“ ist erstmals um die Jahrtausendwende aufgetaucht. Er sollte einen Lebensstil kritisieren, bei dem Konsum und Lebensfreude im Vordergrund stehen. Schön wohnen, gut angezogen sein, Reisen machen, ausgehen und Spaß haben – das hat Stellenwert in der Gesellschaft und wird von vielen angestrebt. Das *Haben* gewinnt an Bedeutung, das *Sein* gerät immer mehr in den Hintergrund.

Mit dem Streben nach materiellem Wohlstand und nach Gleichberechtigung der Frau ist die „berufstätige Frau“ eine Selbstverständlichkeit geworden.

Wert der Kindererziehung

Aus seiner Erziehung und seinem direkten Umfeld entwickelt jeder Mensch seine eigenen persönlichen Wertigkeiten. Diese persönlichen Werte – ob bewusst oder unbewusst – nehmen wir sehr ernst und wichtig. Wir betrachten die für uns festgelegten Werte als „gut und richtig“, wollen sie umsetzen und verwirklichen und verteidigen sie. „Das ist normal“, „Das gehört sich so“, Das macht man so“ sind Aussagen, mit denen wir unseren persönlichen Werten mehr Größe geben wollen, indem wir sie auf mehrere Personen übertragen. Wir generalisieren. Wenn wir unsere Werte verteidigen, geht es uns dabei um Recht oder Unrecht und wir wollen „recht haben“. Häufig geht es dabei um richtig oder falsch und wir wollen richtig handeln. Wir gehen davon aus, dass unsere Werte „die wahren Werte“ sind. Diese Werte beeinflussen unsere Wahrnehmung, unser Fühlen und Denken und in der Folge unser Handeln. Sie sind die Grundlage für unser Bewertungssystem.

Übung 8

Worauf legen Sie in der Erziehung Ihrer Kinder wert?

Was ist Ihnen wichtig?

Ziele in der Erziehung

Das globale Ziel der Erziehung ist die Etablierung von Werten, Normen und Regeln, damit den Menschen ein Platz in sozialen Gruppen, z. B. in der Familie, im Klassenverband, in der Schule, am Arbeitsplatz usw. zu ermöglicht wird. Menschen müssen kommunizieren und kooperieren können.

Erziehungsziele sind ebenso einem gesellschaftlichen Wandel und einem Wertewandel, unterzogen. Dieser beschreibt die soziale Veränderung von Wertvorstellungen in der Gesellschaft im Lauf der Zeit.

Was möchten Sie mit der Erziehung Ihrer Kinder erreichen?
Was ist das Ziel Ihrer Erziehung?

Übung 9

Was ist das Ziel Ihrer Erziehung?

Wenn Sie mehrere Ziele haben, benutzen Sie bitte für jedes Ihrer Ziele eine eigene Zeile.

Ihre Ziele der Erziehung:

Erziehungsziele der Eltern von heute

Jeweils angepasst an die gesellschaftliche Situation, an veränderte Werte wollen Eltern ihre Kinder nicht so erziehen, wie sie selbst erzogen worden sind, sondern sie wollen es „besser machen". Auch sollen es ihre Kinder „einmal besser haben".

Was bedeutet das nun konkret?

Aus Gesprächen mit Eltern und einer Umfrage haben sich als am am häufigsten genannte Erziehungsziele ergeben:

- dass aus dem Kind einmal etwas werden soll, dass die Kinder es zu etwas bringen
- dass die Kinder eine gute Aus- und Berufsbildung bekommen
- dass es den Kindern einmal gut geht
- als Mutter eine gute Begleitung sein in guten und in schlechten Tagen
- die Kinder zu einem vollwertigen Mitglied unserer Gesellschaft zu erziehen
- dass Kinder aufrichtig sind und ein gewisses Maß an Zivilcourage besitzen
- Vertrauen und Unterstützung in allen Lebenslagen
- Herzensbildung
- Dass die Tradition bewahrt wird
- Zusammenhalt in der Familie und unter den Geschwistern
- offenes und gesprächsbereites Klima in der Familie
- kritisches Denken
- Selbstständigkeit
- Toleranz
- Gehorsam, das ist auch im Berufsleben erwünscht
- Disziplin
- Höflichkeit und Respekt gegenüber Erwachsenen
- Manieren bei Tisch
- Ordnung halten
- Sauberkeit

Viele Väter und Mütter haben – darauf angesprochen – also eine Vorstellung ihres Erziehungszieles, manche mehr, manche weniger konkret. Die wenigsten haben jedoch eine Strategie, wie sie dieses Ziel erreichen wollen. Bei der Umsetzung ihrer Zielerreichung greifen sie vorwiegend auf ihre eigene Erziehungserfahrung zurück. Nun hat sich jedoch in unserer Gesellschaft einiges verändert. Damit dieses Erziehungsziel erreicht wird, braucht es Bewusstsein für die eigenen Werte und Werte in unserer Gesellschaft.

Auffallend dabei war, dass Eltern meist drei bis sechs Ziele angaben, die sie mit ihrer Erziehung verfolgen. Diese sind eng an die eigenen Werte gebunden und spiegeln Einstellungen und Familienkultur wider.

Ziele und Werte liegen eng beieinander

Wenn wir die oben angeführten Erziehungsziele in Päckchen zusammenschnüren, so wie Eltern ihre Ziele angegeben haben, ist der dahinter liegende Tenor deutlich zu erkennen und lässt Schlüsse auf den Erziehungsstil zu.

<table>
<tr><th>Ziele</th><th>dahinter stehende Werte</th></tr>
<tr><td>Kritisches Denken</td><td rowspan="3">Ehrlichkeit, Toleranz, Selbstständigkeit …</td></tr>
<tr><td>Toleranz</td></tr>
<tr><td>auf niemanden angewiesen zu sein</td></tr>
</table>

<table>
<tr><td>Gehorsam, Disziplin</td><td rowspan="4">Gehorsam,
Disziplin, Ordnung,
Pflichtbewusstsein …</td></tr>
<tr><td>Manieren bei Tisch</td></tr>
<tr><td>Ordnung</td></tr>
<tr><td>Höflichkeit und Respekt gegenüber Erwachsenen</td></tr>
</table>

<table>
<tr><td>eine gute Mutter sein in guten und in schlechten Tagen</td><td rowspan="2">Nächstenliebe,
Hilfsbereitschaft,
Weisheit …</td></tr>
<tr><td>zu einem vollwertigen Mitglied unserer Gesellschaft zu erziehen</td></tr>
</table>

<table>
<tr><td>ein gewisses Maß an Zivilcourage</td><td rowspan="4">Mut, Ehrlichkeit,
Verantwortungsbewusstsein,
Redlichkeit …</td></tr>
<tr><td>Aufrichtigkeit und Offenes und gesprächsbereites Klima in der Familie</td></tr>
<tr><td>Eine solide Berufs- und Herzensbildung</td></tr>
<tr><td>Tradition und Zusammenhalt in der Familie und unter den Geschwistern</td></tr>
</table>

<table>
<tr><td>Freude am Leben, nicht unterkriegen lassen</td><td rowspan="4">Freude, Redlichkeit, Toleranz, Verantwortungsbewusstsein …</td></tr>
<tr><td>Besonnenheit, angemessenes Verhalten</td></tr>
<tr><td>Toleranz, Offenheit anderen gegenüber</td></tr>
<tr><td>Ordnung und Struktur,
Selbstverantwortlichkeit</td></tr>
</table>

Vergleichen Sie nun Ihre Erziehungsziele (Übung 9) mit Ihren Werten (Übung 8) und tragen Sie dahinterstehende Werte neben Ihr Ziel ein.

Unterschiede in den Wertigkeiten und Bedürfnissen

Wenn ein innerer Wert verletzt, ein Bedürfnis nicht erfüllt wird, reagiert der ganze Mensch. Dadurch entstehen Konflikte. So normal es ist, dass jeder Mensch unterschiedliche Wertigkeiten, Interessen und Bedürfnisse hat, so normal ist es, dass daraus Konflikte entstehen. Entscheidend ist immer die Frage,

- ob wir uns damit auseinandersetzen, also auf die eigenen Werte, Bedürfnisse und Interesse achten und danach die unseres Gesprächspartners anhören, mit den eigenen vergleichen und abwägen oder
- ob wir streiten, indem wir den anderen überzeugen wollen, dass wir recht haben.

Andere Menschen haben – so wie wir selbst – ihre persönlichen Werte, Jedem ist etwas anderes wichtig. Selbst gleiche Werte können unterschiedlich besetzt sein. So bedeutet Sauberkeit für jeden etwas anderes: Für Person A muss das Wohnzimmer sauber sein und es darf nicht zu viel herumliegen. Für Person B müssen die Zeitungen exakt aufeinandergestapelt sein, die Bücher in Reihe und Glied im Regal stehen, Fernbedienungen geordnet nebeneinanderliegen und das Programm gleich daneben, jeder Polster muss aufgeschüttelt sein und die Fransen im Teppich gekämmt.

Person A würde Person B als pedantisch bezeichnen.
Person B würde Person A als schlampig bezeichnen.

Halten beide an ihren Werten fest und müssen gemeinsam im gleichen Wohnzimmer leben, kommt es unweigerlich zum

Konflikt. Erst wenn sie sich darüber austauschen und verständigen und erkennen, dass es nicht nur ein *Entweder – Oder*, sondern ein Mittelmaß gibt, kann ein konstruktiver Weg zur Konfliktlösung gefunden werden.

„Werte, über die man sich verständigen und die man festsetzen will, sind immer ein Maß, also eine Mitte zwischen Gegensätzen."
(Aristoteles)

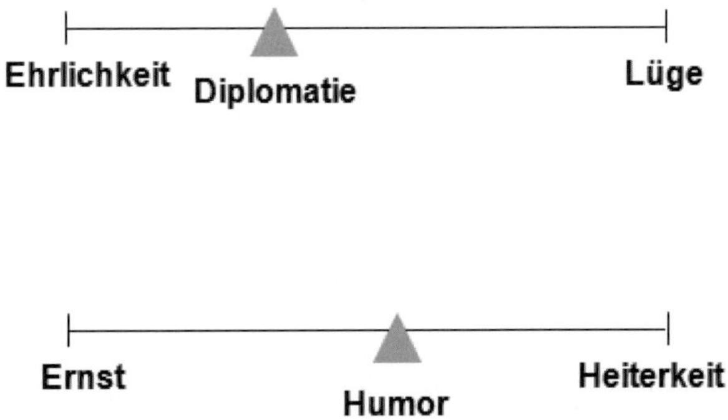

Polaritäten

In unserer Bewertung greifen wir auf diese Werte zurück und nehmen sie als Maßstab. Aus der Darstellung ist zu erkennen, dass die beiden Gegensätze einander gegenüberstehen und dazwischen Raum lassen, damit man Ernst oder Heiterkeit, Ehrlichkeit oder Lüge für sich persönlich definieren kann.

Wenn Sauberkeit einen hohen Stellenwert in unserem Leben einnimmt, dann werden wir bemüht sein, alles sauber zu halten und verzichten dafür auf Geselligkeit oder Gemütlichkeit.

Wenn Gehorsam wichtig ist, dulden wir keine Widerrede, Diskussionen sind nicht erwünscht.

Wenn Ernsthaftigkeit wichtig ist, lassen wir keine Heiterkeit aufkommen und nehmen heitere Menschen nicht ernst.

Übung 10

Wertepolaritäten

Versuchen Sie selbst ein paar solcher Gegensätze in den Wertigkeiten zu erkennen und finden Sie sozusagen „einen goldenen Mittelweg“, einen „angemessenen Wert“.

Das hilft, aus dem „Entweder-Oder-Denken“ herauszukommen und eine Vielfalt zu erkennen. Es gibt nicht nur schwarz oder weiß, es gibt auch grau.

Sparsamkeit	Freigebigkeit	Großzügigkeit
Sauberkeit	Gemütlichkeit	Schlamperei
Autorität	Toleranz	Vernachlässigung
Anpassung		Auflehnung, Trotz
Geduld		Unruhe, Aktivität
Beharrlichkeit		Flexibilität
Feigheit		
Ordnung		
Fleiß		
Vertrauen		
Mach schnell		

Das Gegenteil von Ordnung könnte z.B. Chaos sein, von Vertrauen z.B. Misstrauen.

Unterschiedliche Werte und zu wenig Kommunikation führen zu Konflikten

Beispiel

Der Vater sieht sich als modernen, großzügigen Menschen. Das Beste soll es sein für sich und seine Familie. Er möchte ihnen etwas bieten, zeigen, was er kann, und er möchte einmalig sein in seinem Wirken und Tun. Er möchte, diese Tugend von anderen gerne anerkannt sehen. Er möchte im Mittelpunkt stehen und in den Genuss dieser Wertschätzung kommen.

Die Mutter ist ein sicherheitsbedürftiger und sparsamer Mensch. „Spare in der Zeit, so hast du in der Not" ist so ein Leitsatz von ihr. Natürlich gefällt ihr der schillernde Lebensstil, den der Ehemann ihr bietet, doch in ihrem tiefen Herzen hat sie Angst, dass keine Ersparnisse übrig bleiben. Sicherheit ist für sie sehr wichtig.

Aus dem anfänglichen Vertrauen in den Ehemann entstehen bei ihr mit der Zeit aufgrund subjektiver Erfahrungen Unsicherheit, Misstrauen und Angst. Eine Entwertung des anderen ist die Folge. Sie sieht ihn nicht mehr als großzügig an, sondern als Verschwender und Angeber. Er bemüht sich jedoch, noch großzügiger zu sein, um seiner Frau „zu gefallen" und ihre Anerkennung zu bekommen.

Häufige gegenseitige Vorwürfe führen tiefer in die Konfliktsituation. Er erlebt seine Frau immer öfter als geizig und ärmlich.

Aus unterschiedlichen Werten entstehen Wertepolaritäten.

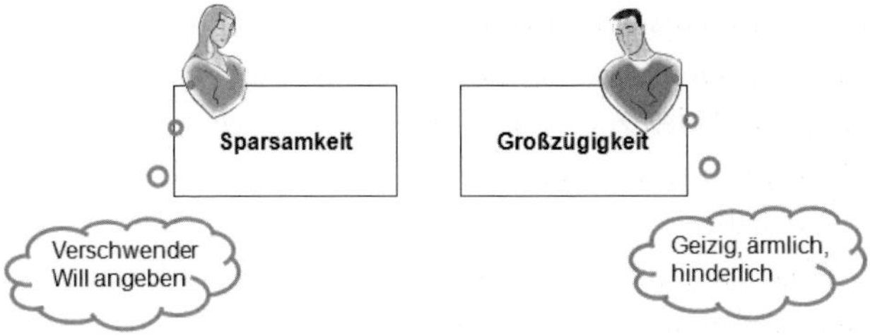

Unterschiedliche Werte

Als der Erfolg des Mannes dann ins Wanken gerät, versucht er durch mehr Einsatz wieder mehr Erfolg zu erzielen, um Anerkennung und Wertschätzung zu bekommen. Er ist viel im Büro, viel unterwegs und die Anerkennung seiner Frau bleibt umso mehr aus. Sie sehnt sich nach Sicherheit, nach Geborgenheit, er möchte Anerkennung für seine Leistungen. Im Gegenteil, seine Frau erscheint ihm immer mehr als „Bremse" für seinen Erfolg. Ihre Bedenken nerven ihn immer mehr, und er fühlt sich in seiner „Einmaligkeit" nicht mehr wahrgenommen und anerkannt.

Er erscheint ihr zunehmend mehr als Angeber und Blender und forciert damit ihre Angst, plötzlich vor dem Nichts zu stehen.

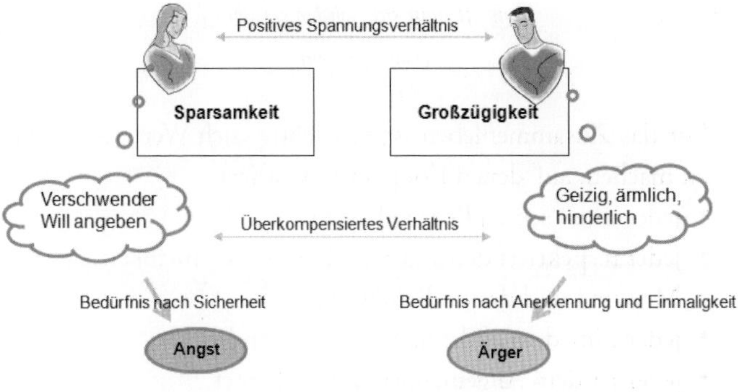

Wertepolaritäten entstehen

Diese vertretenen und gelebten Werte haben für jeden Einzelnen große Bedeutung. Sie liegen unbewusst unserem Denken und Fühlen zugrunde und sind sozusagen unsere Norm. Dadurch erwarten wir, dass andere Personen die gleichen Werte haben.

Daraus resultieren Bedürfnisse, die wiederum unser Denken, Fühlen und Handeln beeinflussen.

Durch Auseinandersetzung mit eigenen Werten = Tugenden und den Werten des anderen = Untugenden, durch offene und wertschätzende Kommunikation kann es gelingen, aus den beiden Gegensätzen eine gemeinsame Wertigkeit zu entwickeln.

Hilfreich ist es, zuerst einmal auf das Bedürfnis des anderen zu achten und sich auch über das eigene Bedürfnis Klarheit zu verschaffen.

Ebenso ist es wichtig, entstandene Gefühle zu erkennen und die Gefühle des anderen zu respektieren. Sobald die Bedürfnisse des anderen erkannt werden, ist ein Aufeinanderzugehen möglich.

Bei dieser Auseinandersetzung geht es nicht um richtige oder falsche Werte oder Eigenschaften, die wir dem anderen „andichten“. Es geht darum, dass wir den anderen „erkennen“, sehen und ihn akzeptieren.

„Es ist nicht entscheidend, wie oft man streitet. Entscheidend ist, wie oft man sich wieder versöhnt.“

(Günter Senoner)

Für das Zusammenleben ist es wichtig, sich Werte zu eigen zu machen, auf denen Kooperation basiert.

- jeder muss seinen Beitrag leisten
- jeder respektiert den anderen, dessen Persönlichkeit, dessen Meinung und dessen Bemühungen
- jeder hilft dem anderen, wo es notwendig ist
- jeder ist dem Allgemeinwohl verpflichtet

Während Sie dieses Buch lesen, werden Sie auf andere Werte, als sie hier erkennen, zurückgreifen und andere Einstellungen werden sich in Ihnen melden. Ich erhebe nicht den Anspruch, recht haben zu wollen bzw. alles zu wissen. Ich versuche Alternativen aufzuzeigen und mit theoretischen Modellen zu untermauern. Denn: je mehr wir über etwas Bescheid wissen, je mehr Informationen wir haben, umso mehr Sicherheit bekommen wir. Diese Sicherheit brauchen wir, wenn wir etwas verändern wollen.

„Werte kann man nicht theoretisch vermitteln, Werte muss man leben."
(Viktor Frankl)

Auf der Suche nach dem Glück – Rennen wie Hamster

Manchmal habe ich das Gefühl, wir rennen wie Hamster im Rad, und anstatt dass wir langsamer werden und uns auf das Wesentliche besinnen, rennen wir immer schneller und wundern uns, weshalb es nicht langsamer wird und keine Zeit bleibt, das Wesentliche zu erkennen.

Was hindert uns, einmal langsam zu gehen?
Was passiert, wenn wir einmal langsamer gehen?

Ich habe es ausprobiert. Es passiert nichts. Die Welt dreht sich weiter. Andere, die schnell rennen wollen, rennen schnell weiter. Ich bin langsam gegangen und es ist anderen nicht einmal aufgefallen. Ich habe es genossen und genieße es noch heute.

Es hängt von uns selbst, von jedem Einzelnen ab, wie wir unser Leben gestalten und leben. Welche Ansprüche wir nach außen stellen und welche inneren Ansprüche wir haben.

In unserem täglichen Leben vergessen wir manchmal auf wesentliche Werte wie Liebe, Toleranz, Wertschätzung. Es fehlt uns an Zufriedenheit und Glück und so mancher ist auf der Suche nach seinem Glück. Auffallend dabei ist, dass diejenigen, die besonders viel an materiellem Reichtum besitzen, eher zum Unglücklichsein neigen. Diejenigen, die „arm" sind, sind zufrieden mit dem, was sie haben, und sie sind glücklich.

Geschichte

Eines Tages nahm ein Mann seinen Sohn mit aufs Land, um ihm zu zeigen, wie arme Leute leben. Vater und Sohn verbrachten einen Tag und eine Nacht auf einer Farm einer sehr armen Familie. Als sie wieder zurückkehrten, fragte der Vater seinen Sohn: „Na, wie war dieser Ausflug für dich?"

„Sehr interessant!" antwortete der Sohn. „Und hast du gesehen, wie arm Menschen sein können?"

„Oh ja, Vater, das habe ich gesehen." „Was hast du also gelernt?" fragte der Vater. Und der Sohn antwortete: „Ich habe gesehen, dass wir einen Hund haben und die Leute auf der Farm haben vier. Wir haben einen Swimmingpool, der bis zur Mitte unseres Gartens reicht, und sie haben einen See, der gar nicht mehr aufhört. Wir haben prächtige Lampen in unserem Garten und sie haben die Sterne. Unsere Terrasse reicht bis zum Vorgarten und sie haben Land bis zum Horizont."

Der Vater war sprachlos. Und der Sohn fügte noch hinzu: „Danke Vater, dass du mir gezeigt hast, wie arm wir sind."

(Quelle: Dr. Philip E. Humbert)[16]

Die Ruhe, die innere Zufriedenheit, Entspanntheit – das bedeutet Glücksgefühl. Dieses Glücksgefühl kann mir kein monetärer Verdienst vermitteln. Wer sich jetzt denkt: Ich brauche das Geld ja zum Leben …

16 Dr. Philip E. Humbert, The Innovative Professional's Letter, frei übersetzt und leicht geändert (http://www.zeitzuleben.de/artikel/geschichten/arme_leute.html, April 2008)

Wie viel von dem, was wir haben, brauchen wir wirklich?
Wie zufrieden und glücklich macht uns das, was wir haben?

Wer in sich Ruhe und Freiheit gefunden hat, kann sich mutig Herausforderungen zuwenden.

Familie

Die Familie ist ein komplexes soziales System, in dem Menschen sich aufeinander beziehen, aufeinander Wirkung zeigen und voneinander lernen. Familie nimmt den stärksten Einfluss auf die Erziehung und damit auf die Entwicklung des Kindes. Hier wird der Mensch geformt, hier wird die Basis für das Leben miteinander, den sozialen Umgang geschaffen, hier lernt das Kind seine Muttersprache. Hier wird der Grundstein für Beziehungen gelegt, Beziehung zu den Eltern, Beziehung zu den Geschwistern, Großeltern usw. Diese dienen in der Regel ein Leben lang als Modell für Beziehungen in der weiteren Umgebung. In der Familie lernen die Kinder soziale und moralische Werte ihrer Kultur.

Eine vertrauens- und liebevolle Umgebung, in der sich das Kind angenommen und aufgehoben fühlt, sorgt für körperliche und seelische Gesundheit!

Jedes System, so auch das Familiensystem, benötigt nicht nur Beziehung, sondern braucht Ordnung, denn „wo keine Ordnung ist, entsteht Chaos“. (vgl. Schäfer, 1997)

Dazu gehört die Rangordnung in der Familie ebenso wie die zeitliche und natürliche Ordnung. Im Alltag, in der Schule im Beruf erleben wir ständig die Bedeutung von Ranghöheren und Rangniedrigeren. Ordnung hilft uns, Struktur ins Leben zu bringen, Ziele zu erkennen und zu erreichen. Ordnung dient einer allgemeinen Orientierung und diese Orientierung gibt Sicherheit.

In dieses System wird das Kind hineingeboren. Was es hier an Erfahrungen und Werten sammelt, prägt seine Persönlichkeit. Eltern wollen in der Regel für ihr Kind das Beste, und dennoch gibt es nur wenige Eltern, die sich mit dem Thema „Erziehung“ wirklich bewusst auseinandersetzen.

Ist Familie ein „soziales Auslaufmodell“?

Das Elternbild hat sich in den letzten Jahrzehnten verändert. Eltern sind mehr zum „Partner“ des Kindes geworden. Dabei bewegen sie sich zwischen autoritären Vorgaben, was nicht immer klare Regeln sind, und Verantwortung überlassen, was nicht immer zur Eigenverantwortung anleiten bedeutet, hin und her.

Sind Eltern zu konsequent oder zu streng, stellen sie zu viele Forderungen, fehlt ihnen die nötige Wärme, dann verlieren sie die tiefe Zuneigung ihrer Kinder. Die Kinder rebellieren und gehen in den Widerstand.

Haben Eltern wenig oder keine Prinzipien und lassen den Kindern freien Lauf, verlieren sie an Achtung und schaden ihren Kindern. Diese wachsen rahmen- und grenzenlos auf, ständig auf der Suche nach den Grenzen. Erst wenn sie ihre Grenzen gefunden haben, ist ihr Beziehungsbedürfnis befriedigt.

Der Wandel in der Gesellschaft hat neue Rahmenbedingungen mit sich gebracht. Familie (Mann und Frau) sucht nach annähernd gleichberechtigten Formen des Zusammenlebens. Es wird versucht, ein vernünftiges Gleichgewicht zwischen Arbeitsleben, Familienleben mit Haushalt und Kindern und individuellem Leben zu finden. Manche opfern das Familienleben zugunsten ihres Arbeitslebens, andere opfern sich für ihre Familie auf, vernachlässigen ihre Karriere und bemerken irgendwann, dass die Belohnung dafür ebenfalls ausbleibt. So versuchen wahrscheinlich die meisten Familien, das Beste aus der Situation zu machen.

Auf die Kinder sind viele der damit verbundenen „neuen Aufgaben“ entfallen. Sie müssen im täglichen Alltag selbstständig sein, sie müssen mit Trennung der Eltern zurechtkommen, sie müssen in Patchwork-Familien anpassungsfähig sein, sie müssen Enttäuschungen hinnehmen und sie müssen lernen, mit ihren Problemen weitgehend allein zurechtzukommen, weil nur wenige Eltern Zeit haben oder sich die Zeit nehmen, mit ihren Kindern zu reden.

Die Beziehung zu anderen Menschen wird durch die Beziehung zu den Eltern, zur Familie, zu seiner Bezugsgruppe am stärksten beeinflusst und geprägt. Die Familie ist für das Kind das erste Vorbild. Das, was es dort sieht, hört, erlebt, ist für das Kind seine Welt, seine „Familienatmosphäre“. Für das Kind gibt es vorerst kein Gut oder Schlecht. Für das Kind ist das gut, was seine Bezugsgruppe gut findet. Hier erfährt es erstmals, was alles erlaubt ist und wie damit umgegangen wird. Wie immer das beschaffen sein mag, das Kind fühlt sich eng damit verbunden.

Durch das eigene Verhalten, durch den praktizierten Erziehungsstil geben Eltern ihre Familienkultur, ihre eigenen Werte weiter und prägen damit die Wertvorstellungen und Überzeugungen des Kindes. Die Kinder erfahren, ob sie dazugehören, ob sie erwünscht und angenommen sind. Sie lernen:

- Was ist in unserer Familie wichtig?
- Welchen Platz habe ich in meiner Familie?
- Was sagen meine Eltern und was tun sie?
- Wie sagen sie es?
- Wie tun sie es?

Jedes Kind hat „seinen Platz“, seine Position, seinen Rang in der Familie. Es ist entweder ein Einzelkind oder das älteste Kind oder das jüngste Kind oder das „Sandwich-Kind“. Diese Position ist auch vom Alter des Kindes bzw. von seinem Verhalten innerhalb der Familie abhängig und kann sich im

Laufe der Zeit verändern. Kinder entwickeln ein bestimmtes Verhalten, weil sie dazugehören wollen.

Systeme – Familie ist ein solches – lassen sich von ihrer Umwelt nur dann beeinflussen, wenn sie selbst dazu bereit sind.

Veränderungen von außen sind nur möglich, wenn sie von innen zugelassen werden. Was das System von außen hereinlässt, wie es das interpretiert und was es daraus macht, entscheidet nur das System selbst. Sie als Leser entscheiden, welche Informationen Sie aus diesem Buch annehmen möchten. Was Sie damit machen. Sie selektieren, was für Sie gut ist und sie umsetzen möchten und was sie als nicht gut empfinden, was sie deshalb ablehnen oder unterlassen werden. Ich liefere Ihnen eine Menge an Information, es liegt in Ihrer Entscheidung, was Sie mit dieser Information machen, wie sie damit umgehen. Manches werden sie vielleicht gut und umsetzbar, manches als interessant, manches vielleicht als Unsicherheit, als Störung erleben. Es hängt von Ihnen ab, worauf sie sich einlassen.

Eltern, darunter verstehe ich Vater und Mutter

Kinder brauchen während ihrer Entwicklung eine weibliche und eine männliche Bezugsperson. Daraus lernen sie, wie sich das eigene Geschlecht verhält und wie sie sich dem anderen Geschlecht gegenüber verhalten. Sie erleben wie Eltern miteinander umgehen und lernen dabei, wie sie später einmal in ihren eigenen Beziehungen zurechtkommen.

Kinder erziehen ist für Eltern eine große Aufgabe. Das wird jeder bestätigen, der mit Kindern zu tun hat. Gefühle, wie Angst, Ärger, Wut gehören einfach dazu. Wenn die Eltern ohnehin schon unter Stress stehen, werden sie ihren Kindern in angespannten Situationen weniger Verständnis entgegenbringen.

Deshalb ist es eine Entlastung für die Mutter/den Vater, wenn die Erziehungsarbeit unter den Partnern aufgeteilt wird.

Geschichte

Ich erinnere mich noch gut an die Zeit, in der meine Kinder zwischen 1 und 3 Jahren jung waren. Um 05.00 Uhr morgens begann mein Tag, um 22.00 Uhr endete er und meine nächtlichen Schlafphasen dauerten ca. 2–3 Std. Immer wieder weinte eines der Kinder, hatte Hunger oder Durst, träumte oder fürchtete sich. Mein Mann war mir damals eine große Hilfe. Immer wieder einmal stand er nachts auf und beruhigte eines der Kinder. Ich war dann zwar wach, konnte jedoch entspannt im Bett liegen bleiben und musste nicht Verantwortung für die Situation übernehmen.

Die Zeit ab 17.00 Uhr war häufig eine kritische Zeit. Die Kinder waren müde, es war zu früh, sie ins Bett zu bringen. Sie waren lästig, quengelten, stritten, weinten. Oft waren meine Nerven angespannt. Dann sehnte ich meinen Mann herbei, wenn er von der Arbeit kam und wir mit den Kindern gemeinsam spazieren gingen oder er mit den Kindern spielte, während ich das Abendessen richtete, waren sie fröhlich und ausgeglichen. Es kehrte wieder Ruhe und Harmonie ein.

Im Sommer packte ich die Kinder zusammen und wir holten den Papa von der Arbeit ab. Das war auch eine gute Strategie. Sie waren abgelenkt und freuten sich auf den Papa und die bevorstehende Zeit mit ihm. Oft verbrachten wir dann noch gemeinsame Zeit am Spielplatz.

Das abendliche Waschritual gestalteten wir häufig gemeinsam und brachten die Kinder zu Bett. Ich schätzte es damals sehr, wenn sie um 20.00 Uhr schliefen und wir noch etwas vom Abend bzw. von diesem Tag für uns hatten.

Wenn ich heute an diese Zeit zurückdenke, bin ich gerührt und dankbar, dass wir das gemeinsam erleben durften.

Damals wusste ich mit Stress noch nicht umzugehen. Heute kenne ich Entstressungstechniken aus dem ROMPC®[17] (Weil, 2006), die sofort wirken und wieder Gleichgewicht und Ruhe bringen.

Die Rolle der Frau

Blicken wir in der Geschichte zurück, so erkennen wir, dass Frauen meist gearbeitet haben. Sie haben sich um Haus und Hof gekümmert. Sie haben im Handel, im eigenen Geschäft, im eigenen Handwerksbetrieb mitgearbeitet. Im bürgerlichen Leben sind Kinder im täglichen Leben „mitgelaufen" und die Großfamilie machte es möglich, dass diese Kinder ausreichend Beziehung und Betreuung in der Familie vorgefunden haben. Großmütter, ältere Geschwister waren da und haben sich um die Kleineren gekümmert. Gemeinsames Spiel mit anderen Kindern war *die* Freizeitbeschäftigung.

Das Klischee ‚Frau' hat sich seit 1955 deutlich verändert und doch ist es noch immer in vielen Köpfen fest verankert geblieben. Strebten Frauen von damals eine Versorgung durch die Ehe an, geht heute die eindeutige Tendenz zur Eigenständigkeit und zur berufstätigen Frau. Frauen wollen etwas wert sein und sich verwirklichen und nicht vom Mann abhängig sein.

War es früher ausschließlich die Frau, die für den Haushalt und die Kindererziehung zuständig war, braucht es heute mehr Männer, die im Haushalt mithelfen, weil Frau berufstätig ist. Zum Großteil wird der Haushalt der „Normal"-Familien (Vater, Mutter, Kinder) jedoch von Frauen gemanagt. *Sie* trägt die Hauptverantwortung für das Zuhause und alles, was damit verbunden ist. Diese Denkweise tragen heute noch viele Menschen in sich.

---

17 Beziehungsorientiertes Verfahren und Entkoppelung von negativen Gefühlen und Stress

Entscheidet sich Frau für ihr Kind, bleibt sie zu Hause und widmet sich der Erziehung, wird sie belächelt und sogar kritisiert. Entscheidet sie sich für Ihren Beruf, geht sie arbeiten, ist sie eine schlechte Mutter. Egal, wie sich Frauen entscheiden, für die „Anderen" ist es nie die richtige Entscheidung.

Die Vereinbarkeit von Beruf und Familie wird nicht weniger schwierig. Ganz im Gegenteil: Es entsteht eine Dreifachbelastung Kinder + Haushalt + Beruf liegt auf den Schultern der Frau. 30 Jahre haben Frauen um Gleichstellung gekämpft, im beruflichen Kontext ist es ihnen gelungen, Fuß zu fassen, sie haben heute die gleichen Möglichkeiten, Berufe zu ergreifen wie Männer. Die Schreibform wurde vom männlichen Stil auf einen männlich/weiblichen Stil geändert und ich frage mich, ob das die Wertigkeit der Frau wirklich erhöht oder ob es nur die Schreibweise und Lesbarkeit erschwert. Doch in der beruflichen Welt die gleiche Präsenz zu haben wie Männer, das ist den Frauen bis heute nicht gelungen. Nur wenige haben das geschafft, einige davon haben auf das „Muttersein" dafür verzichtet. Der Wert der weiblichen Arbeitskraft hinkt noch immer hinten nach. Frauen werden in vielen Berufen noch immer schlechter entlohnt als Männer im gleichen Job bei gleicher Leistung.

Da Kinder der Karriere hinderlich sind, Hausfrauen und Mütter in unserer Gesellschaft wenig Anerkennung bekommen, sind immer mehr Frauen bereit, auf Kinder zu verzichten. Gab es früher Familien mit mindestens zwei und oft mehr Kindern, liegt der heutige europäische Durchschnittswert bei 1,5 Kindern pro Familie.

Heute wirken viele Faktoren auf das „System Familie" ein. Um mit den veränderten Anforderungen gut zurechtzukommen, muss Familie sich konkret und konstruktiv damit auseinandersetzen. Zusammenhalt und gegenseitige Unterstützung sind mehr denn je notwendig.

Auswirkungen auf die Familie

Die Auswirkungen von Veränderungen in der Familie und die damit verbundenen Auswirkungen auf unsere Gesellschaft möchte ich im Zeitraffer kurz festhalten.

- Doppel- und Dreifachbelastung der Frau führt zu Zeitmangel
- Aufgaben in der Familie sollten umverteilt werden, Männer müssen helfen und Aufgaben im Haushalt übernehmen
- Zeit für die Kinder ist Mangelware geworden
- Das schlechte Gewissen, der Zeitdruck, der Druck im Job führen zu Stress
- Stress und Zeitmangel sind Auslöser von Beziehungsproblemen in der Partnerschaft
- Defizite im Sozialverhalten wirken auf Partnerbeziehung (Kommunikationsfähigkeit, Wertschätzung, Toleranz)
- Zu wenig Zeit, den anfallenden Stress abzubauen
- Beziehungsprobleme zwischen Partnern werden durch Trennung gelöst

- Alleinerziehende Frauen haben es besonders schwer Patchwork-Familien bringen unterschiedliche Werte und Kultur zusammen und das macht das Zusammenleben nicht leichter
- Unterschiedliche Kulturen und Werte führen möglicherweise zu Verunsicherung
- Erziehung und Verantwortung für die Kinder wird auf mehrere Personen aufgeteilt
- Kinder bekommen weniger Zeit und damit weniger Aufmerksamkeit und Beziehung
- Bedürfnisse der Kinder werden übersehen
- Unterfüllte Beziehungsbedürfnisse hinterlassen Defizite im sozialen Verhalten und seelische Verletzungen
- Kinder sind mehr auf sich gestellt und müssen früher eigenständig sein
- Sie müssen Verantwortung tragen und entwickeln sich rascher
- Kinder und Jugendliche sind „anlehnungsbedürftig", sie suchen Halt und Vorbilder
- Sie rebellieren gegen Bevormundung und sehnen sich nach Führung
- Informationen durch Gleichaltrige und durch das Internet können leicht beschafft werden
- Geld wird zum Ersatz für Zuwendung und Zuneigung
- Freizeit und ausreichend finanzielle Mittel ermöglichen viel an Ablenkung von Beziehungsdefiziten
- Ablenkung und Spaß haben Vorrang
- Alte Werte gehen verloren
- Kommunikation verändert sich (Chat, SMS, E-Mail)
- …

Sind beide Elternteile ganztags berufstätig, macht der Zeitmangel, der aus Berufstätigkeit und Familie resultiert, eine Auseinandersetzung mit auftretenden Veränderungen – wie z. B. Medienpräsenz – nicht mehr möglich. Eine berufstätige Mutter findet kaum Zeit, sich mit ihrem Kind auseinanderzusetzen. Ungeduld, Überforderung, zu wenig Kommunikation innerhalb der Familie, keine Zeit für eigene Bedürfnisse und Gefühle, Stress, Burn-out sind heute an der Tagesordnung. Aus Beziehung mit Leidenschaft wird Beziehung, die Leiden schafft. Der einstige Lebenspartner wird zum Lebensabschnittspartner. Daraus resultieren Alleinerzieher-Haushalte und Patchwork-Familien. Viele Frauen sind heute Alleinerzieherinnen und auf ihren Job (Voll- und Teilzeit) angewiesen. Damit tragen sie viel an Verantwortung und sind einer enormen Doppelbelastung ausgeliefert.

Natürlich werden manche von Ihnen jetzt denken: „Aber es geht doch, dass man drei Kinder und mehr hat und trotzdem einem Beruf nachgeht." Ja, aber diese häufig in der Öffentlichkeit stehenden berufstätigen „Mütter" haben meist Haushaltshilfen, Kindermädchen und sonstige Gehilfen und Gehilfinnen, die Haushalt und Kindererziehung für sie übernehmen. Ich arbeite ca. 40 Std. pro Woche in meinem Job und Sie können mir glauben, der Haushalt mit drei Personen hinkt hinten nach. Und das, obwohl ich keiner erziehenden Tätigkeit mehr nachkommen muss und alle Familienmitglieder den ganzen Tag außer Haus sind. Wäsche fällt eben trotzdem an und gegessen muss auch werden, dem wiederum das Einkaufen vorausgeht.

Das Bild der Frau hat sich also stark verändert und wird sich in den nächsten Jahren wahrscheinlich noch deutlich mehr verändern.

Frau von heute

„Frau von heute" ist berufstätig. Zum einen, um ihrem Beruf nachzugehen, um sich zu verwirklichen, zum anderen, um Geld zu verdienen, weil es den Lebensstandard hebt. Beides hat Gleichwertigkeit mit dem Mann und Unabhängigkeit zum Ziel. Hinzu kommen Haushalt und Freizeit. Kinder und Erziehung finden mitunter wenig Platz in diesem „Frauenleben".

Auch ist eine deutlich egoistischere Haltung der ‚Frau von heute' zu bemerken. In Deutschland gibt es Untersuchungen, aus denen hervorgeht, dass Frau und Mutter – auch wenn sie nicht berufstätig ist – nur eine durchschnittliche Stundenanzahl von ca. 3–5 Stunden täglich für ihre Kinder und für Erziehung aufwendet. Die hauptberuflichen Hausfrauen und Mütter lenken sich mit Sport, Fitness, Wellness, Shoppen etc. ab. Diese ‚modernen Hausfrauen' sind jedoch in der Lage, die gesellschaftlichen Veränderungen, die auf das „System Familie" und damit auf Erziehung einwirken, besser auszugleichen. Sie verbringen Zeit mit ihren Kindern, ermöglichen ihnen Freizeitgestaltung und fördern ihre Kinder.

Von diesen „modernen Hausfrauen" gibt es nur wenige und ich denke, das hat einen Grund. Mit dem Satz „Ich bin nur Hausfrau" drückt so manche Hausfrau und Mutter unbewusst aus, was sie empfindet. Sie fühlt sich minderwertig, unbeachtet, bieder, unkreativ und langweilig – kurz wertarm, um nicht zu sagen „wertlos". Dabei ist sie „Familienmanagerin". Mir ist dieser Berufsstand einen eigenen Part wert.

Familienmanager/in – ein unerkannter Berufszweig

Wer heute Hausfrau ist, ist in der Regel auch Mutter. Und von diesem Berufsstand „Hausfrau und Mutter" wird eine Vielzahl von Fähigkeiten und Kompetenzen erwartet, die einem Managerjob gerecht werden.

In unserer Gesellschaft, in unserer Politik hat dieser „Beruf" jedoch wenig Wert. Denn mit dem Beruf „Hausfrau" verbindet sich eine Non-Profit-Tätigkeit, wie wir heute sagen würden. Soziales Engagement bis hin zur Selbstaufgabe. Ein 16-Stunden-Tag, 7 Tage in der Woche, 12 Monate im Jahr, jahrein, jahraus und das ohne Bezahlung und ohne Altersvorsorge. Und alle wissen wir: Was nichts kostet, ist auch nichts wert!

Und wenn eine Frau sich zu ihrem Kind/ihren Kindern bekennt und 10 Jahre Karenz ist Anspruch nimmt, wie groß sind die Chancen für sie, wieder ins Berufsleben einzusteigen?

Ich arbeite häufig mit Frauen, die einen solchen Weg gegangen sind. Es ist nicht leicht, wieder im „richtigen" Berufsleben – also dort, wo es Entlohnung für Arbeit gibt – Fuß zu fassen. Mir selbst wäre es mit Sicherheit nicht mehr gelungen, hätte ich nicht an meiner und mein Mann in meine Weiterbildung laufend investiert.

Für Weiterbildungsmaßnahmen für länger karenzierte Frauen sehe ich noch Handlungsbedarf. Viele Unternehmen schätzen es, Frauen wiedereinzustellen. Diese Frauen haben einen großen Vorteil: ihre Familienplanung ist meist abgeschlossen, sie sind an kontinuierlicher Arbeit interessiert und streben nicht nach Karriere. Voraussetzung ist jedoch, dass diese Frauen ausreichend qualifiziert sind.

Geschichte

Vor ca. 20 Jahren entschied ich mich selbst für die Situation, Hausfrau und Mutter zu sein, und ich erkannte sehr schnell, dass der Beruf „Hausfrau und Mutter" beim Gegenüber auf Verblüffung bis Mitleid stieß. „Dass dich das ausfüllt" war eine gängige Redewendung. „Dass du das aushältst" war zwar eine verständnisvollere Formulierung, die Wertschätzung oder Anerkennung darin vermisste ich trotzdem. So wechselte ich sehr rasch zur Berufsbezeichnung „Mutter und Hausfrau". Dabei legte ich die Betonung und damit Wertigkeit auf ‚Mutter', weil mir dies wichtiger und wertvoller erschien. Doch wurde ich oft gerade deshalb belächelt und allein diese Ausdrucksweise sorgte für die abwertende Interpretation: „Als ob das ein Beruf wäre". Ich war mir damals nicht im Klaren, ob es sich dabei um Abwertung des Mutter- und Hausfrauendaseins oder um Neid auf die Freiheit und Selbstständigkeit, die damit verbunden ist, handelte. Denn: Ich war meine eigene Chefin – und das hatte ich nicht einmal vorher in meinem „angesehenen und gut bezahlten" Job.

Diese Interpretation, dieser Glaube gab mir Kraft und stärkte mein Selbstvertrauen. Arm diejenigen, die wenig Selbstvertrauen haben!

Eines ist mir jedoch klar geworden: Es ist die Gesellschaft, die am Selbstvertrauen von „Frau Mutter" knabbert. Dabei sehe ich gerade im „Muttersein" einen wesentlichen Sinn unseres Lebens.

Aus meiner eigenen Erfahrung heraus würde ich den Beruf „Mutter und Hausfrau" mit „Allberuflichkeit" bezeichnen. Wie viele Fähigkeiten und Kenntnisse dieser Beruf erfordert, möchte ich versuchen, hier aufzulisten:

Eine Hausfrau benötigt Kenntnisse über Warenkunde und Ernährung, schließlich will sie ihre Familie gesund ernähren. Weiters braucht sie technische Kenntnisse für die Bedienung sämtlicher im Haushalt befindlichen Geräte sowie für Instandhaltung und kleine Reparaturen an Haushalts- und Gartengeräten. Kaufmännische Fähigkeiten sind von Vorteil, wenn kostenbewusst eingekauft werden soll und über monatliche Ausgaben und Einnahmen Übersicht gewünscht ist. Weiters sollte sie Köchin, Putzfrau, Kosmetikerin, Friseurin, Elektrikerin, Installateurin sein. Auf Gärtnerin, falls man ein Haus besitzt, nicht zu vergessen, denn selbst angebautes Gemüse und ein gepflegter Garten gehören natürlich dazu. Zu Hause soll sie das brave, aufmerksame treu sorgende, aber auch gepflegte, erholte und ausgeglichene „Frauchen" verkörpern, nach außen soll sie repräsentieren, immer jugendlich, hübsch und adrett aussehen, gebildet und belesen sein. Zur fortgeschrittenen Tageszeit – also wenn die Kinder im Bett sind – schlüpft sie in die Rolle der Ehefrau und Geliebten.

Als Mutter kommt dann noch die Aufgabe einer Pädagogin, Krankenschwester, Pflegerin – und das rund um die Uhr – dazu. Mit schulpflichtigen Kindern benötigt sie weiters didaktische Fähigkeiten, damit sie den Lehrstoff, den Kinder im Unterricht nicht verstehen oder zu wenig vermittelt bekommen, zu Hause erklären kann, und sie muss psychologische Fähigkeiten besitzen, um ihre Kinder zu stützen und zu stärken und um den ‚Schulfrust' in Grenzen zu halten, ja, „sie muss einfach motivieren können". Führerschein B ist selbstverständlich, wer schafft sonst sämtliche Einkäufe ins Haus und chauffiert die Kinder. Weiters muss Frau über ein gutes Zeitmanagement verfügen und Organisationstalent besitzen, sonst endet es im Chaos, denn auch für Hausfrauen hat der Tag nur 24 Stunden. All diese Aufgaben erfüllt eine Hausfrau und Mutter.

Was müsste diese Frau verdienen?

Dafür bekommt sie keinen Lohn, kein Gehalt und damit auch keine Pensionsansprüche. Sie begibt sich damit wirklich in die absolute Abhängigkeit. Ihre Arbeit ist sozusagen *„wertlos"* in der Gesellschaft. Verwechseln Sie das bitte nicht mit *sinnlos.* Trotzdem verhalten viele sich so: Was keinen Wert hat, macht auch keinen Sinn. Im besten Fall bekommt Frau Anerkennung von ihrem Mann, der quasi ihr Brötchengeber ist und Liebe von der Familie.

Diese mir zuteilgewordene Liebe verdient es, besonders hervorgehoben zu werden. Ich habe von meinem Mann sehr viel Anerkennung bekommen. Fast täglich hat er meine Arbeit geschätzt und gewürdigt. Auch meine Kinder haben mich mit ihrem sonnigen Wesen und ihrer herzlichen Art verwöhnt. Es gab viele schöne Momente in diesem Hausfrauen-Leben und ich möchte keinen Tag meiner 14-jährigen Karenzzeit (13 Jahre ohne Verdienst bzw. Wertschöpfung aus Gesellschaft oder Politik) missen. Miterleben zu dürfen, wie sich unsere Kinder entwickelten, das Leuchten in ihren Augen, ihre Freude, ihre Offenheit, ihr absolutes Vertrauen und ihre grenzenlose Liebe haben unser aller Herzen erfüllt. Und manchmal waren es auch die Abende, an denen die Kinder mit einem unendlich friedlichen Gesichtsausdruck in ihren Betten lagen und schliefen und mir ein wenig ‚Auszeit' gegönnt war.

Zu meinen heutigen beruflichen Aufgaben zählt u. a. die aktive Mitarbeitersuche sowie das Verfassen von Stellengesuchen. Hier möchte ich meine humorvolle Seite zeigen, deshalb habe ich ein Stellengesuch für Mutter und Hausfrau gefertigt. Zugegeben, es war nicht einfach den Berufstitel auszuwählen:

Hausfrau/-mann (wir leben im Zeitalter der Gleichberechtigung) allein trifft es nicht, Mutter/Vater allein auch nicht.

Sollte ich dem Trend entsprechend eine englische Bezeichnung wie „housemaker oder house keeper“ wählen?

Suchen Sie einmal in den Internet-Jobbörsen nach Familienmanager/in. Ich war überrascht, was ich gefunden habe. Ich stieß auf Statements wie:

„Leider gibt es diesen Job nicht oder er ist mittlerweile vergeben.“
„Leider können wir keine Jobangebote finden, die Ihren Suchkriterien entsprechen.“
„Es wurden keine Suchergebnisse gefunden! Lässt sich Ihre Abfrage noch erweitern oder optimieren?“

Das ist ja auch klar. Eine solche Familienmanagerin braucht man ja nicht zu suchen. Die meisten Familien haben eine solche. Also habe ich mich hingesetzt und „entsprechende Suchkriterien“ ausgearbeitet und optimiert, um eine Stellenanzeige zu verfassen. Mal sehen, ob für diese Anzeige eine große Nachfrage besteht.

„Stellenausschreibung“

Wir sind ein österreichisches Hochleistungsunternehmen mit Tradition
und suchen mit sofortigem Eintritt

Familienmanager/in

Fest eingebunden in unser Unternehmen werden Sie sämtliche anfallende Tätigkeiten selbstständig erledigen. Für diese vielseitige und herausfordernde Tätigkeit wünschen wir uns einen Menschen, der Eigeninitiative, enorme Belastbarkeit, geistige Flexibilität und eine gute Beziehung zu Kindern mitbringt. Abgeschlossene kaufmännische Ausbildung, gute Kenntnisse des gängigen MS-Office-Paketes, einige Jahre Berufserfahrung (vorzugsweise Projekt bezogen), Bereitschaft zur Verantwortung und gutes Auftreten runden Ihre Persönlichkeit ab.

Ihr Profil

- Gut aussehend, mit weiblichen/männlichen Attributen
- Gute Umgangsformen, gebildet, belesen
- Analytisches Denken und konzeptive Fähigkeiten
- Hohe soziale Fähigkeiten
- Persönliche Dynamik und Einsatzfreude und Flexibilität
- Aufgeschlossenheit, Kommunikationsstärke, starke Persönlichkeit, erste Ansprechperson für alle anfallenden Fragen und Belange
- Führungsqualitäten, Durchsetzungsvermögen
- Technisches Verständnis für die Inbetriebnahme aller Haushalts- und Gartengeräte sowie Instandhaltungsarbeiten
- Kaufmännische Ausbildung für die Verwaltung des Familieneinkommens und -vermögens
- Hervorragende Koch- und Backkenntnisse, Gesundheitsbewusstsein
- Umweltbewusstsein
- Beste Kenntnisse in Säuglings-, Kinder-, Krankenpflege
- Kenntnisse in Tierhaltung und –pflege
- Pädagogische und didaktische Fähigkeiten
- Sehr gute Deutsch-, Englisch-, Italienisch- und Französisch-Kenntnisse
- Kenntnisse in sämtlichen naturwissenschaftlichen Fächern
- Grundkenntnisse in sämtlichen Sportarten
- Führerschein B (Behördenwege, Botengänge, Einkäufe, Taxidienste, ...)

Wir bieten

- Sicheren Arbeitsplatz
- 14 -16-Stunden-Tag, Überstundenausgleich am Muttertag
- Wenig Freizeit
- Familienanschluss
- Taschengeld auf Anfrage, dafür keine Altersvorsorge
- Anerkennung bei Höchstleistung und bei Bereitschaft zu Überstunden
- glückliche Kinder, trautes Heim, Glück allein

Sie sind unendlich belastbar, stets freundlich, stark motiviert, unerschöpflich kreativ, risikofreudig, mutig, mütterlich, haben einen eigenen PKW sowie ein gepflegtes Auftreten und Serviceorientierung steht für Sie an erster Stelle?

Dann sind Sie bei uns richtig!

Viele der heutigen Mütter machen den Job „Mutter und Hausfrau = Familienmanagerin" nur nebenbei, denn sie haben einen Beruf, der sie mindestens vier Stunden bei einer Halbtagsanstellung oder acht Stunden bei einer Vollzeitbeschäftigung in Anspruch nimmt. Damit wird aus der Familie ein „Hochleistungsunternehmen". Ständig unter enormen Zeitdruck stellt auch das „schlechte Gewissen", für ihre Kinder nicht ausreichend da zu sein, psychischen Stress dar. Wie glücklich und zufrieden und damit auch ausgeglichen und belastbar diese Mütter auf Dauer sind, ist nicht schwer abzuschätzen.

Als Teilzeitbeschäftigte macht Frau eben nicht Karriere und verdient in den meisten Fällen weniger als Mann in der gleichen Position. Berufstätige Mütter haben sozusagen zwei Nebenjobs, einen, der nicht honoriert wird, und einen, der schlecht bezahlt ist.

Für Frauen-Karriere ist ohne fremde Hilfe ohnehin keine Möglichkeit gegeben, auch wenn es Stimmen gibt, die das „locker unter einen Hut bringen". Für fremde Hilfe – in Form von Haushaltshilfen und Kinderbetreuung oder Kindermädchen – ist in der Regel zu wenig Geld vorhanden. Und wer hat schon eine jung gebliebene und aktive Oma, die ihre Zeit für die Enkel und nicht für sich selbst nützt? Auch haben Großeltern – noch mehr als Eltern – Schwierigkeit, mit den veränderten Gegebenheiten in unserer Gesellschaft umzugehen. Für sie sind Bildschirmmedien oft nur „modernes Zeug". Sie sind oft überfordert, was Lernstoff, Computerspiele, Freizeitgestaltung mit Kindern anbelangt. Sie sind ihren Enkeln gegenüber grundsätzlich nachgiebiger und gehen Diskussionen oder Konfrontationen aus dem Weg. Dafür erachten sie die Eltern als zuständig.

Was übrig bleibt, ist entweder ein „mittelmäßiger" Job, oft auf Stundenbasis bzw. Teilzeit, und ein ewig „nachhinkender" Haushalt oder ein „besserer" Job, noch mehr Defizit im Haushalt und Kinder, die von Institutionen wie Krabbelstube, Kindergarten und Schule aufs Leben vorbereitet werden.

Wenn Kindererziehung in unserer Gesellschaft wenig Wert hat, wenn Politik nicht weiß, wie sie Müttern einen „Wert“ zukommen lassen kann, indem sie Mütter bzw. Familien sinnvoll unterstützt, dann appelliere ich an Sie: Seien Sie sich als Mutter, als Vater etwas wert und investieren Sie in Ihre Kinder! Aus der heutigen Sicht ist das eine Investition, die sich lohnt, die Früchte trägt und wo am Ende mehr herauskommt von dem Eltern wieder profitieren werden.

Kinder brauchen Kinder und nicht nur ihre Mütter, um sich gesund entwickeln zu können. Kommen Kinder zu früh in den Kindergarten, haben sie zwar Kinder als Spielgefährten, doch zu wenig Zuwendung, Wärme und Liebe. Eine Kindergärtnerin kann die Mutter nicht ersetzen.

Stellen Sie sich die Frage: Was habe *ich*, das ich meinem Kind geben kann und das es von sonst niemandem bekommen kann? Was ist mit den Kindern? Bekommen sie das, was sie brauchen?

Kinder sind in Krabbelstuben, Kindergärten und später in der Schule untergebracht. Das hat den Vorteil, dass diese Kinder betreut sind, dass ihre Bedürfnisse nach Sicherheit durch Nahrung und Schutz, nach sozialem Kontakt erfüllt werden. Sie haben Spielkameraden und Freunde und die Möglichkeit einer *sinnvollen* Beschäftigung. Was ihnen möglicherweise fehlt, ist Liebe, Wärme, das Gefühl, ihren Eltern wichtig zu sein und von ihnen angenommen und gebraucht zu werden. Regeln, Normen, Kultur werden von der Betreuungsstätte, also Krabbelstube, Kindergarten bzw. von der „Tante“ vermittelt. Dadurch geht ein Teil der Familienkultur verloren. Eltern übergeben einen großen Teil Verantwortung in der Erziehung und Heranbildung von Kindern an „Tanten und Onkel“ im Kindergarten.

Förderung im Kindergarten ist mit Sicherheit ein wesentlicher Aspekt in der Erziehung und Bildung. Wie diese Förderung konkret aussehen soll, darüber kann aus meiner Sicht noch nachgedacht werden. Folgt man den Ergebnissen der Hirnforschung, so soll Lernen in erster Linie Freude bereiten und dem Alter und Interesse der Kinder entsprechen.

Was soll es bringen, wenn Kinder im Kindergarten schon auf die Schule vorbereitet werden, indem sie schon Buchstaben lesen und die Zahlen lernen? Wie wird dieses Lernangebot umgesetzt? Wird dieses Wissen durch Spiel vermittelt oder geht es um Wissensvermittlung, also kognitives Lernen? Nimmt man dadurch den Kindern nicht ein Stück Kindheit weg?

Ab einem Alter ab 6–7 Jahren werden Kinder als schulreif angesehen. Die meisten Kinder in diesem Alter werden, wenn die Mutter berufstätig ist, am Nachmittag von Familienmitgliedern betreut oder gehen nach der Schule in den Hort oder in eine Nachmittagsbetreuung. Auch dort werden sie als Teil der Gruppe gesehen. Eingehen auf individuelle Begabung, Wünsche etc. ist den BetreuerInnen in Abhängigkeit der Gruppengrößen natürlich nur eingeschränkt möglich.

Hat das Kind ein Alter von ca. 11 Jahren erreicht, wird es mitunter als „schlüsselreif" angesehen. Manche Schulkinder sind sogenannte Schlüsselkinder. Sie kommen heim und sind auf sich allein gestellt. So müssen sie sich um ihr Mittagessen selbst kümmern sowie um ihre schulischen Aufgaben. Es wird ihnen damit zwar mehr Selbstständigkeit und Verantwortung für ihr Tun abverlangt. Ob diese Selbstständigkeit mit mehr Selbstbewusstsein einhergeht, stelle ich infrage. Häufig werden ihnen durch diese Selbstständigkeit mehr Mitsprache in der Familie und mehr Rechte eingeräumt. Wie sieht es jedoch mit Aufgaben für das gemeinsame Wohl in der Familie aus? Haben die Kinder das Gefühl gebraucht zu werden? Bekommen sie Anerkennung, wenn sie Verwantwortung übernehmen?

Werden die Beziehungsbedürfnisse dieser Kinder ausreichend erfüllt?

Häufig fehlt es ihnen an Geborgenheit, Wärme, Nähe, Liebe. Sie sind emotional verunsichert und können selten darüber reden. Mit Ärger, mit Frust müssen sie allein zurechtkommen. Es ist niemand da, der ihnen zuhört und ihnen das Gefühl gibt, verstanden und und angenommen zu werden. Sie bekommen wenig Anerkennung und haben wenig Motivation etwas „besser" zu machen.

Kinder brauchen *Zeit* – Zeit kann einem niemand geben, Zeit kann man sich nur nehmen.

Geschichte

Meine Kinder kamen von der Schule nach Hause. Es war fast ein Ritual. Und es war in vielen Familien das Gleiche.

Die erste Frage mit dem Eintreten lautete: „Hallo Mama, was gibt es zu essen?"

Die Schultasche wurde im Eingangsbereich deponiert. Dann zogen sie sich aus, wuschen sich die Hände und kamen in die Küche, wo ich mit Kochen beschäftigt war. Dann wurde das Erlebte erzählt, Freud und Leid geteilt. Manchmal wurde der Frust, der sich im Laufe des Vormittags angestaut hatte, ausgesprochen und konnte damit losgelassen werden. Es ist wie ein Ventil. Wenn alles erzählt und raus ist, dann ist das Kind befreit, fühlt sich angenommen und verstanden. Eltern brauchen nichts weiter zu tun, als nur da zu sein und zuzuhören.

Kennen Sie das?

Kids haben nicht dann Lust zu reden, wenn die Mutter oder der Vater am Abend heimkommt – auch schon müde und genervt vom Job –, sondern wenn ihnen danach ist. Und das ist meist, wenn sie von der Schule nach Hause kommen.

Sie machen ihre Hausübung, lernen für den nächsten Tag (oder auch nicht) und dann sitzen viele vor dem Fernseher oder bei einem Computerspiel, um sich die Zeit zu vertreiben. Dabei wird ihre Wahrnehmung und damit die Voraussetzungen für Lernfähigkeit beeinflusst. Die Kids sehen sich „amerikanische Familiensoaps" an, um „Familienleben" zu erfahren. Damit sind Eltern einverstanden. Vor dem Fernseher oder PC kann ihren Kindern nicht viel „passieren", das äußere Verletzungsrisiko ist gering. Die Beziehungsbedürfnisse der Kinder bleiben jedoch ungehört und unerfüllt, weil selten jemand die Zeit hat, auf das Kind wirklich einzugehen. Fernsehen verdrängt das Gefühl der Einsamkeit. Unterhaltung bedeutet Spaß und „Spaß haben" steht an oberer Stelle. Ich unterscheide sehr bewusst zwischen Spaß und Freude. Spaß ist für mich etwas Oberflächliches, das mir kurzzeitig Freude bereiten kann. Freude ist für mich ein tiefes Gefühl und hat für mich mit der Erfüllung von Bedürfnissen zu tun.

Die Verletzungen der Seele durch Einsamkeit entstanden, bleiben oft lange unentdeckt. Für die Kinder und Jugendlichen ist die Welt in Ordnung, so wie sie ist. Sie kennen nichts anderes. Erst wenn diese „inneren Verletzungen" nach außen dringen, das Kind „verhaltensauffällig" ist oder im Extremfall „ausrastet", weil es mit sich und seiner Umwelt nicht mehr zurechtkommt, dann wird man aufmerksam.

Eines unserer Grundbedürfnisse ist Liebe. Dazugehört angenommen werden, Anerkennung, Wertschätzung, Lob, Körperkontakt. Nur wer diese Bedürfnisse erfüllt bekommt, kann sich gesund entwickeln.

Geschichte
In der Begleitung von Arbeit suchenden Frauen bin ich auf eine Frau getroffen, die heute ca. 40 Jahre alt ist. Seit sie geschieden ist, ist ihr Leben aus der Bahn geraten. Sie fühlt sich verloren, möchte nicht nach Hause gehen und weiß nicht, wie sie ihre Tage hinter sich bringen kann. Sie ist auf der Suche nach einem Job, weil sie von etwas leben muss. Sie will arbeiten und kann nicht. Diese Leere macht ihr wirklich zu schaffen.

Durch Coaching erfrage ich Schritt für Schritt, was genau ihr so zu schaffen macht. Sie kommt auf ein verblüffendes Ergebnis. Diese Leere kennt sie aus ihrer Kindheit. Ihre Eltern haben sich getrennt. Die Mutter ist wieder arbeiten gegangen und sie war jeden Tag nach der Schule allein daheim. Abends war nicht viel Zeit zum Reden und sie fühlte sich sehr allein und verlassen. Diese Erinnerung brachte sie zum Schluchzen. Auch in ihrem Leben fühlte sie diese Leere, wenn sie allein zuhause war. Heute noch schlimmer, wenn sie nach Hause kommt und niemand da ist. Das bedeutet für sie Stress in hohem Maße, sodass sie mit sich nichts anfangen kann. Sie sieht keinen Sinn, ist deprimiert und unmotiviert und kommt von alleine aus dieser negativen Stressspirale nicht heraus.

Durch ROMPC® unterstützt, setzte ich das Coaching fort. Die Angst vor dem Alleinsein, die sie so blockierte, konnte gelöst werden. In der Folge wurden für sie neue Handlungsalternativen erkennbar und es wurde ihr möglich, diese auch schrittweise umzusetzen.

Dieses Beispiel habe ich erzählt, um aufmerksam zu machen, was in Kindern vorgeht. Kinder zeigen ihre wahren Gefühle oft nicht, weil sie die Probleme der Eltern erkennen. Sie wollen ihre Eltern nicht noch mehr belasten und ziehen sich deshalb zurück. Häufig wird diese Traurigkeit, die in dem Kind langsam entsteht, nicht wahrgenommen.

LehrerInnen in unserem Schulsystem können ein Defizit an Liebe und Wärme nicht kompensieren. In den Unterrichtsstunden am Vormittag ist nicht die Zeit, auf 20 bis 35 Kinder einzugehen und solch eine intensive Beziehung zu jedem Einzelnen aufzubauen. Damit will ich jetzt nicht sagen, dass Beziehung im Unterricht nicht notwendig wäre. Lernen kann erst geschehen, wenn Beziehung im Sinne von Wertschätzung, Akzeptanz, Empathie vorhanden ist.

Mein Ziel ist …

Bewusstseinserlangung über Ziele, Strategien und Verhalten ist die Basis für Veränderung. Ich möchte Sie ermutigen und einladen, sich damit auseinanderzusetzen.

Veränderung bedeutet Aufbruch, Aufbruch in ein mitunter unbekanntes Gebiet. Deshalb ist es unbedingt notwendig, vor Aufbruch, das Ziel meiner Veränderung und wertvolle Ressourcen (Erfahrungen, Fähigkeiten, Fertigkeiten) zu erkennen. Für den ersten Schritt braucht es einen Anstoß und Mut.

„Jede große Reise beginnt mit einem ersten Schritt.“
(Chines. Weisheit)

Ich vergleiche diese Reise mit dem Überqueren einer Brücke:

Ich verlasse den festen Boden (meine Komfortzone) und mache mich auf den Weg. Das zu erreichende Ziel am anderen Ende der Brücke muss ich klar vor mir sehen. Nur so kann ich es erreichen. Dazu muss ich im Vorfeld einige Fragen beantworten:

Übung 11

Visualisierung meines Erziehungszieles

Was genau will ich erreichen?	
Wie soll mein Kind erzogen sein?	
Was ist mir dabei wichtig?	
Worauf lege ich Wert?	
Was brauche ich, um das zu erreichen?	
Wer kann mich dabei unterstützen?	
Was muss ich möglicherweise aufgeben, auf später verschieben?	
Was ist mein erster konkreter Schritt?	
Welcher Schritt ist der nächste?	

Beim Überqueren der Brücke wage mich weiter vor, in unbekanntes Gebiet und habe viele Fähigkeiten mit und mein konkretes Ziel vor Augen. Das gibt mir Sicherheit. In der Mitte der Brücke ist eine Übergangsphase, ich sehe auf die andere Seite und erkenne, was mich erwarten wird. Hier erlange ich neue Kenntnisse und kann sie erproben, indem ich gezielte Aktionen setze. Mit der Zeit gewinne ich mehr und mehr an Fähigkeiten und werde reicher an Erfahrung und sicherer in meinem Tun. Am Ende erwarten mich wieder fester Boden und Sicherheit, auch in Stresssituationen. Meine Komfortzone hat sich erweitert.

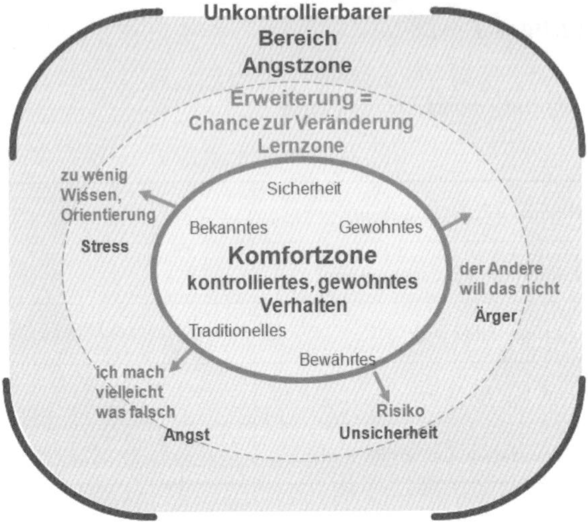

Veränderung

Veränderung bedeutet

- Den vertrauten Bereich bewusst machen (Komfortzone)
- Den neuen Bereich erkennen (Lernzone)
- Das gewohnte Repertoire erweitern
- Chance zur Weiterentwicklung durch Änderung in unserem Verhalten, und zwar ganz bewusste Erweiterung
- Gezielte Aktivitäten und Interventionen

Ist dieses Ziel nicht bewusst, nicht klar vor meinem geistigen Auge, dann bin ich geneigt, Ausreden zu finden, weshalb ich mich nicht auf den Weg machen kann. Es fehlt die Orientierung und damit die Sicherheit, die Brücke zu überqueren. Oder ich sehe suchend umher, erblicke den Abgrund unter mir und gehe zurück. Dadurch werde ich in meinem Glauben bestärkt: Da, wo ich jetzt bin, ist es schwierig. Etwas anderes zu machen, etwas Neues auszuprobieren ist noch schlimmer. Es ist eine Gefahr, auf die ich mich nicht einlassen kann, deshalb bleibe ich hier.

Im Training gibt es eine Übung, die nennt sich Feuerlauf. Dabei geht man ca. 5–7 m barfuß über glühende Kohlen, ohne sich die Füße zu verbrennen. Können Sie sich das vorstellen? Würden Sie das machen?

Natürlich hat das auch mit Mut zu tun, mit Gruppenzwang. Trotzdem hat jeder Angst davor. Deshalb wird im Vorfeld genau geklärt, mit welchen Gedanken, mit welcher Einstellung über die Kohlen zu gehen ist. Das Ziel am anderen Ende wird klar definiert und auf dieses Ziel wird danach zügig zugegangen. Nach unten sehen, stehen bleiben, zögern oder eilen (laufen) würde ein Verbrennen nach sich ziehen. Unsere Jungs haben das mit einem Alter von 8 und 10 Jahren gemacht.

Mit dem Ziel „ich möchte mir nicht die Füße verbrennen" würde es wahrscheinlich nicht funktionieren.

„Ich möchte über glühende Kohlen gehen können" wäre zu allgemein formuliert. Dabei bleibt offen, was Sie tun müssten, damit Sie das umsetzen können. Das Ziel muss so konkret formuliert sein, dass es sichtbar wird.

Übung 12

Was ist Ihr Ziel, das Sie erreichen wollen?

Formulieren Sie dieses Ziel anhand dieser Vorgaben.

S	Spezifiziert = genau beschrieben	
M	Messbar = Merkmale festlegen, an denen die Zielerreichung erkannt wird	
A	Attraktiv = etwas Positives einplanen	
R	Realistisch = wirklich erreichbar	
T	Terminisiert = bis wann soll Ziel erreicht sein	

Beispiel

S ich möchte an der Kommunikation mit meinem Kind etwas verändern. Ich möchte weniger schimpfen und mehr auf das Kind eingehen. Dazu muss ich mehr Fragen stellen.

M Anstelle von Beschuldigungen werde ich Fragen stellen, um herauszufinden, was Beweggründe für das Verhalten von meinem Kind sind. Mein Kind wird nicht trotzig oder beleidigt reagieren, sondern auf meine Fragen eingehen. Fragen zeigen von Interesse, „du bist mir wichtig".

A dadurch wird die Situation wesentlich entspannter sein. Das Gespräch ist weniger emotional und wir können uns verstehen. Das wird uns beiden gut tun und näher bringen. Wir werden ruhig miteinander sprechen können. Es wird keine Tränen geben, keine Türen werden zugeschlagen. Wir verstehen uns. Dann können wir gemeinsam an Lösungen arbeiten.

R ich weiß, dass es nicht so einfach sein wird, doch ist es möglich. Ich kann offene Fragen stellen, die mir und meinem Kind helfen.

T bei der nächsten Situation, die auf mich zukommt, werde ich nicht Vorwürfe machen oder Beschuldigungen aussprechen, sondern hinterfragen, weshalb mein Kind sich so entscheiden will bzw. entschieden hat.

Diesem konkret formulierten Ziel widmen Sie sich zuerst. Nehmen Sie sich etwas, das für Sie sehr wichtig ist, das Sie wirklich verändern wollen. Versuchen Sie nicht, ihren Erziehungsstil komplett zu verändern. Das führt zu Desorientierung und Unsicherheit. Gehen Sie einen ersten kleinen Schritt und Sie werden erkennen, was sich damit bereits verändert. Dieser Erfolg wirkt motivierend.

Wenn wir immer das Gleiche machen, werden wir immer das Gleiche haben. Wenn Sie etwas anderes haben wollen, müssen Sie etwas anderes machen.

Mit diesem Wissen können Sie nun ganz konkret und gezielt eine Veränderung anstreben. Damit Sie dieses Ziel nicht aus den Augen verlieren, machen Sie es fest, schreiben Sie es sich auf. So können Sie jederzeit überprüfen, ob

- sie noch auf dem richtigen Weg zu Ihrem Ziel sind, oder
- sie sich neu orientieren müssen, oder
- sie die Strategie ändern müssen.

Was immer das Ziel auch ist: Das Ziel vor Augen zu haben hilft, es auch zu erreichen.

„Wer nicht weiß, wohin er segeln will, für den ist kein Wind der richtige.“
(Seneca)

Dafür benötigen Sie eine Strategie, die sie sich zurechtlegen können.

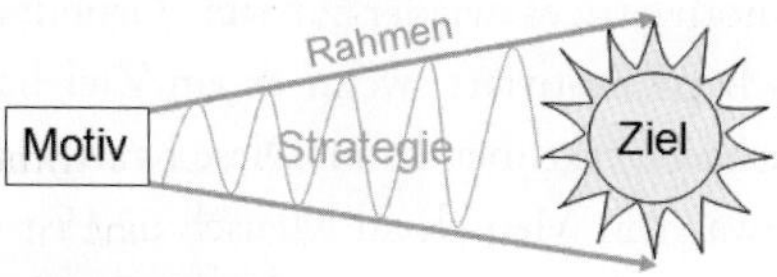

Mein konkretes Ziel ist ...
Was mache ich um dort hin zu kommen?
Wie mache ich es?
Bis wann mache ich es – Zeitplan, Struktur
Mein nächster Schritt
Was wird sich ändern?
Woran werde ich das erkennen?
Woran werden andere erkennen, dass ich mein Ziel erreicht habe?

Strategie zur Zielerreichung (in Anlehnung an Schranner, 2003)

Motivation – oder der Schlüssel zum Erfolg

„Eltern müssen ihre Kinder mehr motivieren" – ein Ausspruch, den ich in einer Fernsehdiskussion gehört habe.

„Wie motiviere ich mein Kind?" – eine Frage, die mir schon häufig gestellt wurde.

Was können Eltern nun tun, damit ihr Kind motiviert ist?

Unter allgemeiner Motivation versteht man den Wunsch eines jeden Menschen, etwas zu gestalten, auszuprobieren, zu bewirken. Bedürfnisse unterschiedlicher Art liegen dem zugrunde. Der Mensch ist stets darauf bedacht, sich wohl zu fühlen und das Glücksgefühl im Leben kurz- oder langfristig zu maximieren. Er ist also grundsätzlich motiviert, wenn auch in unterschiedlichem Maße. Alle Menschen wollen gestalten, sich erproben, etwas leisten. Wir planen etwas, machen etwas und erhalten ein wahrnehmbares Ergebnis. Sind wir mit diesem Ergebnis zufrieden, deckt es sich mit unserer Erwartung, dann sind wir motiviert, es wieder zu tun. Grundsätzlich gilt: Jeder Mensch ist motiviert, wenn er ein Ziel hat und einen Sinn in der Sache erkennen kann. Diese Kraft, etwas zu wollen, variiert zwar von Mensch zu Mensch und ist unterschiedlich geprägt. Was Menschen motiviert hängt wiederum von ihren Begabungen, Prägungen und daraus resultierendem Interesse ab.

Motive sind subjektive Konstrukte in unserem Denken, sie sind immer etwas Individuelles und auf einen Mangel, ein Bedürfnis angewiesen.

Kurz gesagt: Ein Motiv ist der Grund, etwas zu tun.

Dabei unterscheiden wir zwischen

- primären Motiven wie körperliche Bedürfnisse (Hunger, Durst ...) und Beziehungsbedürfnisse
- sekundären Motiven wie Leistung, Macht,

Primäre Motive werden vorrangig behandelt. Wenn wir Hunger haben, essen wir. Wenn wir uns nach Gesellschaft sehnen, treffen wir uns mit Freunden. Aus diesen Erfahrungen lernen wir wiederum. Werden wir von Freunden schlecht behandelt, ausgegrenzt, werden wir in Zukunft diese Freunde meiden und haben gelernt, Menschen kritischer zu betrachten. Damit wollen wir erkennen, ob sie uns gut gesinnt sind oder ob sie uns möglicherweise wieder schlecht behandeln.

Sekundäre Motivation ist mit meinen Einstellungen (Werten und Überzeugungen) eng verbunden, weil diese uns leiten und „treiben". Bin ich z. B. ein ordnungsliebender Mensch, brauche ich kein weiteres Motiv, um diese Ordnung zu halten. Bin ich weniger ordnungsliebend, brauche ich einen Anstoß, ein Motiv, um Ordnung zu schaffen. Dann muss sich z. B. Besuch anmelden, damit ich im Wohnzimmer für Ordnung sorge.

Der amerikanische Psychologe und Motivationsforscher Steven Reiss erforscht seit Mitte der 90er Jahre die Motive menschlichen Verhaltens. Durch viele tausend Befragungen weltweit fand er 16 Lebensmotive, die unser Verhalten bestimmen und als Selbstzweck dienen, d. h. einfach ohne weiteren Grund um ihrer selbst Willen ausgeführt werden.

Die von ihm gefundenen Lebensmotive lauten:

- Macht – Streben nach Erfolg, Leistung, Führung und Einfluss
- Unabhängigkeit – Streben nach Freiheit, Selbstgenügsamkeit und Autarkie
- Neugier – Streben nach Wissen und Wahrheit
- Anerkennung – Streben nach sozialer Akzeptanz, Zugehörigkeit und positivem Selbstwert

- Ordnung – Streben nach Stabilität, Klarheit und guter Organisation
- Sparen – Streben nach Anhäufung materieller Güter und Eigentum
- Ehre – Streben nach Loyalität und moralischer, charakterlicher Integrität
- Idealismus – Streben nach sozialer Gerechtigkeit und Fairness
- Beziehungen – Streben nach Freundschaft, Freude und Humor
- Familie – Streben nach einem Familienleben und besonders danach, eigene Kinder zu erziehen
- Status – Streben nach Reichtum, Titeln und öffentlicher Aufmerksamkeit
- Rache – Streben nach Konkurrenz, Kampf, Aggressivität und Vergeltung
- Romantik (Eros) – Streben nach einem erotischen Leben, Sexualität und Schönheit
- Ernährung – Streben nach Essen und Nahrung
- Körperliche Aktivität – Streben nach Fitness und Bewegung
- Ruhe – Streben nach Entspannung und emotionaler Sicherheit

  (Reiss, 2008)

Unsere Motive und Werte werden durch die Erziehung, die Gesellschaft und die Kultur beeinflusst. Jeder Mensch hat einen individuellen „Motivationscharakter", durch den er sich von anderen unterscheidet.

Indem wir uns darüber bewusst sind, welche Motivatoren uns am wichtigsten sind und uns auf diese konzentrieren, werden wir am ehesten das sogenannte „Werteglück" erfahren, das dem Leben Sinn gibt.

Vergiss nicht, Glück hängt nicht davon ab,
wer du bist oder was du hast;
es hängt nur davon ab, was du denkst.
(Dale Carnegie)

Warum tun wir etwas?

Weil wir uns erwarten, dass es nach dem Tun besser ist, dass es eine „Belohnung" für unser Tun gibt. Dabei löst bereits das gute Gefühl in uns, das entsteht, wenn wir etwas „Gutes" getan haben, so etwas wie „Belohnung" in uns aus. Wir freuen uns darüber und „Glücksbotenstoffe" werden in unserem Gehirn produziert. Diese richten sich an unser „Belohnungssystem". Solange dies geschieht, wollen wir es immer wieder tun, sind wir also motiviert.

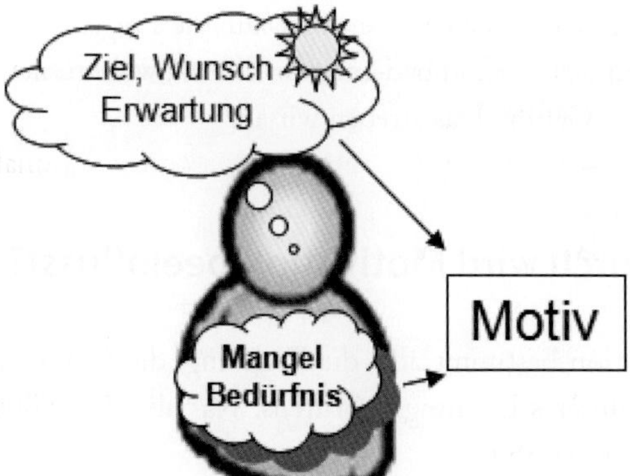

Entstehung eines Motivs

Weshalb wollen Sie an Ihrer Erziehung/an Ihrem Erziehungsverhalten etwas verändern?

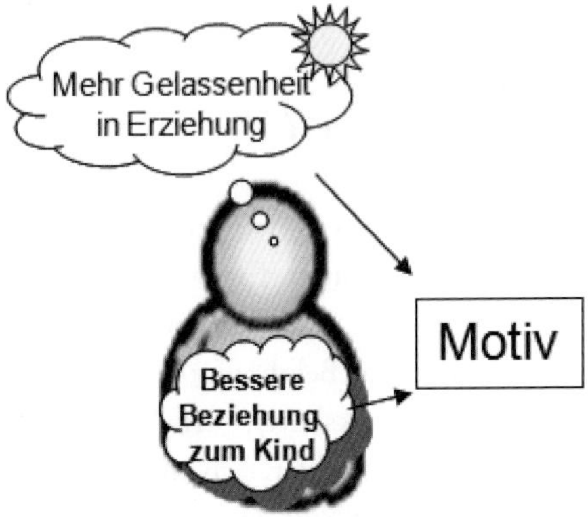

mögliches Motiv in Erziehung

Das wäre eine mögliche Antwort auf die Frage. Die bessere Beziehung zum Kind bedeutet für Eltern „wohl fühlen", also ein gutes Gefühl. Das streben wir an.

Wodurch wird Motivation beeinflusst?

Motivation bestimmt also die Richtung, die Stärke und die Dauer unseres Leistungsverhaltens. Was aber beeinflusst die Motivation selbst?

Motivation wird von zwei Dingen beeinflusst[18]

- von der Person selbst = von innen
- von der Situation = von außen

18 Frederick Herzberg, Professor der Arbeitswissenschaft und der klinischen Psychologie, Zwei-Faktoren-Theorie der menschlichen Bedürfnisse.

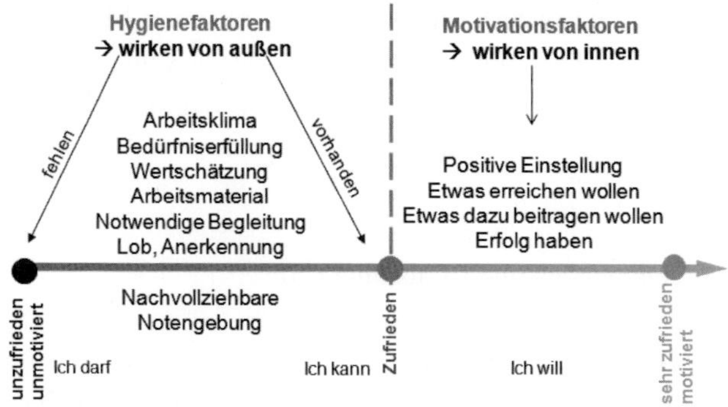

Zweifaktorentheorie für Motivation (in Anlehnung an Herzberg in *Möller*, 2005)

Motivation ist also von außen beeinflussbar. (in Möller, 2005) Man kann davon ausgehen, dass Voraussetzungen von außen vorhanden sein müssen, um Motivation in Gang zu bringen. Die Frage ist nicht „Wie motiviere ich mein Kind?", sondern „Was kann ich (von außen) tun, damit mein Kind (von innen) motiviert wird?"

Das Leistungsverhalten ergibt sich aus dem Zusammenspiel der Innen- und Außenseite. Es wird beeinflusst

- einerseits durch Einstellungen, Interessen, Werte, Bedürfnisse, die innerhalb einer Person liegen und
- andererseits durch die Bedingungen, die sich aus der umgebenden Situation herleiten.

Menschen lassen sich nicht steuern, sie sind jedoch beeinflussbar. Jeder Anreiz steht ihnen zur Wahl und es wird innerhalb der Person (im Bewertungszentrum) entschieden, ob ein entsprechendes Angebot von außen reizvoll ist. Insofern wird auch jeder von außen kommende Motivierungsversuch im Inneren eines Menschen gleichsam „übersetzt" und auf Attraktivität geprüft.

Motivierungsversuche können niemals dauerhaft Motivation erzeugen. Motivation ist immer mit Eigenleistung des Einzelnen verbunden. Erfolg, Anerkennung tragen zu Motivation wesentlich bei. Dadurch werden primäre und sekundäre Motive erfüllt.

Diese Eigenleistung ist abhängig von

der Bereitschaft ***(Wollen)***
Synonyme für Leistungs-Bereitschaft sind Wille, Kraft, Temperament, Motivation, u. a. Dieses Wollen eines Menschen zielt auf materielle beziehungsweise immaterielle Werte und Wünsche, eben auf das, was ihm wichtig ist, was ihm wertvoll ist.

der Fähigkeit ***(Können)***
Allein das Wollen erbringt noch keine Leistung. Es braucht zudem Fertigkeiten, Wissen, Kenntnisse, Erfahrungen, fachliche Kompetenz, Hilfestellung durch andere, damit eine Aufgabe bewältigen werden kann.

Leistungs-Bereitschaft und Leistungs-Fähigkeit sind miteinander verzahnt.

der Möglichkeit ***(Dürfen)***
Wollen und Können reicht allein nicht aus, Leistung zu erzeugen. Es muss noch die Leistungs-Möglichkeit vorhanden sein. Ein Mensch muss auch eine realistische Chance haben, seine Potenziale zu entfalten. Das Gelingen, der Erfolg muss wahrscheinlich sein. Dabei spielt das soziale Dürfen, die Spielregeln, eine große Rolle. Auch die Hierarchie und die Organisationsstruktur können beeinflussen, ob jemand seine Möglichkeiten entfalten kann.

Der Mensch muss also wollen, können und dürfen, wenn Leistung aus seinem Handeln resultieren soll. Tendiert eine der Variablen gegen Null, geht die Leistung gegen Null.

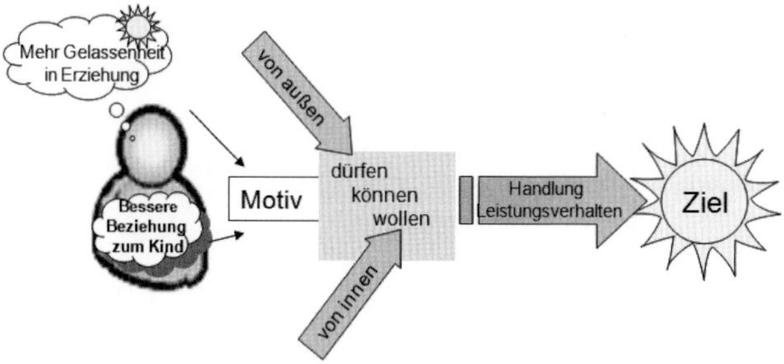

Motivation als komplexer Prozess

Übung 13

Meine Motivation Erziehung zu verbessern

Mangel-Bedürfnis	Womit bin ich nicht zufrieden? Welches meiner Bedürfnisse ist nicht erfüllt?	
Ziel wollen	Was möchte ich gerne stattdessen haben? Was ist das zu erreichende Ziel? Was soll am Ende herauskommen? Was wird danach anders sein, als es jetzt ist? Was bringt mir das?	
Voraus-setzungen	Welche äußeren Einflüsse bestärken/ hindern mich?	

können	Ich habe das erforderliche Wissen und Fähigkeiten,die ich auf meinem Weg zum Ziel benötige?	
	Ich habe eine klare Strategie, wie ich mein Ziel verfolge? Wie sieht diese aus?	
dürfen	Bin ich dazu berechtigt?	

Sind alle diese Punkte geklärt, steht Ihrer Motivation, das Ziel zu erreichen, nichts mehr im Wege.

Wie motiviere ich mein Kind?

Oft werde ich gefragt: „Wie motiviere ich mein Kind?", „Was kann ich tun, damit mein Kind mehr motiviert ist?" Meist handelt es dabei um das schulische Lernen.

Wenn wir auf das Kapitel Bedürfnisse hinsehen, lässt sich diese Frage einfach beantworten. „Erfüllen Sie die Beziehungsbedürfnisse ihres Kindes und schaffen Sie damit gute Voraussetzungen für den Erfolg." Das allein ist es jedoch nicht.

Lernen in der Schule bedeutet hauptsächlich „Lernen auf Vorrat". Der Lernende bekommt Wissen vermittelt, das er gar nicht haben will. Das bedeutet, er lernt nicht aus Interesse, sondern weil er muss. Häufig erkennt er den Sinn darin nicht. Kommt dann noch hinzu, dass der Erfolg seines „Lernens" ausbleibt, ist die Motivation zu lernen am Nullpunkt. Lernen braucht positive Gefühle, von ihnen hängt es ab, ob der Lernende überhaupt lernbereit ist. Dabei prüft das Gehirn, genau gesagt das Bewertungszentrum, ob es sich lohnt, etwas zu machen oder nicht. Es greift dafür auf früher gemachte Erfahrungen zurück. (vgl. Roth in Caspary, 2009).

Damit SchülerInnen motiviert sind zu lernen, müssen Voraussetzungen gegeben sein. Solche Voraussetzungen können sein

- angenehmes Raumklima (Raumgröße, Temperatur, Anzahl der darin befindlichen Personen, Tischhöhe, bequeme Sessel
- körperliche Bedürfnisse (gestillter Durst, Hunger, WC ...)
- angstfreies Klima (keine Angst, Fehler zu machen, ausgelacht zu werden,)
- Dieses Klima muss durch Beziehungsarbeit geschaffen werden. Die Verantwortung dafür liegt beim Lehrenden.
- Interesse muss geweckt werden. Es muss Sinn und Zweck klar sein. Was bringt uns dieses Wissen? Was können wir damit machen?
- Es muss bereits „Vorwissen" vorhanden sein, damit die neuen Informationen einen Speicherplatz finden
- Damit SchülerInnen selbstständig lernen können, brauchen sie Fähigkeiten und Methoden wie sie lernen können. Diese müssen so gewählt werden, dass auf Individualität der SchülerInnen eingegangen wird. Lernen mit allen Sinnen, erlebnisorientiertes Lernen, Erfahrungen machen dürfen, sich darüber austauschen dürfen, unterstützt das Können und fördert das Wollen.

Was können nun Eltern tun, damit sie die Motivation ihrer Kinder fördern?

- Interesse für die Umwelt von klein an wecken.
- Kinder *sinn*reiche Erfahrungen machen lassen.
- Beziehungsbedürfnisse ihrer Kinder wahrnehmen und erfüllen.
- Handlungsspielräume für Kinder definieren, Grenzen aufzeigen
- Zur Selbstständigkeit anregen und damit Erfolgserlebnisse ermöglichen

- Anstelle von Kritik und Tadel, Ursachen für Fehler bewusst machen, lösungsorientiert denken = Vorbildwirkung
- Anerkennung und Wertschätzung geben

Aus dieser Aufstellung erkennen wir sehr gut, dass viele Faktoren von außen nicht im Kompetenzbereich des Lernenden liegen, sondern in der Verantwortung des Lehrenden bzw. der Eltern.

Die Fragestellung darf also nicht lauten: „Warum lernt ein/e Schüler/in nicht?“, sondern „Wie schaffe ich es, dass SchülerInnen von sich aus aktiv werden?“

Beispiel

Wenn Kinder gehen lernen, werden sie von ihren Eltern motiviert. Das Kind versucht aufzustehen, und obwohl es das Aufstehen noch nicht sehr gut beherrscht, ist die Freude der Eltern deutlich spürbar für das Kind. Wer hat das nicht besonders betont: „Heute ist er/sie zum ersten Mal aufgestanden.“

Das Kind versucht die ersten Schritte. „Ja, komm her“, und die Mutter streckt dem Kind die Hände entgegen. Sie ermuntert es, einen Schritt zu wagen. Bevor das Kind fällt, fängt es die Mutter auf. „Bravo, das hast du gut gemacht.“ Die Mutter unterstützt das Kind und schützt es vor Verletzungen, sie nimmt ihm die Verantwortung für das Gehen oder Fallen jedoch nicht ab. Wenn das Kind, bei seinen Versuchen laufen zu lernen, hinfällt, nimmt es die Mutter auf den Arm und tröstet es. Sie heilt den Schmerz, der entstanden ist.

Das Kind versucht es immer und immer wieder, bis es nach einigen Tagen, vielleicht wenigen Wochen sicher im Gehen ist. Und das Kind kann gehen, ja sogar laufen.

Das eine Kind braucht dafür länger, das andere geht bereits mit 12 Monaten und: Alle haben wir gehen gelernt! Das ist Motivation!

- Kein Fehler wurde aufgezeigt,
- kein Tadel ausgesprochen, wenn es niederfällt,
- keine theoretischen Tipps gegeben („Du musst …, schau, das geht so …")

Wir zeigen es unseren Kindern täglich unbewusst vor und wir ermuntern sie, es immer wieder zu versuchen, ohne ungeduldig zu werden oder das Kind für Fehler = stolpern zu tadeln und wir freuen uns mit dem Kind, wenn es klappt!

Wie lehren wir unsere Kinder zu lernen?

- Welche Mutter/welcher Vater ermuntert das Kind und regt die Neugierde an?
- Welche Mutter/welcher Vater lässt es zu, dass das Kind für die Schule etwas vergisst?
- Welche Mutter/welcher Vater tadelt nicht, wenn es eine „schlechte" Note gibt? Schlecht schreibe ich deshalb unter Anführungszeichen, weil es einzig in der Beurteilung des Betrachters liegt, ob eine Note „schlecht" ist. Für den einen ist ein Zweier schlecht für den anderen ist ein Vierer okay.
- Welche Mutter/welcher Vater tröstet das Kind, wenn es mit seiner Leistung unzufrieden ist, traurig ist, dass es ihm nicht besser gelungen ist, oder eine negative Note, also einen Fünfer, bekommen hat?
- Welche Mutter/welcher Vater reflektiert mit dem Kind, weshalb die Leistung nicht so ausgefallen ist wie erwartet? Und das zielorientiert, also nicht: „Warum hast du es nicht besser gemacht?" sondern
- „Was kannst du tun, damit es das nächste Mal besser wird?"
- „Was kann dich dabei wie unterstützen?"
- „Was brauchst du als Hilfestellung?"

Sie sehen, es gibt viele Gelegenheiten Motivation zu fördern.

*„Erfolg ist, wenn Gelegenheit auf Bereitschaft trifft und –
Gelegenheit gibt's immer.“*
(Manfred Winterheller)[19]

Übung 14

Erfolg richtet sich an individuellen Bedürfnissen aus und bedeutet für jeden etwas anderes.
Was bedeutet Erfolg für Sie?
Was bedeutet Erfolg für Sie im Zusammenhang mit Erziehung?

Was bedeutet Erfolg?

Erfolg ist subjektiv. Jeder hat seine eigene Vorstellung davon, was ihm im Leben wichtig ist, welche Ziele er hat, ob und wie er sie erreichen möchte. Erfolg geht meist mit Wachstum und Veränderung einher. Er ist etwas, an das man fest glaubt, an dem man – wenn man motiviert ist – arbeitet und Schritt für Schritt weiterkommen möchte. Dafür benötigt man Engagement, Ausdauer und Hartnäckigkeit. Rückschläge dürfen nicht entmutigen, sondern sollen das Bemühen eher verstärken: „Jetzt erst recht.“

Erfolg ist nie das Ziel selbst, sondern der Weg zum Ziel und dessen Erreichung. Er ist das Ergebnis von Ursache (unsere Gedanken, Motive) und Wirkung (unser Verhalten und die begleitenden Umstände).

---

19 Start Living, 06.06.2007, UNI Klagenfurt.

Zum Erfolg führt nur eine Treppe, die wir langsam hinaufsteigen. Es ist mitunter ein anstrengender Weg nach oben. Da gibt es keinen Lift, der uns schnell nach oben bringt. Das hat aber auch den Vorteil, dass niemand das Knöpfchen drücken kann und uns stoppen oder uns in den Keller holt, wenn wir ins Dachgeschoß möchten.

Ob wir auf Dauer Erfolg haben hängt von mehreren Faktoren ab; es sind fünf Säulen, auf denen Erfolg aufbaut: (in Anlehnung an Gerdenits, 2005)

- **Werte**
  sind unsere Lebensgrundsätze, sie steuern unsere Überzeugungen und Einstellungen und zeigen die Art und Weise im Umgang mit unserer Umwelt (Menschen, Tiere, Natur)

- **Kommunikation**
  Kommunikations- und Verhaltensmuster beeinflussen wesentlich unsere Wirkung auf andere und die Art und Weise, wie wir unsere Umwelt wahrnehmen

- **Strategien**
  Im Erkennen der eigenen Fähigkeiten und Stärken, in der Vorbereitung und bewussten Planung liegt unsere Stärke

- **Begeisterung und Leidenschaft**
  Wir müssen selbst daran glauben, dass wir das Ziel erreichen und motiviert sein

- **Selbstvertrauen**
  erlangen wir durch Bewusstmachen unserer Werte, unseres Selbstwertes, unseres Selbstbewusstseins

Erfolg entsteht immer im Kopf!!! – Misserfolg übrigens auch. Wenn Sie erfolgreich sein möchten, müssen Sie sich zuerst mit Ihren Fähigkeiten, Kenntnissen und Stärken auseinandersetzen. Erst mit diesem Wissen können Sie bewusst eine sinnvolle und zielgerichtete Strategie entwickeln und in der Folge umsetzen.

„Erfolg besteht darin, dass man genau die Fähigkeiten hat,
die im Moment gefragt sind."
(Henry Ford)

Dieses Ausspruch von Henry Ford haben wir auf die Titelseite unserer Homepage gesetzt. Damit wollen wir zum Ausdruck bringen, dass es auf dem Weg zum Erfolg auch Mut, Flexibilität und Kreativität braucht.

Bewusstsein über die eigenen Fähigkeiten

Selbstbewusstsein – sich seiner selbst bewusst sein

Egal, ob Selbstbewusstsein, Selbstwert oder Selbstvertrauen – wir wünschen uns, möglichst viel davon zu besitzen. Wie Sie das für sich und in der Erziehung ihrer Kinder umsetzen können, möchte ich hier kurz beschreiben.

Ich habe den Weg der „Selbstfindung“ grafisch dargestellt und möchte nun die Stufen mit Ihnen gemeinsam hinaufschreiten.

Die erste Stufe ist der Selbstwert, der Wert, den wir uns selbst beimessen. Hier kommen unsere Prägungen und Erfahrungen zum Tragen.

Die zweite Stufe ist das Selbstbewusstsein. Also Bewusstsein über uns selbst, unsere Stärken und Schwächen, unsere Fähigkeiten und unsere Ziele.

Wenn wir Bewusstsein über uns erlangt haben, in unseren Werten geschätzt werden und damit Erfolge verbuchen können, erlangen wir Vertrauen in unsere Fähigkeiten und Kompetenzen, in unser Verhalten.

Mit der Zeit erlangen wir Selbstsicherheit. Wir brauchen nicht mehr lange darüber nachzudenken, was wir uns zutrauen und was nicht, was wir können und was nicht. Wir wissen, dass wir es können, und sind uns dessen sicher. Und diese Sicherheit gibt uns die Möglichkeit, Ruhe und Kompetenz auszustrahlen.

Auf dieser Stufe sind wir zufrieden mit uns und unserer Umwelt, wir haben Erfüllung in unserem *Sein* gefunden und haben Achtung vor uns selbst.

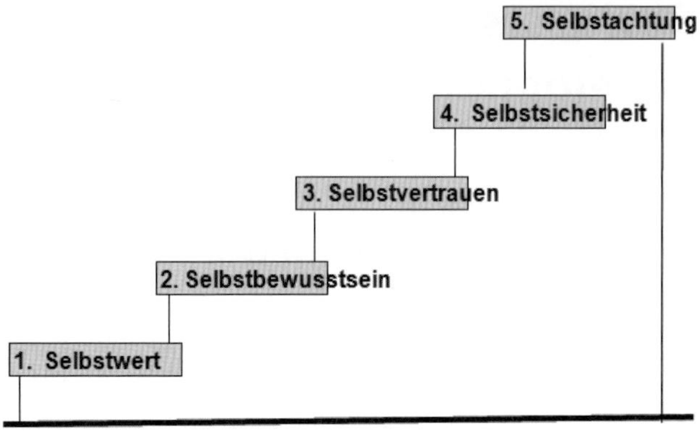

Stufen zur Selbstachtung – eigene Darstellung

Mit diesen Fähigkeiten ausgestattet, sind wir in der Lage uns mit unserer Umgebung, mit unserer Umwelt, mit der Gesellschaft, in der wir leben, auseinanderzusetzen. Wir entwickeln unsere Identität. Das Streben nach Identität ist ein wesentlicher Inhalt im Leben des Menschen.

Die Entwicklung des Selbstwertgefühles bei Kindern vollzieht sich zu einem großen Anteil in der Familie. Es hängt davon ab, welchen Wert die Familienmitglieder dem Kind von klein an beimessen, wie viel Anerkennung und Bestätigung das Kind bekommt und wie die Bedürfnisse des Kindes dabei berücksichtigt werden.

Der Selbstwert repräsentiert den Kern unserer Persönlichkeit und beeinflusst jeglichen Fortschritt. Ob wir uns mögen oder nicht, hängt von der Vorstellung, die wir über uns selber haben, ab. Diese Vorstellung kann als Katalysator oder aber auch als Bremse wirken. Die Vorstellung vom eigenen Wert, wer ich bin und was ich mir für einen Wert zuschreibe, bestimmt das Vertrauen in mich, was ich mir zutraue, was ich kann. Erst das macht uns stark und lässt uns an die Kraft in uns glauben.

Davon sind Eltern und Kinder in gleicher Weise betroffen.

Oft unterliegen Erziehende dem Irrglauben, Selbstwertgefühl kann durch Lob gefördert werden. Lob ist das Gegenteil von Kritik und hängt trotzdem immer mit Bewertung zusammen. Der Lob-Spendende entscheidet über gut und schlecht. Diese Kinder haben zwar ein großes Selbstbewusstsein entwickelt, haben ein „starkes Ego", das sie nach außen zeigen. Häufig besitzen sie jedoch ein geringes Selbstwertgefühl. Erfahren diese Kinder oder Jugendliche Kritik, sehen sie sich als Verlierer. Selbstwertgefühl kann nur gesteigert werden, indem wir den Kindern Anerkennung geben, sie ernst nehmen und Vertrauen zu ihnen haben.

Erst die Auseinandersetzung mit sich selbst lässt uns erkennen, was uns wirklich wichtig ist, welche Werte wir als Maßstab verwenden. Im zweiten Schritt geht es darum, dass wir uns dieser Werte und Einstellungen bewusst werden. Wenn wir das Bewusstsein für unsere Werte, Fähigkeiten, Kenntnisse haben, dann können wir in die eigenen Fähigkeiten Vertrauen fassen und wir empfinden Achtung vor uns selbst und Achtung vor dem anderen.

Selbstachtung ist die entscheidende Kraft für das, was sich im Menschen abspielt und ist die Voraussetzung für Fremdachtung.

Bei der Arbeit mit Jugendlichen geht es oft darum, ihr Selbstbewusstsein zu fördern, indem sie ihren Selbstwert erkennen bzw. erhöhen können. Dabei geht es um Anerkennung und Wertschätzung. Wenn der Jugendliche Anerkennung und Wertschätzung erlebt, seine Bedürfnisse berücksichtigt werden, ihm Respekt entgegengebracht wird, fühlt er sich angenommen, verstanden. Das lässt ihn erkennen, dass er etwas „wert ist" und wie viel er „wert ist". Diese Phase gehört zu den schönsten Momenten in meiner Arbeit, wenn ich erleben kann, wie eine Veränderung in Gang kommt, wie die Persönlichkeit von Jugendlichen gestärkt wird und ihr Selbstvertrauen wächst.

„Wer einmal sich selbst gefunden,
kann nichts auf dieser Welt mehr verlieren.
Und wer einmal den Menschen in sich begriffen,
der begreift alle Menschen."
(Stefan Zweig)

Übung 15

Wo liegen Ihre Stärken?

Was können Sie besonders gut?
Was haben Sie bisher in Ihrem Leben schon erreicht?
Was möchten Sie noch erreichen?
Was sind Ihre persönlichen Stärken? (mindestens 10 Eigenschaften)
Was schätzen andere Menschen an Ihnen?
Wofür wurden Sie gelobt, haben Sie Anerkennung bekommen?

Welche Erfolge wurden Ihnen zuteil?
Worauf sind Sie selbst stolz?

Übung 16

Was sind Ihre Schwächen?
Zeigen Sie Veränderungspotenzial?

Was können Sie aus Ihrer Sicht nicht so gut? Worin sind Sie weniger erfolgreich?
Was schätzen andere Personen weniger an Ihnen?
In welchen Situationen reagieren Sie anders, als Sie es sich wünschen?
Wie gehen Sie mit Rückschlägen oder Misserfolgen um?

Übung 17

Stärken / Schwächen – Analyse?

Bewerten Sie bitte den Grad der Ausprägung.
1 = sehr wenig, 6 = sehr hoch

Eigenschaft	1	2	3	4	5	6	Eigenschaft	1	2	3	4	5	6
anpassungsfähig							charmant						
ausgeglichen							diplomatisch						
aufnahmefähig							durchsetzungsfähig						
analytisch							diszipliniert						
aufgeschlossen							empfindsam						
aufmerksam							entschlossen						
ausdauernd							einsichtig						
bescheiden							ehrlich						
belastbar							entgegenkommen						
beharrlich							entscheidungsstark						
besonnen							engagiert						
charakterstark							einfühlsam						
fleißig							freudig						
flexibel							herzlich						
friedlich							hilfsbereit						
geduldig							humorvoll						
gelassen							innovativ						
gehorsam							initiativ						
gesellig							ideenreich						
gutmütig							interessiert						
gutnachbarlich							idealistisch						
gerecht							intuitiv						
gewissenhaft							kultiviert						
geradlinig							kommunikativ						
karmonisch							klug						
kontaktfreudig							objektiv						
kreativ							offen						

Eigenschaft	1	2	3	4	5	6	Eigenschaft	1	2	3	4	5	6
konfliktfähig							optimistisch						
kritikfähig							originell						
lustig							organisationstalent						
lösungsorientiert							pünktlich						
leistungsorientiert							positiv denkend						
lernbereit							respektvoll						
loyal							realistisch						
mitfühlend							rücksichtsvoll						
mutig							risikofreudig						
mitreißend							selbstbewusst						
nachsichtig							selbstsicher						
nett							sorgfältig						
neugierig							schnell						
selbstständig							selbstkritisch						
sachlich							überzeugungsstark						
tolerant							vertrauensvoll						
teamfähig							verhandlungsstark						
tatkräftig							verantwortungsbewusst						
umgänglich							willensstark						
unternehmungslustig							zufrieden						
unkompliziert							zuvorkommend						
zuhören und verstehen können							zuverlässig						
temperamentvoll							zielstrebig						
gesprächig							vorsichtig						
großzügig							wagemutig						
lebhaft							direkt						
ängstlich							aggressiv						
anspruchsvoll							beherrschend						
kleinlich							oberflächlich						
rastlos							reserviert						
schüchtern							streitbar						
stur							unbesiegbar						
unterwürfig							unverschämt						
verschlossen													

Quelle: in Anlehnunga an Gay, 2002.

Diese Liste hat Ihnen vielleicht noch die eine oder andere Stärke oder Schwäche bewusst gemacht.

Aus diesem Ergebnis können Sie erkennen, wo Ihre Potenziale liegen.

Nun haben Sie etwas über Ihre Stärken und Schwächen erfahren. Sie haben sich Bewusstsein über sich selbst angeeignet. Sie wissen, was Sie gut können und wo Sie sich möglicherweise verändern wollen.

„Selbsterkenntnis ist der erste Weg zur Besserung" heißt es im Volksmund. Selbstbewusstsein ist der erste Schritt auf dem Weg zur Selbstachtung und zu einem glücklichen und erfüllten Leben.

Übung 18

Was konkret möchten Sie verändern?

Wo haben Sie Defizite in Ihrem Erziehungsverhalten erkannt?
Wie zeigt sich das? Wodurch äußert sich das?
Was möchten Sie stattdessen haben?
Was konkret möchten Sie an sich, an Ihrem Erziehungsverhalten verändern?

Kompetenzen in der Erziehung

Kommunikation – die Basis jeglicher Beziehung

Kommunikation ist die Basis aller Beziehungen. Keine Beziehung ohne Kommunikation.

Was das bedeutet und weshalb mir das wichtig ist, möchte ich nachstehend erläutern.

Der Mensch ist ein soziales Wesen, das heißt, er ist auf andere Menschen angewiesen, er braucht diese Beziehung zu anderen, um sich gesund entwickeln zu können. Um diese Beziehung herzustellen und zu halten, kommunizieren wir, und dieser Austausch beginnt spätestens in dem Moment, wo die Mutter ihr Kind zur Welt bringt. Kommunikation beginnt, sobald zwei Menschen aufeinandertreffen, und ist in einer ständigen wechselseitigen Wirkung.

„Wir können nicht nicht kommunizieren."
(Paul Watzlawick)[20]

Überall, wo Menschen zusammentreffen oder zusammen sind, treten sie in Interaktion miteinander. Sie nehmen unbewusst oder bewusst Kontakt miteinander auf. Im gegenseitigen Austausch von oft unbewussten Signalen beziehen sie sich aufeinander und übereinander wieder auf sich selbst. (Berghaus, 2004)

Von der Einstellung und Haltung dem anderen gegenüber hängt es ab, wie wir kommunizieren. Wir tragen diese Einstellung und Haltung in uns und durch Kommunikation

---

20 1. Axiom von Watzlawick

wird dies nach außen mitgeteilt. Dabei bedarf es nicht nur der Worte. Ganz im Gegenteil: Worte, also das *Was,* haben nur einen geringen Teil der Botschaft inne, der wesentlich größere Teil liegt in der Art und Weise, *wie* wir etwas sagen. Stimme, Tonfall, Lautstärke, Betonung machen die Botschaft aus.

Dazu möchte ich Ihnen ein Beispiel geben.[21] Sprechen Sie beide Sätze der Reihe nach aus und betonen jeweils das unterstrichene Wort.

Schön, dass du heute neben mir liegst.
Schön, dass *du* heute neben mir liegst.

Die unterschiedliche Bedeutung, obwohl die Worte absolut ident sind, war sicher hörbar.

Zu der Art und Weise, *wie* wir miteinander reden, kommt dann noch die „Sprache des Körpers" dazu. Körpersprache beinhaltet Körperhaltung, Gesichtsausdruck (Mimik) und Gestik (Handbewegungen).

Watzlawick hat die Inhalte in der Kommunikation in zwei Ebenen eingeteilt, in eine Sachebene und eine Beziehungsebene.[22] Die Bedeutung bzw. Gewichtung der beiden Ebenen in der Kommunikation kommt durch nachstehende Grafik zum Ausdruck. (vgl. Simon, 2007)

---

21 Sabine Asgodom: „Erfolg. Macht. Stolz", FH-Kärnten/BfC Kärnten, Juni 2008
22 2. Axiom von Watzlawick

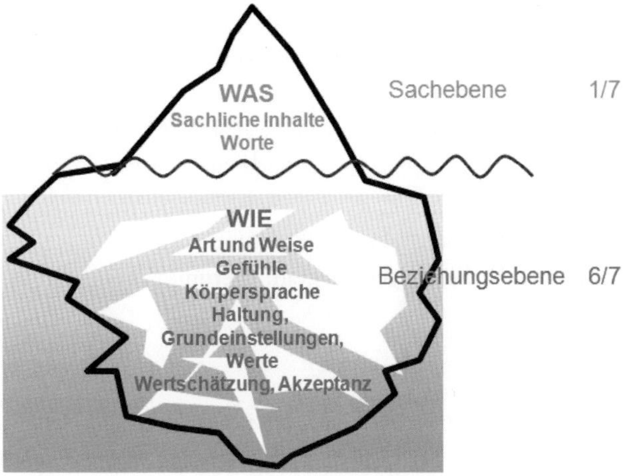

Ebenen in der Kommunikation in Anlehnung an Watzlawick.

Demnach ist es also nicht so wichtig, *was* wir sagen, sondern *wie* wir es sagen. Jeder Satz, jede Botschaft an den anderen sagt etwas über die Beziehung zueinander aus.

Mit unserer Aussage, die sich an andere Menschen richtet, teilen wir mit, was in uns ist. Unser Erleben, unser Gefühl, unsere Einstellungen und unsere Haltung gegenüber dem anderen bringen wir mit unserer Aussage zum Ausdruck und richten damit eine Botschaft an unser Gegenüber.

Kinder werden in ihrem Kommunikationsstil von klein auf geprägt. Egal, welche Sprache, welchen Dialekt, in welcher Art und Weise sie sprechen – für sie ist es normal, was sie erlernt haben. Erst im Kontakt mit anderen erkennen sie Unterschiede und können sich anpassen und doch sind sie ein Leben lang durch ihre Herkunft geprägt.

Beispiel

Dazu möchte ich Ihnen wieder ein Beispiel geben. Eine Mutter sagt zu ihrem Kind:

„Jedes Mal ist es das Gleiche. Deine Sachen liegen überall herum, es schaut aus in deinem Zimmer. Du bist furchtbar.“

Was ist die Botschaft dieser Aussage?

Sachebene: Sachen liegen (überall?) herum, Zimmer ist unaufgeräumt.

Beziehungsebene:[23]

• Beziehung:	Ich bin deine Mutter, ich bin die „Mächtigere, Stärkere“, ich darf dir das sagen. Weil du „kleiner“ bist als ich, brauch ich nicht höflich zu sein. Abwertung kommt zum Ausdruck.
• Appell	Räum endlich weg!
• Selbstoffenbarung	Ich bin verärgert, ich weiß mir nicht anders zu helfen, als zu schimpfen, ich kann es nicht besser

Diese Beziehungsbotschaft hat das Kind eindeutig verstanden.

Was die Mutter sagen wollte, ist nicht zum Ausdruck gekommen, nämlich: „Ich bin verärgert über die Tatsache, dass deine Jacke jetzt wieder auf dem Boden liegt.“

Analyse der Aussage von der Mutter

„Überall“ setze ich deshalb in Klammer, weil es sich dabei um eine Generalisierung handelt. Damit sollen Aussagen mehr Gewicht und Stellenwert bekommen.

Ist es wirklich überall?

23 Beziehungsebene beinhaltet drei Aspekte. Vgl. Schulz von Thun, 4 Seiten einer Nachricht. In: Miteinander reden, Teil 1, 1993.

„Jedes Mal" ist ebenfalls eine Generalisierung, die die Häufigkeit betonen soll.

Ist es wirklich jedes Mal?

„Du bist …" – eine verletzende Art etwas zu sagen, eine Verurteilung, Abwertung.

Die Mutter zeigt damit: Das ist meine Sprache, ich habe es so gelernt.

Ihre Enttäuschung, ihren Ärger hat sie nicht bewusst angesprochen. Sie hat ihn zum Ausdruck gebracht durch Körpersprache, Tonfall, Abwertung und Generalisierungen. Das ist es auch, was das Kind hört: Tadel, Angriff, Abwertung.

Sie sehen, in so einem simplen Satz liegt soviel an Botschaft verborgen (im Eisberg-Modell unter der Wasseroberfläche).

Ich glaube, es lohnt sich, in sich selbst hineinzusehen und seine Kommunikationsmuster zu überprüfen.

Erziehung macht Persönlichkeit

Einer der wichtigsten Einflüsse auf das Kind ist der Einfluss der Familie. Wie Eltern und Erziehende auf das Kind einwirken, so wird das Kind in seinen eigenen Verhaltensweisen geprägt.

Das Modell der *Ich*-Zustände aus der Transaktionsanalyse erachte ich als ein sehr anschauliches und leicht verständliches Modell, auf das ich näher eingehen möchte.

Das Kind kommt mit seinen natürlichen Eigenschaften zur Welt. Es ist noch unbedarft, frei, natürlich, spontan, ehrlich. Es zeigt seine Gefühle wie Freude, Schmerz, Ärger, Angst.

Erziehende wirken durch ihr (Erziehungs-)Verhalten auf das Kind ein. Sie können fürsorglich, liebevoll, stützend, fördernd oder kritisch, belehrend sein, sie können zu sehr behüten oder zu besitzergreifend sein.

Auf jeden Fall dienen Erziehende als Vorbild und das Kind übernimmt von ihnen:

stützendes, helfendes Verhalten
Es hat Verständnis, kann zuhören und verstehen, bewertet positiv, ist besorgt und liebevoll, fühlt mit, ermutigt und hilft. Es übernimmt Verantwortung.

kritisches Verhalten
Es ist autoritär, herablassend, kritisch und anklagend. Es fordert und ist streng. Es gibt Regeln und Gebote vor, moralisiert, bestraft.

Jedes elterliche Verhaltensmuster wirkt sich auf die Persönlichkeitsentwicklung und in der Folge auf das Verhalten des Kindes aus. Das ursprünglich natürliche und spontane Kind reagiert auf das Verhalten seiner Eltern. Durch seine Erziehung wird es geprägt und es entwickelt:

angepasstes Verhalten
Es passt sich an, ist unsicher, benimmt sich möglichst unauffällig, widerspricht nicht, wehrt sich selten, Regeln und Vorgaben werden eingehalten

rebellisches Verhalten
Es leistet Widerstand, ist trotzig, stur, vielleicht sogar aggressiv, schmollt, überlegt nicht lange, rebelliert gegen Vorschriften und Vorgaben.

Ab einem Alter von ca. 6 Jahren beginnt sich ein dritter Ich-Zustand zu formen → das Erwachsenen-Ich. Dieser Prozess dauert bis zum Lebensende an. Dieser *Ich*-Zustand ist gegenwartsorientiert, das bedeutet, man handelt im Hier und Jetzt. Darin erlernt der heranreifende Mensch übernommene Werte und Normen aus der Vergangenheit mit Situationen in der Gegenwart abzugleichen und prüft, welches Verhalten im Hier und Jetzt angebracht ist.

ICH-Zustände nach Eric Berne.

Es wird geprüft, ob und wann Hilfe notwendig ist. Durch fragenstellendes Verhalten wird versucht, Klarheit zu erlangen. In diesem Zustand Befindliche erkennen, wie weit Spaß gehen darf, wann er zu Leichtsinn wird und wann Gefahr droht. Sie wissen mit schwierigen Situationen bewusst gesteuert umzugehen und erkennen in Konflikten die Chance, etwas zu verändern und besser zu machen.

Damit entsteht dieses Persönlichkeits-Bild mit drei Ich-Zuständen und zeigt uns das gut verständliche Persönlichkeitsmodell aus der Transaktionsanalyse.

Als erwachsene Menschen tragen wir alle drei dieser *Ich*-Zustände in uns. In unserer zwischenmenschlichen Kommunikation, in unserem Verhalten anderen gegenüber reagieren wir aus diesen drei *Ich*-Zuständen heraus. Dabei wechseln wir zwischen den *Ich*-Zuständen hin und her, ohne uns darüber bewusst zu sein.

Im Laufe der Entwicklung sollte hinderliches Verhalten aus Kind-Ich- und Eltern-Ich-Zuständen verringert werden und das Erwachsenen-Ich gestärkt werden.

Jeder dieser Ich-Zustände hat positive und negative Auswirkungen.

Stützendes Eltern-Ich	
Positive Auswirkungen	*Negative Auswirkungen*
gibt Schutz schafft Geborgenheit übernimmt Führung in schwierigen Situationen hört geduldig zu Hhat Verständnis	schafft Abhängigkeit unterdrückt mit Höflichkeit fühlt sich wenig beachtet traut anderen wenig zu macht es lieber selber

Kritisches Eltern-Ich	
Positive Auswirkungen	*Negative Auswirkungen*
kann in Notsituationen rasch entscheiden legt hohe Maßstäbe an übernimmt Verantwortung Normen, Tradition Sicherheit	unterdrückend intolerant sucht Fehler bei anderen reagiert mit Ärger und Wut lehnt Neues eher ab, bewahrend pflegt Vorurteile beharrend entmutigt

Erwachsenen-Ich	
Positive Auswirkungen	*Negative Auswirkungen*
sammelt Informationen geht Ursachen auf den Grund Problem lösendes Verhalten löst Konflikte durch Konfrontation entscheidungsfreudig aktiv, selbstständig offen	langweilig fade wirkt kühl und gefühllos

Spontanes Kind-Ich	
Positive Auswirkungen	*Negative Auswirkungen*
Natürlichkeit Ehrlichkeit Authentizität zeigt Emotionen	

Angepasstes Kind-Ich	
Positive Auswirkungen	*Negative Auswirkungen*
nimmt Rücksicht auf andere ist bescheiden ruhig hält sich an Vorgaben kann auf Kompromisse eingehen	zieht sich schnell zurück geht Konfrontationen aus dem Weg hat Angst, etwas falsch zu machen resigniert schnell

Rebellisches Kind-Ich	
Positive Auswirkungen	*Negative Auswirkungen*
Kreativität, Phantasie Spontaneität Flexibilität Begeisterung witzig charmant	trotzig ungestüm rücksichtslos will wenig bis keine Verantwortung übernehmen impulsiv flippt aus

Eltern haben die Verantwortung, ihre Kinder liebevoll und bestmöglich zu erziehen und zu fördern. Dadurch nehmen sie Einfluss auf die Persönlichkeitsentwicklung ihrer Kinder. Ihre Aufgabe ist es, Kinder zu selbstverantwortlichen Menschen heranzubilden und sie auf unsere Gesellschaft vorzubereiten.

Ohne eine gute Beziehung zwischen Eltern und Kindern, die sich in einem respektvollen und liebevollen Umgang mit dem Kind ausdrückt, kann Erziehung nicht gelingen.

Solange die Kinder klein sind, gib ihnen Wurzeln.
Wenn sie älter geworden sind, gib ihnen Flügel.
(indische Weisheit)

ICH-Zustände kommunizieren

Wenn wir nun miteinander kommunizieren, handelt jeder für sich aus einem *Ich*-Zustand heraus.

Nachstehendes Beispiel soll aufzeigen, aus welchem *Ich*-Zustand heraus kommuniziert worden ist.

Beispiel

Eine alleinerziehende Mutter sagt zu Ihrem Sohn: „Ich gehe heute Abend mit einer Kollegin aus der Firma essen.	Erwachsenen-ICH
Mach deine Sachen für morgen fertig und geh um 09.00 Uhr (21.00 Uhr) ins Bett!"	KritischesEltern-ICH
„Mama, darf ich noch den Film im Fernsehen ansehen?"	Spontanes Kind-ICH
„Nein, du sollst um 09.00 Uhr im Bett sein."	Kritisches Eltern-ICH
„Ich will aber den Film ansehen, die anderen dürfen das auch und morgen wollen wir darüber reden."	Rebellisches Kind-ICH Erwachsenen-ICH
„Sag, wozu red ich mit dir? Ich hab Nein gesagt und dabei bleibt es."	Kritisches Eltern-ICH
Der Junge sagt nichts mehr.	Angepasstes Kind-ICH
Wenn die Mutter weg ist, erledigt er schnell seine Sachen. Oder: Er sieht sich dann den Film im FS an.	Angepasstes Kind-ICH RebellIsches Kind-ICH

Aus diesem Beispiel ist zu erkennen, wie wir innerhalb der *Ich*-Zustände wechseln.

Je nachdem, wie eine Aussage ankommt, also wahrgenommen wird, so reagieren wir darauf.

Aussagen aus dem kritischen Eltern-*Ich*-Zustand richten sich in der Regel an das Kind-*Ich.* Je nachdem wie die Persönlichkeit des Kindes geprägt wurde, welche Erfahrungen es in seiner Kindheit gemacht hat, so wird sich das Kind daraufhin verhalten, spontan, angepasst oder rebellisch. Dieses „Verhalten" kann sprachlich oder nichtsprachlich zum Ausdruck kommen.

Kinder, die häufig

- stützende, helfende Aussagen von ihren Eltern hören, werden einen eher angepassten Anteil in ihrer Persönlichkeit haben und dadurch zur Unselbstständigkeit angehalten,
- kritische Aussagen von ihren Eltern hören, werden einen eher rebellischen Anteil in ihrer Persönlichkeit haben zum Widerstand und Trotz aufgerufen.

In keinem Fall haben sie gelernt, sich über Unterschiede auszutauschen bzw. mit anderen zu kooperieren.

Beispiel

Das gleiche Beispiel möchte ich nochmals aufarbeiten. Dabei ist es mir wichtig, dass die Mutter aus dem Erwachsenen-*Ich*-Zustand handelt. Der Einstieg in die Gesprächssituation ist der gleiche, um die gleiche Ausgangsbasis zu schaffen.

Eine alleinerziehende Mutter sagt zu Ihrem Sohn: *„Ich gehe heute Abend mit einer Kollegin aus der Firma essen.*	Erwachsenen-ICH
Mach deine Sachen für morgen fertig und geh um 09.00 Uhr (21.00 Uhr) ins Bett!"	Kritisches Eltern-ICH
„Mama, darf ich noch den Film im Fernsehen ansehen?"	Spontanes Kind-ICH
„Um welchen Film handelt es sich?"	Erwachsenen-ICH
„..." (Ich möchte keine Werbung für einen Film machen.)	Erwachsenen-ICH

„Worum geht es dabei?" „Wann ist der Film zu Ende?" (Die Mutter sammelt Informationen, um eine Entscheidung aus dem Erwachsenen-*Ich* treffen zu können. Erst, wenn sie weiß, um welchen Film es sich konkret handelt, wann er zu Ende ist, ist sie in der Lage eine nachvollziehbare Entscheidung zu treffen.)	Erwachsenen-ICH
„Es geht um … Um 21.15 Uhr ist der Film aus."	Erwachs-ICH
„Gut. Ich möchte, dass du vorher deine Sachen für die Schule erledigst, sodass morgen nichts mehr zu tun ist. Wenn das erledigt ist, darfst du diesen Film ansehen. Danach gehe bitte ins Bett, damit du morgen ausgeschlafen bist."	Erwachs-ICH

Nachstehend biete ich Ihnen ein Übungsbeispiel an. Definieren Sie bitte zuerst den *Ich*-Zustand, aus dem kommuniziert wird.

Übung 19

ICH-Zustände erkennen

Hast du heute schon Klavier geübt?	
Wie oft soll ich das noch sagen? Da gehört eine Pause.	
Bettina, komm, hilf mir einmal! Ich brauche deine Hilfe.	
Das Essen ist fertig. Geht euch die Hände waschen und kommt bitte zum Tisch!	
Du möchtest also zuerst mit Tina einen Spaziergang machen und anschließend erst die Hausübung beginnen.	
Wann willst du deine Hausübung machen?	

Wie stellst du dir das vor?	
Wenn deine Freunde kommen, möchte ich, dass alles erledigt ist.	
Warte einen Moment, ich komme sofort. Dann helfe ich dir.	
Cool, schau dir an, wie der hochspringen kann.	
So tanzen möchte ich können.	
Wo ist das Heft von Maria? Ich muss es heute zurückgeben.	
Du weißt sicher, dass heute noch die Oma kommt und dann willst du doch mit deiner schriftlichen Hausübung fertig sein.	
Wie viele richtige Antworten sind dabei?	
Wir werden das schon noch hinkriegen, dass du morgen alles kannst, wenn Schularbeit ist.	

Die Auflösung finden Sie am Ende des Kapitels (S. 232).

Mein Kommunikationsstil

Kommunikation beginnt mit Wahrnehmung. Dabei wählen wir aus, was uns wichtig erscheint, was wir überhaupt aus der Fülle der angebotenen Informationen wahrnehmen wollen. Dabei greifen wir auf frühere Erfahrungen zurück.

Nachstehende Übung soll Ihnen dienen, Ihre Kommunikationsfähigkeit zu überprüfen.

Übung 20

Ein Streitgespräch, eine schwierige Situation

Denken Sie an eine Situation, in der Sie sich unverstanden, angegriffen oder verletzt gefühlt haben.

- *„Wie redet denn der/die mit mir?"*
- *„Was bildet sich der/die überhaupt ein?"*

sind Gedanken, die vielleicht durch Ihren Kopf gehuscht sind.

Rufen Sie sich eine solche Situation ins Gedächtnis. Erinnern Sie sich daran, was der andere zu Ihnen gesagt hat.

Wie groß ist das Verständnis für den anderen, das Sie ihm in diesem Moment entgegenbringen?

Auf einer Skala von eins bis zehn, eins ist nieder (wenig Verständnis), zehn ist hoch (volles Verständnis).

....

1	5	10

Wenn Sie nun diese Situation im Gedächtnis haben, füllen Sie bitte nachstehende Fragen aus.

Was hat der andere gesagt?
Wie hat er es gesagt?
Was ist bei mir angekommen?
Was löst das bei mir aus?

Wie groß ist das Verständnis für den anderen, das Sie ihm in diesem Moment entgegenbringen?

Auf einer Skala von eins bis zehn, eins ist nieder (wenig Verständnis), zehn ist hoch (volles Verständnis).

. . . .

1	5	10

Wahrnehmung

Während Sie wahrnehmen, wählen Sie bereits aus, was Sie sehen bzw. hören wollen. Das ist abhängig von Ihren Vorerfahrungen und Ihrem Interesse. Aus einer Vielzahl an Informationen bleibt nur ein geringer Anteil von bewusster Wahrnehmung übrig.[24] In Zahlen bedeutet das: von ca. 10 Millionen Informationen, die von den fünf Sinnen an das Gehirn gesandt werden, werden ca. 40 Informationen bewusst bearbeitet.

Sie wählen also aus, was für Sie interessant ist, wo es bereits Vorerfahrungen = Speicherplätze im Gehirn gibt. Wenn Sie z. B. schwanger sind, werden Ihnen schwangere Frauen, die Ihnen auf der Straße begegnen, besonders auffallen. Wenn Sie sich ein neues Auto kaufen wollen und zu einem VW Passat tendieren, werden Ihnen viele VW Passat auffallen und daraus schließen Sie: Wenn so viele Menschen einen VW Passat fahren, muss das ein gutes Auto sein.

Das, was Sie – bereits gefiltert – wahrgenommen haben, bewerten Sie aufgrund Ihrer Werte, Einstellungen und bisherigen Erfahrungen. Diese Bewertung ist demnach subjektiv, nur Sie erleben das von Ihnen Wahrgenommene so. Dieses Bewusstsein ist wesentlich für unsere Kommunikation.

---

24 Modell von Manfred Zimmermann, in: Das Nervensystem – nachrichtentechnisch gesehen, 1993).

Unsere Kommunikation läuft – wie bereits beschrieben – auf zwei Ebenen[25] ab, auf einer sachlichen Ebene und auf einer emotionalen Ebene. Das was wir mit unseren Sinnen wahrnehmen, also Fakten, Worte, Begriffe etc. sind Inhalt und Sache, das *Was.*

Das was wir unter der Oberfläche unbewusst wahrnehmen, also Gesichtsausdruck, Gestik, Körperhaltung, Ton, Stimme, das *Wie,* nehmen wir ebenfalls wahr. Häufig fühlen wir uns dadurch angegriffen, verletzt, ungerecht behandelt, usw. Dabei kommt dem Wie (ca. $^6/_7$) wesentlich größere Bedeutung zu als dem Was (ca. $^1/_7$).

Dieses wahrgenommene (= gefilterte und von uns bewertete) Verhalten löst in uns etwas aus. Wir entwickeln ein Gefühl, das für unser weiteres Verhalten verantwortlich ist. Dieses Gefühl kann Freude sein, aber auch Ärger oder Trauer. In unserem Beispiel ärgern wir uns über eine Aussage unseres Gesprächspartners.

Wir achten jedoch selten auf den Ärger, der in uns entstanden ist und uns in unserer weiteren Vorgangsweise steuert, sondern schreiben dem anderen die Schuld dafür zu, dass wir uns ärgern.

„Die Umwelt, so wie wir sie wahrnehmen, ist unsere Erfindung.“[26]

(Heinz von Förster)

Denken Sie bitte nochmals an die gleiche Situation wie vorher, in der Sie sich unverstanden, angegriffen, verletzt gefühlt haben.

Beantworten Sie bitte nachstehende Fragen.

---

25 2-Ebenen-Modell in der Kommunikation von Paul Watzlawick

26 http://www.mediamanual.at/mediamanual/workshop/kommunikation/semiotisches_labor/labor_a/modul05.php

Übung 21

Geschulte Wahrnehmung (professionelle Kommunikation)

Was habe ich konkret wahrgenommen? Was habe ich gehört?
Was habe ich gesehen?
Welches Gefühl des anderen nehme ich wahr?
Welches Bedürfnis habe ich bei ihm erkannt?
Welches Gefühl löst seine Aussage/sein Verhalten bei mir aus? Welche Bedeutung gebe ich dem Wahrgenommenen? Wie interpretiere ich das Wahrgenommene?
Ist meine Interpretation eher positiv/lösungsorientiert oder eher negativ/problemorientiert?
An welchen Werten orientiere ich mich? Was ist mir wichtig?

Was genau wünsche ich mir? Welches meiner Bedürfnisse ist nicht erfüllt worden?
Was löst das bei mir aus?

Wie groß ist das Verständnis für den anderen, das Sie ihm in diesem Moment entgegenbringen?

Auf einer Skala von eins bis zehn, eins ist nieder (wenig Verständnis), zehn ist hoch (volles Verständnis).

. . . .

1 5 10

Indem Sie Ihre Wahrnehmung bewusst auf konkret Wahrgenommenes richten, ist es leichter für Sie zu erkennen, was der andere Ihnen mitteilen wollte. Was sein Interesse ist, welches Bedürfnis er hat, was er empfindet.

Noch bevor Ihr Bewertungssystem Ihre nächsten Handlungsschritte steuert, können Sie so bewusst darüber Klarheit bekommen, worum genau es geht.

Häufig reden wir aneinander vorbei, weil das Bedürfnis, das Interesse, das Gefühl, das hinter einer Aussage steht, nicht erkannt wird.

Beispiel

Die Mutter sagt zu ihrem 7-jährigen Sohn: „Bevor du nicht die Hausübung fertig hast, gehst du nicht hinaus Fußball spielen." Der Sohn versteht: „Du darfst nicht Fußball spielen." Es ist dies ein Verbot und wird gleich einer Strafe empfunden. Dabei ist dem Sohn nicht bewusst, weshalb er nicht gehen darf bzw. weshalb er bestraft wird.

Was wird passieren? Diese „Bestrafung“ stößt auf Widerstand, er kann nicht verstehen, er sieht es nicht ein, weshalb er so behandelt wird.

Die eigentliche Botschaft, die die Mutter dem Sohn vermitteln wollte, ist nicht angekommen. Ihr Interesse, Ihre Sorge hinter dem Verbot, nämlich die Befürchtung, dass er nach dem Fußball zu müde ist, seine Hausübung vernachlässigt, hat sie nicht zum Ausdruck gebracht und konnte deshalb vom Sohn auch nicht verstanden werden. Passiert solche „Misskommunikation“ häufig, prägt sie wiederum die Wahrnehmung. Der Sohn interpretiert für sich: Sie mag mich nicht. Sie nimmt mich nicht ernst. Sie traut mir nichts zu.

Dieses subjektive Erleben wirkt sich wiederum auf sein Verhalten aus.

Kommunikation ist ein interaktiver Prozess. Jeder trägt abwechselnd dazu bei, ob sie gelingt oder nicht.

Bei der Aussage der Mutter handelt es sich um Kommunikation von oben nach unten. (Kritisches Eltern-Ich an Kind-Ich) Die Mutter ist der Boss, sie sagt dem Kind, was es zu tun hat und was es darf, es ist eine autoritäre Botschaft. Das Kind fühlt sich nicht wertgeschätzt, ungerecht behandelt und geht häufig in den Widerstand. (Rebellisches Kind-Ich) Als zweite Reaktionsmöglichkeit hat es die Anpassung, es ordnet sich seiner Mutter unter. (Angepasstes Kind-Ich)

Würde die Mutter ihre Sorge anders formulieren, kann die Botschaft vom Sohn eher verstanden werden. Dann ist die Bereitschaft wesentlich größer, den „wahren Wunsch“ der Mutter zu erfüllen.

Eine solche Formulierungsmöglichkeit ist z. B.: „Ich befürchte, wenn du jetzt hinausgehst Fußball spielen, dann ist die Hausübung nicht fertig und danach bist zu müde, um sie zügig fertigzumachen. Deshalb möchte ich, dass du zuerst alles fertigmachst. Danach kannst du unbesorgt draußen spielen, so lange bis …“

Beispiel

Ein Elternteil sagt bereits etwas ärgerlich zu seinem Teenager: „Räum deine Sachen hier weg." Das Kind hat es gehört und trotzdem setzt keinerlei Reaktion ein. Der Grund dafür ist Unlust, das Verlangte zu machen. Es ist kein Anreiz da, keine Motivation. Das kann später – „gleich" – gemacht werden. Das Kind hat nicht verstanden, was dem Elternteil daran wichtig ist.

Das Kind hat zwar die Worte verstanden, nicht aber die Botschaft. Es hat das Bedürfnis des Elternteiles nach Ordnung nicht erkannt.

Zuhören – ein aktive Tätigkeit

Jemandem wirklich zuhören bedeutet, sich dem anderen voll und ganz zuwenden. Die Absicht dahinter ist *verstehen wollen,* was der andere sagt. Normalerweise hören wir und gleichzeitig denken wir, unser Gehirn kann das. Dabei wählen wir aus, was wir hören wollen, geben dem eine Bedeutung und interpretieren. Und dann glauben wir, der andere habe das gesagt und auch gemeint. Häufig sind es unterschiedliche Botschaften, die ausgetauscht wurden.

Um das zu vermeiden, können wir „Aktiv zuhören".

- Wir nehmen uns Zeit für den anderen. Du bist mir jetzt wichtig, deine Botschaft ist mir wichtig.
- Wir sehen unseren Gesprächspartner an. Dabei nehmen wir seine Gefühle wahr. Wir erkennen, ob er freudig erregt ist, ob er sich ärgert oder kränkt.
- Wir hören genau hin. Das erfordert Konzentration. Es ist schwierig, die eigenen Gedanken auszublenden, unsere Ratschläge und Ideen für uns zu behalten und ganz beim anderen zu bleiben.
- Um dem anderen zu zeigen, was wir verstanden haben, können wir einzelne Worte wiederholen oder das Gehörte zusammenfassen und mit eigenen Worten wiederholen. Das hilft, einander besser zu verstehen.

- Wir können die beim anderen wahrgenommenen Gefühle ansprechen.

Beispiel

Hören und interpretieren	Aktives Zuhören
A sagt zu B: „Das Essen in der Kantine ist wirklich gut und vor allem auch preiswert. Die Zeit meiner Mittagspause kann ich so besser nützen, als wenn ich nach Hause fahre."	A sagt zu B: „Das Essen in der Kantine ist wirklich gut und vor allem auch preiswert. Die Zeit meiner Mittagspause kann ich so besser nützen, als wenn ich nach Hause fahre."
B: „Das Essen in der Kantine schmeckt dir also besser. Wenn das so ist, dann kannst du überhaupt gleich in der Kantine essen."	B: „Du meinst, du nützt die Zeit besser, wenn du in der Kantine isst."
A: „Das werde ich auch tun, bei deiner miesen Laune."	A: „Ja, weil ich mir die Zeit des Hin- und Herfahrens erspare. So kann ich noch in Ruhe einen Kaffee trinken und die Zeitung lesen. Es ist ja für dich auch immer hektisch, das Essen so pünktlich auf den Tisch zu bringen und Zeit haben wir viel zu wenig, um gemütlich zu essen."

Durch Aktives Zuhören werden Missverständnisse vermieden.

Beispiel

Hören und interpretieren	Aktives Zuhören
A: „Nie stellst du das Geschirr in den Geschirrspüler. Wie oft soll ich dir das noch sagen, bis du das endlich einmal machst?“	A: „Nie stellst du das Geschirr in den Geschirrspüler. Wie oft soll ich dir das noch sagen, bis du das endlich einmal machst?“
B: „Ich hatte keine Zeit. Deswegen brauchst du mich nicht zu anzuschreien.“	B: „Du findest, ich stelle das Geschirr *nie* in den Geschirrspüler?“
A: „Ich schreie nicht, ich sage es dir und das schon zum 100sten Male.“	A: „Nie ist jetzt übertrieben. Heute Morgen hast du es heraußen stehen lassen. Es ärgert mich, wenn ich von der Arbeit komme und das schmutzige Geschirr steht in der Küche.“

Aktives Zuhören hilft, Wertschätzung auszudrücken. Der andere erlebt es nicht als Angriff, er fühlt sich eher verstanden. Wurde etwas Falsches verstanden, so kann die Botschaft sofort korrigiert werden. Dadurch werden Konflikte im Vorfeld vermieden.

Durch Aktives Zuhören wird der Sprecher angeregt, über seine Aussage selbst nachzudenken. Er überprüft, ob er das was er gemeint hat, auch zum Ausdruck gebracht hat. Dadurch werden Emotionen „offen besprochen“.

Kommunikationsstil in der Erziehung

Kommunizieren bedeutet Sich-aufeinander-Beziehen. Erziehung bedeutet ständige Kommunikation und damit ständiger Austausch mit dem Kind oder Jugendlichen. Es geht also um Beziehung zueinander.

Aussagen wie
- „Du darfst nicht ..."
- „Du kannst nicht ..."
- „Das macht man nicht"

haben eine sehr hohe Häufigkeit in unserer Kommunikation.

Eltern darauf angesprochen, antworten mir oft: „Ich muss ihnen doch sagen ...", „Sie können das noch nicht ...", „Ich kann sie doch nicht ...", „Du müsstest es eigentlich wissen ..."

Kommt Ihnen das bekannt vor?

Der Befehlston ist eine häufige Form in der Kommunikation mit Kindern. Eltern agieren dabei aus der Position des Stärkeren, des Mächtigen. Dabei geht es um Kommunikation von oben nach unten. (Eltern-Ich an Kind-Ich)

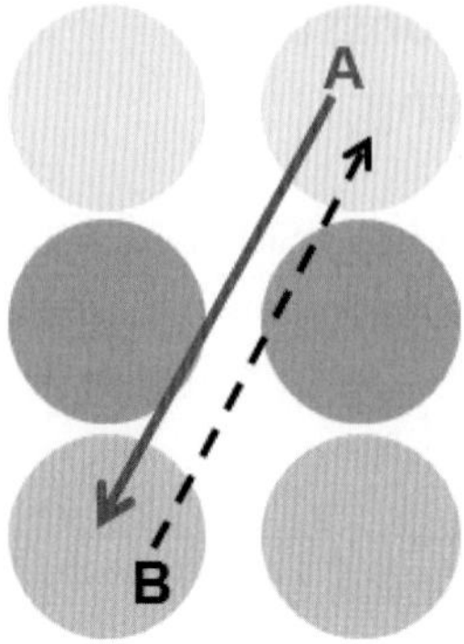

Kommunikation aus Ich-Zuständen

Befehle haben es an sich, dass sie Widerstand hervorrufen. Dabei geht es oft nicht um den Inhalt, also das *Was,* sondern um die Art und Weise, *wie* es gesagt wird. Die implizite oder verdeckte Botschaft in diesen Aussagen lässt wenig an Wertschätzung, an Anerkennung erkennen. Anerkennung ist ein Bedürfnis des Menschen. Jedes Kind möchte, dass es angenommen wird, dass es anerkannt wird, dass es respektiert wird. Geringschätzung ruft Widerstand hervor.

Diese Widerstand provozierende Art und Weise der Kommunikation soll durch eine wertschätzende Art und Weise ersetzt werden

Schonend versuche ich, den Eltern Alternativen aufzuzeigen, auf Fragetechniken hinzuweisen. Dann ist so eine Standardantwort: „Ich kann sie doch nicht fragen …".

Doch, Sie können Ihre Kinder fragen! Sie regen damit einen Prozess des Nachdenkens an, Ihre Kinder suchen nach eigenen Lösungen – die sind dann auch gut bewertet und werden umgesetzt –, sie fühlen sich angenommen und wertgeschätzt.

Dabei meine ich allerdings nicht Fragen wie: „Kannst du nicht (einmal) …?", „Warum machst du das …?"

Auch geht es darum, das verletzende oder abwertende *Du* zu vermeiden. Bleiben wir mit unseren Aussagen, die auf unserer Wahrnehmung beruhen, bei uns, also beim *Ich*. Denn wir können nur sagen, wie wir etwas erleben, nicht wie es ist. Beschränken wir uns auf unsere Wahrnehmung durch unsere Sinne und glauben wir nicht, dass das, was wir erkennen (wollen), die Wahrheit ist.

„Worte sind Fenster (Oder sie sind Mauern)
Ich fühle mich so verurteilt von deinen Worten,
Ich fühle mich so abgewertet und weggeschickt,
Bevor ich gehe, muß ich noch wissen,
Hast du das wirklich so gemeint? ...“
(Auszug aus Bebermeyer in Rosenberg, 2002, S. 14)

ICH-Botschaften – von sich aus sprechen

Sogenannte Ich-Botschaften helfen, eigenes Erleben zum Ausdruck zu bringen ohne den anderen „anzugreifen“. Es ist eine bewertungslose Botschaft an den anderen und zeigt in der Regel eine große Wirkung. (vgl. Schulz von Thun, 2007)

1. Sprechen Sie Ihre Wahrnehmung konkret an: „Ich sehe ..., ich höre ...“
   z. B. Ich sehe, dein Zimmer ist nicht aufgeräumt. Auf dem Boden liegt die Schmutzwäsche, der Tisch ist sehr angeräumt und schmutziges Geschirr steht herum.

2. Sagen Sie dem Kind, welche Wirkung das auf sie hat, was das bei Ihnen auslöst.
   z. B. „Das macht mich ärgerlich“, „Das passt für mich gar nicht.“ „Das ärgert mich.“

Dabei geht es um *Ihre* Gefühle. Kinder erkennen an der Mimik, am Ausdruck, an der Stimmlage Ihren Ärger sofort.

In einer DU-Botschaft machen Sie das Kind für Ihren Ärger verantwortlich. Mit der ICH-Botschaft üben Sie Kritik am beobachteten Verhalten bzw. an der wahrgenommenen Situation Unordnung im Zimmer.

3. Äußern Sie Ihre Wünsche. Sagen Sie das, was Sie haben wollen, nicht das, was sie nicht haben wollen. Drücken Sie sich positiv aus!
   z. B. Ich möchte morgen Früh staubsaugen. Bitte räume heute noch auf.

Positive Gedanken lassen uns positive Äußerungen formulieren und diese ziehen positive Handlungen nach sich.

z. B. „Ich möchte keine Rechtschreibfehler mehr machen."
Woran denken Sie jetzt? – An Rechtschreibfehler

Was werden Sie also machen? Rechtschreibfehler.

Alternative

Ich möchte „lösungsorientiert" richtig schreiben. Wie werden sie es in Zukunft schreiben?

Durch solche ICH-Botschaften lernen Kinder, Gefühle zu erkennen und sie zu benennen. Sie lernen auch, auf ihre eigenen Gefühle zu achten.

Geschichte

Eine Erfahrung, die ich in Trainings mit Jugendlichen gemacht habe, möchte ich hier anführen: Wenn es um ihre Gefühle ging, kannten sie Ärger, Wut, Zorn und Traurigkeit. All das sind negative Gefühle. Das ist für mich ein Zeichen, dass ihre Bedürfnisse häufig verletzt wurden. „Spaß" ist für sie ein Gefühl, das sie anstreben, um aus dem Ärger und der Traurigkeit zu flüchten. Franz[27] spricht von „Gefühlsblindheit", das Gefühl ist da, wird aber nicht erlebt.

Interessant dabei ist, dass Jugendliche Spaß haben, indem sie Alkohol trinken, um „gut drauf" zu sein und trotzdem sind sie damit nicht glücklich. Dieser Alkoholgenuss bringt emotionale Entspanntheit, es wird wie Belohnung empfunden und Dopamin wird ausgeschüttet. Das Gehirn lernt sofort: „Jetzt geht es mir besser, das will ich wieder".

Es fehlt diesen Jugendlichen an Beziehung und Wertschätzung und damit das Gefühl der Freude, das wahre Glücksgefühl.

Fragen will gelernt sein

Wenn Sie Ihre Kinder zum Nachdenken anregen möchten, eignen sich Fragen, die mit *was, wie, wo, wer* beginnen.

- Wie viel Hausübung hast du heute?
- Wie lange schätzt du wirst du dafür brauchen?
- Wenn das Kind diese Einschätzung noch nicht vornehmen kann, können Sie es unterstützen, indem Sie sich ansehen, was es zu tun hat, und mit ihm gemeinsam überlegen, wie lange es dafür aufwenden wird.

27 Univ. Prof. Dr. Matthias FRANZ, Emotionsforscher, Psychosomatische Medizin und Psychotherapie an der Heinrich-Heine-Universität, Düsseldorf.

- Was ist das Wichtigste? Was das Zweitwichtigste?
- Lassen Sie es das aufschreiben, am besten auf kleine Kärtchen. So kann es nach Priorität reihen. Was erledigt ist, kann durchgestrichen oder weggeworfen werden.
- So erlernt das Kind Struktur und bekommt Überblick über seine Aufgaben.
- Wenn etwas erledigt ist und abgehakt wird, wirkt sich das erfreulich aus und motiviert.
- Wie lange wirst du voraussichtlich für jede Aufgabe brauchen?
- Lassen Sie Ihr Kind einen Zeitplan machen.
- Ihr Kind braucht Pausen! Das bedeutet Entspannung für das Gehirn
- Der Körper und das Gehirn benötigen zum Lernen Energie. Deshalb ist es wichtig, ausreichend viel Wasser zu trinken und gesunde Snacks zu essen, einen Apfel, Nüsse, ein Stück Brot und manchmal vielleicht auch ein Stück Schokolade.

Danach kann es wieder konzentriert weiterarbeiten. Konzentration bedeutet Anspannung für das Gehirn.

Kinder verbringen den Vormittag in der Schule. Sie sitzen häufig vier bis sechs Stunden im Unterricht und sollten konzentriert mitarbeiten. Wenn die Schule zu Ende ist, sind sie müde (allein der Lärmpegel in der Schule ist anstrengend), ihr Gehirn ist erschöpft und braucht Nahrung und Erholung. Zu Hause angekommen, gibt es meist Nahrung (ob gesund und damit für das Hirn und den Körper förderlich oder ungesund und einfach sättigend, sei dahingestellt), doch die wichtige Erholung für das Gehirn bleibt oft aus.

Kinder müssen – nach eigenen Angaben – sofort ihre Hausübung machen. Kommt Ihnen das bekannt vor?

Dann sitzen sie dabei und trödeln vor sich hin und verlieren die Lust am Lernen. *„Du darfst nicht hinausgehen, wenn deine Hausübung nicht fertig ist“*, ist so ein Satz, der mir immer wieder in Gesprächen mit Schulkindern unterkommt. Dabei wäre gerade das das Richtige: Frische Luft, Bewegung und danach mit einem erholten Gehirn an die Hausaufgabe.

Wenn es erst am Abend wieder nach Hause kommt, ist es wirklich zu müde und wenig motiviert, um die Hausübung zügig und ordentlich zu machen.

Deshalb braucht Ihr Kind einen konkreten und verbindlichen Zeitplan, sonst ist es anfangs überfordert.

Nachstehend finden Sie einen Vorschlag für ein Zeitprotokoll und einen Wochenplan. Lassen Sie Ihr Kind diesen Plan selbstständig erstellen, unterstützen Sie Ihr Kind, wenn es erforderlich ist. So kann es einen eigenverantwortlichen Umgang erlernen. Sie brauchen dann nicht ständig dahinter sein und kontrollieren.

Zeitplanung für Ihr Kind

Zeitprotokoll für einen Tag

Trage deine Aktivitäten wie Schule, Schlafen, Sport/Hobbys, Hausaufgaben, Fernsehen, Computerspiel, Freunde, etc. in das Schema ein …

Unterscheide: Wichtige und unwichtige Dinge. Wo kannst du Zeit für wichtige Dinge gewinnen?

Zeitprotokoll für einen Tag

Zeit	Mo	Di	Mi
00–01			
01–02			
02–03			
03–04			
04–05			
05–06			
06–07			
07–08			
08–09			
09–10			
10–11			
11–12			
12–13			
13–14			
14–15			
15–16			
16–17			
17–18			
18–19			
19–20			
20–21			
21–22			
22–23			
23–24			

Datum:

Do	Fr	Sa	So

Zeitprotokoll für eine Woche

	Montag	Dienstag
1		
2		
3		
4		
5		
6		
7		
8		
Termine		
Hausaufgaben		
Material Vorbereitg.		

Woche von/bis:

Mittwoch	Donnerstag	Freitag

Quelle: Endres & Bernhard. 2004, S. 17.

Auflösung aus Übung 19

Hast du heute schon Klavier geübt?	Erw-Ich
Wie oft soll ich das noch sagen? Da gehört eine Pause.	Krit. Eltern-Ich
Bettina, komm, hilf mir einmal! Ich brauche deine Hilfe.	Freies Kind-Ich Erw-Ich
Das Essen ist fertig. Geht euch die Hände waschen und kommt bitte zum Tisch!	Erw-Ich Krit. Eltern-Ich
Du möchtest also zuerst mit Tina einen Spaziergang machen und anschließend erst die Hausübung beginnen.	Erw-Ich
Wann willst du deine Hausübung machen?	Erw-Ich
Wie stellst du dir das vor?	Erw-Ich
Wenn deine Freunde kommen, möchte ich, dass alles erledigt ist.	Krit. Eltern-Ich
Warte einen Moment, ich komme sofort. Dann helfe ich dir.	Stütz. Eltern-Ich
Cool, schau dir an, wie der hochspringen kann.	Freies Kind-Ich
So tanzen möchte ich können.	Freies Kind-Ich
Wo ist das Heft von Maria? Ich muss es heute zurückgeben.	Erw-Ich
Du weißt sicher, dass heute noch die Oma kommt und dann willst du doch mit deiner schriftlichen Hausübung fertig sein.	Krit. Eltern-Ich
Wie viele richtige Antworten sind dabei?	Erw-Ich
Wir werden das schon noch hinkriegen, dass du morgen alles kannst, wenn Schularbeit ist.	Stütz. Eltern-Ich

Der Einfluss von Neuen Medien auf Werte und Kultur

Woran denken Sie als Erstes, wenn Sie Neue Medien lesen?

Ist es der Computer, ist es der Fernseher? Oder fällt Ihnen spontan noch etwas anderes ein?

Neuen Medien sind Bildschirm-Medien wie Fernsehen, Spielkonsolen, Computer und Handy. Auf diese vier Medien möchte ich näher eingehen. Seit ca. 30 Jahren überfluten diese Medien unseren Markt und sind in deutschen Haushalten zu nahezu 100 % verbreitet. Die Verbreitung in Österreich wird von diesen Zahlen nicht wesentlich abweichen. Der Fernseher wird von Jugendlichen am meisten benutzt, gefolgt von Handy, Computer und Internet.

Diese Medien verlangen, dass man sich ständig mit ihnen auseinandersetzt, damit man auf dem Laufenden bleibt. Was vor wenigen Jahren aktuell war, ist heute „Schnee von gestern".

Fernsehapparate sind ja noch leicht zu bedienen, mit dem Videorekorder wird es schon schwieriger. Beim neuen Handy haben die Kids geholfen, alles einzustellen, den richtigen Klingelton hinauf zu spielen, und davon, was das Internet-Angebot für Kinder bietet, haben Eltern oft keine Ahnung. Kinder mit ihrer Neugierde, mit ihrem Drang nach Wissen lernen von klein auf, mit diesen Medien umzugehen und überflügeln sehr schnell ihre Eltern. Sie werden als Cyberkids bezeichnet und was das konkret bedeutet, möchte ich Ihnen nicht vorenthalten.

Cyberkids

Sie haben bereits in den Windeln den ersten Gameboy betatscht. Maus und Tastatur sind ebenso verständlich wie Kuscheldecke und Teddybär. Sie werden mit Fernsehgeflimmer und Handygebimmel groß und können den Videorekorder besser programmieren als ihre Eltern. Sie kennen sich aus mit Windows und Internet und kommunizieren per SMS. Sie lernten von klein an selbstständig mit elektronischen Geräten umzugehen, abseits von Kindergarten, Schule und vom Gespräch mit den Eltern. Sie sind ihren Eltern in der Nutzung und Handhabung der neuen Medien weit überlegen.

(Vgl. Paulsen: „Begegnung einer flüchtigen Spezies" In: Geowissen, Nr. 03/2003, S. 76 und Spitzer, 2006, S. 52)

Über Verbreitung, Nutzung und Auswirkung von Neuen Medien gibt es viel an Literatur, Beiträge in Zeitschriften, Studien und Untersuchungen. „Es ist schädlich und macht die Jugend aggressiv", sagen die einen. „Es fördert die Intelligenz und es ist notwendig, dass Kinder lernen, damit umzugehen", sagen die anderen. Was „richtig ist", sagt keiner. Auch ich kann das nicht sagen. Ich kann jedoch eines: Beide Standpunkte, die sehr gegensätzlich sind, genau betrachten, Informationen einholen, überlegen, abwägen und mir eine eigene Meinung bilden. Dazu möchte ich Sie nun einladen.

Fernsehen

Früher wurden den Kindern zur Unterhaltung Geschichten erzählt und vorgelesen. Durch Gesichtsausdruck, Körpersprache und stimmliche Nuancen wurden die Geschichten spannend aufbereitet. Das Kind lauschte und beobachtete und lernte daraus. Es bestand ein direkter Kontakt zwischen Erzähler und Zuhörer und sie standen in enger Beziehung zueinander, sie kommunizierten miteinander. Kommunikation ist ein interaktiver Prozess, für den wir andere Menschen und Beziehung zueinander brauchen. Mit jeder Geschichte entstand in der Vorstellung ein Film aus vielen Bildern.

Heute übernimmt das „Geschichtenerzählen" zu einem (Groß-)Teil der Fernseher. Dabei werden fertige Bilder sowie Spannung und Spaß mitgeliefert. Der Zuseher braucht keine Kreativität mehr, um sich selbst Bilder zu konstruieren und den Film im Kopf entstehen zu lassen. Denn das passiert, wenn uns jemand etwas erzählt oder wir ein Buch lesen. Wir konstruieren uns Bilder dazu. Diese Bilder können unterschiedlich ausfallen, denn jedes Kind, jeder Mensch bringt eigene Erfahrungen und Prägungen mit, die diese Konstruktion beeinflussen. Fertige Filme nehmen uns heute diese „Arbeit" ab. Wir bekommen das fertige Produkt geliefert und werden aufgrund der raschen Bildfolge von Bild zu Bild gehetzt. Kleinere Kinder sind mit der Aufnahme der Bildfolge überfordert, von der Verarbeitung der Bilder möchte ich gar nicht sprechen.

Das Kinderprogramm im ORF I beginnt um 06.00 Uhr am Morgen! Welche Kinder sehen bitte um diese Zeit fern? Den Filminhalten nach muss es sich um die jüngsten Zuseher handeln. Eines ist gewiss: Der ORF würde das Programm nicht anbieten, würde es keine Zuseher geben.

Geschichte

Bei einem Hotelaufenthalt habe ich Folgendes beobachtet:

Eine junge Familie (Vater, Mutter und ca. 2 ½-jähriges Kind) saßen beim Frühstück im Frühstücksraum. Das Kind wollte nicht so recht auf dem eigens gebrachten Hochstuhl beim Tisch sitzen und mitessen, sondern lieber umhergehen. Die Mutter holte es zum Tisch zurück und setzte es wieder auf den Sessel. Sie stellte einen Teller mit belegtem Brot vor ihm hin. Das Kind wollte wieder vom Sessel hinunter. Es begann zu protestieren und zu weinen.

Daraufhin stand der Vater auf, nahm das Kind und ging mit ihm aus dem Raum. Nach ein paar Minuten kam er wieder zurück, setzte sich und frühstückte weiter. Mehrere Fragen gingen mir durch den Kopf.

Als ich mit dem Frühstücken fertig war, verließ ich den Frühstücksraum (auf gleichem Wege wie vorher der Vater). Ich kam in einen Raum, in dem ein Fernsehgerät eingeschaltet war und wer saß unmittelbar davor? Das kleine Kind. Es sah gebannt auf den Fernseher. Was es ansah und wie viel es davon verstand, kann ich nicht beurteilen. Auf jeden Fall war Vaters „Intervention" Erfolg bringend für die Eltern – sie konnten in Ruhe frühstücken.

Ist der Fernseher als Nanny wirklich brauchbar?
Welche Alternativen hätte es in diesem Fall gegeben?

Am Nachmittag wendet sich das Programm eher an Jugendliche und dient der Unterhaltung. „Familiensendungen" wie „Malcolm mitten drin", „Gilmore Girls", „Simpson", „Die Nanny" werden angeboten. In diesen wird Familienleben vorgespielt.

- Welche Werte werden darin vermittelt?
- Wie wirken sich solche Filme auf die Werte der Heranwachsenden aus?

Fernsehen trug wesentlich dazu bei, gesellschaftliche Werte und damit Kultur zu verändern. Es wird eine Welt vorgegaukelt, die den Zusehern erstrebenswert erscheint. Unreflektiert nimmt der Zuseher das, was er geboten bekommt, und wird dadurch in seinem Denken und Streben beeinflusst. Davon sind nicht nur Kinder und Jugendliche betroffen. „Reich und schön“ zeigt auch bei Erwachsenen seine Wirkung.

Auf der einen Seite verleitet das kontinuierliche Angebot an Kinder- und Jugendsendungen zu übermäßigem Fernsehkonsum. Serien fördern die täglichen Einschaltquoten: „Man muss ja wissen, wie es weitergeht“. Auf der anderen Seite werden Inhalte unreflektiert konsumiert. Oft gibt es keine Auseinandersetzung darüber, ob und wie das Gesehene verstanden wurde, ob das Gesehene realistisch ist, wie es den Zuseher beeinflusst, usw. …

Unsere Wahrnehmung

Die fünf Sinne – Sehen, Hören, Tasten, Riechen, Schmecken – sind die Antennen, über die wir mit der Außenwelt in Verbindung treten. Durch unsere Augen und Ohren, über unsere Haut und den Tastsinn, mit der Nase und dem Mund nehmen wir Informationen auf und lassen sie in unser Gehirn.

Für Kinder ist diese sinnliche Wahrnehmung die Wurzel jeder Erfahrung. Kinder wollen

Hören, wie die Stimmen der Personen um sie herum klingen, je nach Gefühlsäußerung, wie die Blätter im Wind rauschen oder rascheln, wie unterschiedlich die Katze miaut, wie es sich anhört, wenn man auf Kies, Rasen oder Beton geht …

Sehen, wie sich Blätter im Wind bewegen, welche Bewegungen Wasser ausführt welche Mimik die Personen um sie haben …

Fühlen, wie sich Haut anspürt, wie unterschiedlich sich Haare anfühlen können, wie sich Plastik, Metall,

Glas anfühlt, wie es ist, barfuß in gatschige Erde hineinzusteigen, über eine nasse oder trockene Wiese zu laufen, wie sich warme Steine anfühlen …

Riechen, wie ihre Eltern riechen, wie Hunde riechen, welchen Duft unterschiedliches Essen verbreitet, wie Weihnachtskekse duften, wie Orangen oder Fisch riechen …

Schmecken, wie Pudding, Wurst, Mehl, Gras, Erde … schmeckt.

Es sind unvorstellbar viele sinnliche Erfahrungen, die wir machen und aus denen wir lernen und die uns für weiteres Lernen wiederum zur Verfügung stehen.

Jede dieser Erfahrungen wird im Gehirn niedergeschrieben. Berühren Sie einmal eine Brennnessel. Wie oft müssen sie hingreifen, damit sie wissen, dass sie brennt?

Wahrnehmen ist also ein Prozess, bei dem das Kind mit allen Sinnen seine Umgebung aufnimmt und sich mit dem Wahrgenommenen auseinandersetzt. Es prüft, ob es „wahr" ist, ob es eine Regelmäßigkeit gibt, und gibt so dem Wahrgenommenen eine Bedeutung. So erwirbt das Kind viele Eindrücke aus seiner Umwelt und über sich selbst im Zusammenhang mit der Umwelt. Kinder brauchen den konkreten Umgang mit möglichst vielen Dingen, damit sie sich innere Bilder aufbauen können. Deshalb wollen sie be-greifen, erfassen. Möglichst viele frühe Erfahrungen wirken sich auf die Intelligenz von Kindern aus.

„Greif nicht alles an!", „Lass das, das ist schmutzig!" – mit solchen Aussagen werden Kinder am Be-greifen gehindert. „Schauen tut man mit den Augen, nicht mit den Händen" ist so ein Satz, der mir aus meiner Kindheit in Erinnerung ist. Wahrscheinlich habe ich mich dem widersetzt, denn noch heute sehe ich die Dinge an, berühre sie vorsichtig und rieche daran.

Diese frühen Erfahrungen sind die Basis aller Einflüsse und wirken sich im Laufe eines Lebens aus. Aufgrund der ersten Wahrnehmungen und erfolgten Prägungen wählt der Mensch aus einer Vielzahl an Informationen aus, was für ihn wichtig ist. Je mehr er kennengelernt hat, umso mehr Auswahlmöglichkeiten hat er.

Wie abwechslungs- und erfahrungsreich wird Wahrnehmung durch Fernsehen geprägt?
Wie wird sich häufiger Fernsehkonsum in frühen Kinderjahren in der Folge auf das Kind auswirken?

Häufiger Fernsehkonsum hat einen Gewöhnungseffekt und führt möglicherweise zu einem Mangel in der familiären Kommunikation. Durch das Defizit der Interaktion in der Kommunikation (Fernsehen ist einseitige Kommunikation), also das Sich-auf-andere-Menschen-beziehen-Können, entstehen Defizite in ihrer Wahrnehmungs- und Kommunikationsfähigkeit und damit in ihrer Fähigkeit, Beziehung zu anderen aufzubauen und zu gestalten. Diese Defizite begleiten junge Menschen auf ihrem Weg zum Erwachsenen und in ihren Job.

Der Mensch hat Grund- und Beziehungsbedürfnisse und in einer gesunden Entwicklung müssen diese erfüllt werden!

Fernsehen gilt als *das* Einstiegsmedium und ist für 1- bis 8-Jährigen das Medium Nummer eins.
Nachstehende Anleitung soll dazu dienen, den eigenen Fernsehstil innerhalb der Familie bewusst zu machen. Erst das bewusste Wahrnehmen und Visualisieren gibt Aufschluss über den reellen Fernsehkonsum in der Familie.

Beobachten Sie bitte für den Zeitraum einer Woche den Fernsehstil Ihrer Kinder. Notieren Sie sich, wer, wie lange und welche Sendungen es sich ansieht.

Halten Sie bitte auch fest, wann Sie den Fernseher eingeschaltet haben, ohne dass jemand davor sitzt und bewusst fernsieht.

 Name der Person:

Übung 22

Wochentag	Sendung	Stunden von/bis
Montag		
Dienstag		
Mittwoch		
Donnerstag		
Freitag		
Samstag		
Sonntag		

Auswertung

- Wie viele Stunden pro Tag/in Summe pro Woche sieht jedes Familienmitglied fern?
- Wie viele Zeit investieren Sie im Gegensatz dazu in persönliche Gespräche/gemeinsame Spiele innerhalb der Familie?
- Wie viel Zeit verbringen Sie täglich im Freien?
- Welche Filme werden bevorzugt angesehen? (Dokumentationen, Krimi, Unterhaltung, Romantik, Action, Thriller, Sport …)
- Wie genau wissen Sie über Inhalte von Filmen Bescheid, die Ihre Kinder (unter 12) ansehen?
- Wie sind Sie mit den Ergebnissen zufrieden?

Wenn Ihr Kind unter 10 Jahre alt ist, setzen Sie sich mit jedem Film/jeder Serie nach folgenden Schritten auseinander, ohne ihr Kind dazu zu befragen.

Filmtitel	
Worum genau ging es in diesen Filmen?	
Was ist die Botschaft dieses Films?	
Kommen in diesem Film Gewaltszenen (Abwertungen, Schlägereien, Beschädigungen, Morde) vor?	
Weshalb möchte Ihr Kind diesen Film/ diese Serie sehen?	
Was gefällt Ihrem Kind an diesem Film?	
Was gefällt ihm nicht daran?	
Welche menschlichen Werte erkennen Sie in dem Film?	
Welche Vorbilder hat Ihr Kind?	

Wenn Sie eine/mehrere dieser Fragen nicht beantworten können, besprechen Sie das mit Ihrem Kind bzw. sehen Sie sich den Film gemeinsam an.

Wie denken Sie jetzt über den Fernsehkonsum Ihres Kindes? Hat sich zu Ihrer vorherigen Sichtweise etwas verändert?

Sie sehen schon, das macht Mühe und es ist ein Aufwand. Glauben Sie mir, der Aufwand lohnt sich. Sie fördern damit die Beziehung zu Ihrem Kind und die Kommunikation innerhalb der Familie. Sie erfahren etwas über Interessen, Freude und Ängste Ihres Kindes.

Durchschnittlich widmen sich 57 % der befragten Jugendlichen zwischen 12 und 19 Jahren[28] beim Fernsehen nicht ausschließlich dem Fernsehen, sie machen nebenbei andere Dinge. So beschäftigen sich 48 % der Jungen mit Computer und Internet, 32 % mit Essen, 27 % mit Hausaufgaben. Bei den Mädchen stehen Telefonieren (41 %) und Schulaufgaben (40 %) an der Spitze. Verglichen mit früheren Studien hat die Nutzung von anderen Medien gemeinsam mit dem Fernseher zugenommen.

Um die emotionalen, kognitiven und sozialen Auswirkungen des Fernsehens auf Kinder einschätzen zu können, müssen wir vorerst verstehen, wie sich kindliche Medienkompetenz entwickelt. Kinder erleben Fernsehen anders als Erwachsene, sie nehmen Eindrücke anders wahr und verarbeiten sie anders.

28 JIM-Studie 2008, Quelle: http://www.mpfs.de/fileadmin/JIM-pdf08/JIM-Studie_2008.pdf, 01/2009.

Fernsehkompetenz

Wie entwickeln Kinder die Fähigkeit zum Fernsehen?

Die bunte und abwechslungsreiche Welt des Fernsehens fasziniert Kinder bereits ab einem Alter von ca. einem Jahr. Vermutlich sind das visuelle und akustische Reize, die sie jedoch nicht verstehen.

Geschichte

Ich erinnere mich an eine Situation. Wir hielten uns im Wohnzimmer auf, der Fernseher war eingeschaltet und wir hörten so nebenbei „Kärnten heute". Mein 1 ½ jähriger Sohn rief plötzlich: „Wihaha" und war ganz aufgeregt. So imitierte er die Laute von Pferden, und als er diese im Fernsehen erkannte, teilte er das auf seine Art mit, rannte zum Fernseher und stellte sich genau vor das Bild. Als die Pferde weg waren, war sein Interesse am Fernseher auch verschwunden.

In den nächsten Tagen ging er allerdings immer wieder einmal zum Fernseher hin, zeigte auf die Glasfläche und meinte: „Wihaha." Er hatte etwas gelernt.

Bis zum 5. Lebensjahr lernen Kinder Fernsehfiguren auseinanderzuhalten, sie können sie imitieren und mit Bezugspersonen darüber sprechen. Kausale Zusammenhänge können sie jedoch nicht erfassen. Sie reihen einzelne Sequenzen einfach aneinander. Für sie gibt es gut oder böse und sie können es nicht verstehen, dass „ein Guter" etwas macht, was böse aussieht oder umgekehrt. Sie konsumieren, ohne zu verstehen bzw. sich damit näher auseinanderzusetzen. Es ist „unverdaute Kost", was in ihnen zurückbleibt.

Die Einseitigkeit der Kommunikation lässt keine Wechselwirkung von Gefühlen, von Verhalten und Reaktionen darauf zu. Das, was sie im Fernsehen sehen, ist für sie eine reale Welt, der sie angehören.

Kinder ab ca. 5–6 Jahren sind in der Lage, Zusammenhänge zu erkennen. Sie empfinden Sympathie oder Antipathie für einzelne Filmfiguren. Doch sind sie mit mehr als einer Handlungsebene noch immer überfordert und brauchen ein klares Gut-Böse-Schema. Rasche Bildfolgen stellen eine Reizüberflutung dar und können im Gehirn nicht verarbeitet werden. Das kann zu einer unklaren Strukturierung des kindlichen Gehirns führen. Das Vermögen, zwischen Realität und Fiktion zu unterscheiden, entwickelt sich erst jetzt. So glauben Achtjährige, dass „Kommissar Rex" – ein Schäferhund – im realen Leben auch Polizeikommissar ist und Verbrecher jagt. Manchmal ist das sogar für Erwachsene verschwimmend. Sie sind der Meinung, dass Rolf Schimpf – Hauptkommissar Kress in „Der Alte" – auch im wahren Leben Kommissar ist oder Klaus-Jürgen Wussow – Professor Brinkmann in „Die Schwarzwaldklinik" – Arzt ist. (vgl. Grau, 2008)

Ab einem Alter von ca. 10 Jahren sind Kinder aufgrund ihrer Gehirnentwicklung erst in der Lage, Filme so zu interpretieren, wie es Erwachsenen möglich ist. Doch haben Sie Mühe, sich von Inhalten zu distanzieren. Sie erleben das Gesehene mit und es entstehen starke Emotionen. „Es ist doch nur ein Film", würden Erwachsene sagen, um zu signalisieren, dass sie das Gesehene nicht als reale Wirklichkeit verstanden haben.

Mit 12 bis 13 Jahren, mit Beginn der Pubertät, sollte das Kind einen eigenverantwortlichen und sinnvollen Umgang mit dem Fernsehen erlernt haben.

Von Anfang an sollen Eltern ihre Kinder beim Erstellen eines Fernsehplanes unterstützen. Dies beginnt mit dem Studium des angebotenen Programms und sieht eine bestimmte Fernsehdauer pro Tag vor. Das Kind soll unterstützt von den Eltern entscheiden dürfen, was es gerne ansehen möchte, wofür es sich entscheidet.

Worauf können Eltern achten?

- Auf die Häufigkeit beim Fernsehkonsum
- Auf die Filmlänge in Abhängigkeit vom Alter (und damit Reife) des Kindes
- Auf eine Handlung ohne Gewalt und Aggression
- Auf keine zu spannenden Handlungen (Krimi, Thriller)
- Auf keine ängstigenden Handlungen (individuelles Angstempfinden des Kindes beachten)
- Auf Ton und verbalen Ausdruck im Film, auf Geräuschpegel
- Dass Kinder über die Filme erzählen und sprachlich aufarbeiten. Dabei können Eltern auch feststellen, ob der Film für das Kind geeignet war, ob es den Film verstanden hat
- Dass Filme einen guten Ausgang haben

Konsument Kind

Die Konsumenten „Kinder und Jugendliche" hat die Werbung schon vor langer Zeit erkannt. Sie sind quasi das Freiwild in der Werbebranche, denn Kinder lassen sich leicht überzeugen und lenken. Am frühen Morgen, im Nachmittags- und Vorabendprogramm läuft im Fernsehen Werbung für Kleinkinder und Kinder. Da gibt es eigenes Toilettenpapier für 3-Jährige, Fruchtzwerge, mit denen man gesundes Eis machen kann, Milchschnitte und Kinderpinguin als gesunde und wertvolle Jause, die auch noch gut schmeckt, und ab Oktober bis Weihnachten Spielzeugwerbung hoch drei.

Jugendliche werden eher nach den Nachrichten „angesprochen". Ihnen wird McDonald's, Kleidung, Kinofilme, günstige Handytarife usw. geboten.

Werbung zielt auf emotionale Wahrnehmung. Wir bekommen ein Bild geliefert und dieses vermittelt „Glücksgefühl", „cool sein", „dazugehören". Mit der Wahl des richtigen Produktes wird das Leben leicht gemacht und alles kommt wieder in Ordnung. So lautet der unterschwellige Tenor der Werbebranche.

- Wie geht Ihr Kind mit solchen Informationen um?
- Was spricht Ihr Kind am meisten an?
- Wie lassen Sie sich durch Werbung beeinflussen?

Computer- und Videospiele

Computer- und Konsolenspiele nehmen im Alltag eine bedeutsame Rolle ein. So besitzen 60 Prozent der männlichen Jugendlichen eine Spielkonsole für Computer oder Fernseher. Der Anteil der regelmäßigen Computerspieler liegt bei den Jungen bei ca. 47 %. Die durchschnittliche Nutzungsdauer liegt zwischen einer und zwei Stunden pro Tag, abhängig vom Werktag oder Wochenende. 2005 zählten noch Computerspiele zu den häufigsten Tätigkeiten der Kinder am PC.[29]

Von allen untersuchten Bildschirmmedien stellen gewalthaltige Computer- und Konsolenspiele die größte Problematik dar. Aktuellen Forschungen zur Folge können Computerspiele allein kein gewalttätiges Verhalten auslösen, jedoch kann es durch die Häufigkeit der Nutzung zur Veränderung in den Gedankenstrukturen kommen, was Aggressivität fördert.

Bei der Beliebtheit führen Shooter- und Action-Spiele bei den Jungen an, gefolgt von Strategiespielen, die auch bei Mädchen Anklang finden. Die Kennzeichnung für die Alterseinstufung ist fast allen Computerspielern bekannt. Die Mehrheit, 64 %, haben bereits Spiele gespielt, für die sie eigentlich noch zu jung sind. Auch hier führen wieder die Jungen gegenüber den Mädchen. Über Freunde kommen sie häufig an diese Spiele heran.

29 KIM-Studie 2005, http://www.mpfs.de/fileadmin/Studien/KIM05.pdf, 11/2008.

Die Inhalte von einigen Computerspielen bieten Kindern und Jugendlichen die Möglichkeit, Macht auszuüben und als Held hervorzugehen. Bei Niederlagen können sie jederzeit von Neuem beginnen. Das ist für Kinder faszinierend, und sie vergessen auf Zeit und Pflichten. Sie vertreiben sich damit Langeweile. Für ausgeübte Gewalt gibt es Punkte oder neue Waffen als Belohnung. In vielen Spielen wird Gewalt nicht nur passiv konsumiert, sondern aktiv trainiert. Die Spielenden schlüpfen in die Rolle der aggressiven Spielfigur und lernen so gewalttätiges Handeln. Aktives Tun führt zu einem besseren Lernerfolg als nur passives Zusehen. Von der Spannung des Spiels angetrieben, bleibt keine Zeit für Gefühle der Empathie oder Schuld. (ausführlich in Spitzer, 2006)

Kinder werden durch häufiges Spielen von gewalthaltigen Spielen beeinflusst, indem die Reizbarkeit steigt und die Toleranzgrenze sinkt. Sie erleben an sich harmlose Situationen als schwierig, fühlen sich angegriffen, haben keine ausreichenden Kommunikations- und Konfliktmuster zur Verfügung (weil nicht erlernt) und greifen auf gewalthaltige Handlungsmuster (im Spiel erlernt und trainiert) zurück. Dadurch zeigt sich, dass nicht der problematische Medienkonsum die Ursache für eine Fehlentwicklung ist, sondern eine Folge.

Geschichte

Ich erinnere mich noch an Diskussionen, Streit, Tränen bereits im Volksschulalter. „Alle dürfen solche Computer-Spiele haben, nur ich nicht." Es war hart! Als Mutter wollte ich meinen Kindern nichts verwehren. Da war 1995 nicht die Zeit dafür. Doch hatte ich instinktiv das Gefühl: Ich muss sie vor solchen Eindrücken schützen. Auch im Fernsehen und Kino wurden die Filme immer gewalttätiger und für mich realitätsfremd.

Ich war sehr froh, dass meine Kinder sportlich sehr aktiv waren. Dadurch war der Wunsch nach Fernsehen und Computerspielen zwar da, doch nicht so mächtig. Sie hatten von

Anfang an Alternativen wie Fußball, Hockey, Basketball, Schwimmen, Schi fahren, Snowboarden, Eislaufen, Rad fahren.

Sie erlernten – sicher auch durch Vorbildwirkung – einen bewussten Umgang mit dem Fernseher und dem PC.

Als sie ca. 14 Jahre alt waren, konnten sie die Gefahr, die ich diesen Spielen und Filmen zuschrieb, zwar selbst immer noch nicht erkennen. Ich vertraute jedoch auf ihre gesunde Wahrnehmungsfähigkeit. Gemeinsame Gespräche und Auseinandersetzung mit Film- und Spieleinhalten förderten das Bewusstsein für Aggressivität und es war ihnen möglich, einen gesunden Abstand zu halten.

Der größte Teil unserer Psyche arbeitet unterhalb unserer Bewusstseinsebene. Das ist unsere wahre Kraftquelle, die Macht unseres Geistes, unser Gewissen. Das sind Gedanken, Erkenntnis, Zuversicht, Vorstellung, Gewohnheit, Absicht, Wünsche, Glauben, Konzentration, Lernen, Liebe …

Das, was wir erleben, bildet unsere „innere Welt, unsere Wahrheit“ und formt unsere Grundeinstellung und unsere Überzeugungen.

Positive Erlebnisse lassen uns positive Gefühle entwickeln und glücklich sein. Negative Erlebnisse hinterlassen Gefühle wie Ärger, Wut, Angst, Scham, Trauer. Dabei ist es weniger wichtig *was* wir erleben, sondern *wie* wir es erleben. Um negative Gefühle als solche zu erkennen, muss das Kind auch positive Gefühle wie Liebe, Zufriedenheit, Glück kennenlernen. Starke Kinder vertragen im richtigen Alter auch spannende Filme und differenzieren zwischen Filmwelt und Realität. (vgl. Stapels, 1998)

Worauf können Eltern achten?

- Auf die Inhalte bei Spielprogrammen
- Vor dem Kauf genau informieren
- Mit dem Kind gemeinsam spielen, um das Spiel selbst kennenzulernen
- Konkrete Zeiten festlegen, in denen der Computer genutzt werden darf

Zusammenfassend kann gesagt werden, dass Kinder, die häufig vor dem Fernseher oder einer Spielkonsole/PC sitzen, zu wenig an Beziehung zu anderen Menschen erleben. Dadurch entstehen Defizite in ihrer Wahrnehmung, in ihren Denkstrukturen. Es ist also nicht der Fernseher, der schuld ist, sondern der Erziehende, der es nicht schafft, seinem Kind Grenzen aufzuzeigen.

Nicht Verbote sollen Grenzen festlegen, sondern Information und Aufklärung über Gefahren. Fernsehen gehört heute zum Leben einfach dazu, ebenso wie der Computer.

www – unterwegs im Cyberspace

Der Computer ersetzt den Fernseher nicht, er kommt vielmehr noch hinzu. Computer und Fernseher werden von 85 % der Kids gleich häufig genutzt, Tendenz zum Computer und Internet ist steigend. Kinder sind neugierig und können diese Neugierde stillen, denn das Internet bietet vielfältige Möglichkeiten und Information zu fast jedem Thema.

Dank „google“ kann jedes interessante Thema binnen Sekunden abgefragt werden. Oft sind es die Kinder, die an ihre Eltern herantreten und erzählen, was man Tolles machen kann. Eltern sind gefordert, wenn sie ihre Kinder unterstützen und begleiten wollen.

Bereits 6-Jährige erkunden das World Wide Web. Da sie noch nicht lesen und schreiben können, sind sie auf Unterstützung der Eltern angewiesen.

So praktisch und sinnvoll das Internet auch ist, so birgt es doch Gefahren, vor allem für Jüngere und noch Unerfahrene. Deshalb ist es unumgänglich, dass Eltern sich konkret mit dieser Problematik auseinandersetzen und ihr Kind über diese Gefahren informieren und es bei der Anwendung unterstützen.

Solche Problemfelder sind

- Namen oder persönliche Daten bekannt geben (Name, Adresse, Wohnort, Alter, Fotos, Telefonnummern …)
- Kostenpflichtige Seiten bzw. Downloads, Spiele, Klingeltöne, etc.
- Illegaler Download
- „Unerlaubter" Seitenzugriff, Sex- oder Porno-Seiten

→ installieren Sie einen Filter für kindgerechte Seiten, Gewaltspiele und -videos

Die Nutzungszeit wird heute mit durchschnittlich ca. 1 Stunde pro Tag angegeben. Eine Hälfte der Nutzungszeit am PC verteilt sich auf Informationsbeschaffung, Spiele, Unterhaltungsangebote wie Musik, Videos und Filme. Die zweite Hälfte der Nutzungszeit verbringen Jugendliche nach eigenen Angaben mit Kommunikation.

„Plaudern" im Internet

Die Kommunikation der Kinder und Jugendlichen spielt sich heute online ab. Der Einstieg in diese Welt beginnt bereits in der Volksschule.

Instant massaging, also das sofortige Kontaktaufnehmen mit dem anderen ist wichtig. *„ICQ"*, *„Skype"*, diverse *„Live Messengers"* wie Windows, Yahoo bieten sich dafür an.

In Internet-Communities wie *„myspace"*, *„schuelervz"*, *„studivz"*, *„facebook"* „treffen" sie sich und simulieren so etwas wie ein „soziales Netzwerk". Diese Plattformen ermöglichen es, *„Freunde* *zu treffen"* und *„mit den Menschen in ihrem Leben in Verbindung zu treten und Inhalte mit diesen zu teilen".*[30]

Fragen wie

- Wer kennt wen? Über wen?
- Wer ist auf welcher Schule?
- Wer sitzt in der Parallelklasse?
- Wer hat wann Geburtstag?
- Habt ihr schon die Fotos vom Wochenende hochgeladen?

animieren und laden ein, über sich und andere Informationen bereitzustellen.

Wer Infos über Events haben will, wird auf „eventshooters" fündig. Fotos über sich selbst oder von Dritten können ins Netz gestellt werden und Kommentare können dazu von jedermann/jederfrau abgegeben werden bzw. als Postkarte verschickt werden. Die Bereitschaft der Kids, Privates zu veröffentlichen ist groß.

Gerne verwenden sie ‚Nicknames', was ihnen eine gewisse Anonymität sichert und sie im Cyberspace schützt. Dadurch sind sie nicht als Mensch, als Person online, sondern sie übernehmen mit diesem Nickname eine (Medien)-Identität.

Kennen Sie den Nickname Ihrer Tochter/Ihres Sohnes? Wissen Sie auf welchen Plattformen Ihre Kinder kommunizieren?

Welche Auswirkungen kann diese Entwicklung der Kommunikation auf unsere sozialen Fähigkeiten haben?
Worauf können Eltern achten?

- Klären Sie Ihr Kind über mögliche Gefahren auf!
- Welche Seiten ruft Ihr Kind im Internet auf? Besprechen Sie das mit Ihrem Kind

30 www.facebook.com (04/2009).

- Überprüfen Sie am PC, welche Seiten ihr Kind im Internet aufgerufen hat
- Mit wem hat es im Internet Kontakt?
- Googeln sie hin und wieder ihre Kinder, um herauszufinden, ob über sie ungewünschte Inhalte im Netz veröffentlicht sind

Übung 23

Personal-Computer

Sie haben in Ihrem Haushalt einen PC in Verwendung	☐ ja	☐ nein
Mit Internet-Anbindung	☐ ja	☐ nein
Sie arbeiten selbst häufig auf dem PC	☐ ja	☐ nein
Wie oft in der Woche benutzen Sie Ihren PC?		
Wie viel Zeit wenden Sie täglich dafür auf?		
für Arbeiten (Word, Excel)		
für Kommunikation (E-mail, Chat)		
für Unterhaltung/Spiele		
Zur Informationsbeschaffung		
Sonstiges (Musik, Filmbearbeitung …)		

Sie haben Kinder, die älter sind als 10 Jahre	☐ ja	☐ nein
Ihre Kinder nutzen den PC für die Schule	☐ ja	☐ nein
Sie sind informiert, wann Ihre Kinder den PC nutzen	☐ ja	☐ nein
Ihre Kinder müssen fragen, wenn sie den PC nutzen möchten	☐ ja	☐ nein
Sie wissen über die PC-Aktivitäten Ihrer Kinder Bescheid	☐ ja	☐ nein

Ihr Kind hat Erfahrung	mit MS Outlook	☐ ja	☐ nein
	mit MS Office	☐ ja	☐ nein
	mit Skype	☐ ja	☐ nein
	mit dem Internetsurfen	☐ ja	☐ nein
Welche Internetseiten besucht ihr Kind? Beantworten Sie bitte diese Frage zuerst für sich und besprechen Sie sie dann mit Ihrem Kind.			

Auf diesem PC sind Spiele installiert	☐ ja	☐ nein
Sie kennen alle auf diesem PC installierten Spiele	☐ ja	☐ nein
Sie haben bereits selbst damit gespielt	☐ ja	☐ nein
Sie haben Ihrem Kind beim Spielen zugesehen	☐ ja	☐ nein

Ihr Kind besitzt einen eigenen PC oder Laptop	☐ ja	☐ nein
Wie viel Bescheid wissen Sie über Aktivitäten Ihres Kindes auf diesem Gerät?		

Handy

Vor wenigen Jahren als eine sehr positive Entwicklung erkannt, bot das Handy (Mobiltelefon) die Möglichkeit kurzfristig und ohne großen Aufwand von überall und jederzeit Telefonate zu erledigen. Kinder und Jugendliche waren somit leicht erreichbar und Eltern beruhigt, weil sie ihre Kinder im Zugriff hatten. Eltern erlangten durch das Mobiltelefon eine gewisse Sicherheit, was den Aufenthalt ihrer Kinder betraf. „Wenn etwas passiert, rufst du an."

Die Jugend wurde als potenzieller Handy-Nutzer erkannt. Daraus hat sich ein bevorzugtes, weil günstiges Netz für die Jugend herauskristallisiert. Neuesten Studien zufolge besitzen heute 95 % der Jugendlichen über 10 Jahre ein Mobiltelefon, und manche Kids besitzen sogar zwei. Sie benutzen es weniger zum Telefonieren, mehr um Textnachrichten (SMS) zu versenden. „1000 SMS gratis …“ ist so ein Lockangebot, das die Jungen und Mädchen voll erreicht hat. Ich habe einige Mädchen und Jungen dazu befragt: Sie schrieben im Monat zwischen 150 und 600 SMS!

Mit dem SMS hat sich ein neuer Schreibstil, eine neue Sprache entwickelt. Die Kids schreiben im Dialekt, das braucht weniger Buchstaben und geht somit schneller.

- „Ich komme heute früher nach Hause“ wird zu „I kum heit fria ham.“
- „Bitte gib mir jetzt Bescheid, ob du heute Abend zu mir kommen kannst“ wird zu „Sag ma jz obst heit kumman kannst.“

Die Einsparung ist deutlich erkennbar.

Zusätzlich hat sich noch eine Kürzelsprache entwickelt. So bedeutet „glg – ganz liebe Grüße“, „vlg – viele liebe Grüße“, „nfd – nur für dich“, „bibabu – bis bald, Bussi“, usw.

Jederzeit und unmittelbar erreichbar zu sein, wird nicht nur ermöglicht, sondern auch erwartet und das fast rund um die Uhr. Telefonieren ab 22.00 Uhr ist nicht nur gratis, sondern auch in. Wer kein Handy hat, kann nicht dazugehören und gehört auch nicht dazu! Das Handy dient für „soziale Kontakte“, es werden Beziehungen geknüpft, geführt und gelöst. Es ermöglicht jederzeit mit dem Handy-Partner in Kontakt zu treten und sich auszutauschen und es liefert dadurch so etwas wie Sicherheit und Geborgenheit.

Geschichte

Eine Mutter hat mir erzählt, sie wohnen in einem Einfamilienhaus. Sie hat drei Töchter. Diese kommunizieren via Handy von einem Zimmer ins andere.

Eine andere Mutter erzählte mir: „Sie geht nicht zu ihrer Freundin hin, diese wohnt genau gegenüber, sie ruft sie an und dann telefonieren sie endlos."

Kennen Sie solche Situationen?
Was bleibt hier im „Cyberspace" stecken?

Der Mensch, das Gegenüber, das soziale Wesen, auf das Menschen sich beziehen können müssen, wenn sie sich gesund entwickeln sollen. Kommunikation ohne Blickkontakt, ohne den anderen zu sehen, ist aus meiner Sicht defizitäre Kommunikation.

Die Auswirkungen von Handy-Strahlung sind noch nicht klar erkennbar. Bekannt ist, dass sie eine hohe Strahlung haben, unklar ist noch, ob bzw. wie sich diese auf die Gesundheit der Menschen auswirkt.

MP3-Player & Co

Mit zunehmendem Alter wird Musik immer wichtiger bei den Kids. In der sogenannten MP3-Generation haben bereits Volksschulkinder einen MP3-Player oder I-Pod und hören den Kiddycontest. Sie sehen sich Videos an und ahmen die Interpreten nach. Texte zu den einzelnen Liedern gibt es im Internet und sie lernen diese, um sich für ein Karaoke-Spiel am Fernseher oder PC vorzubereiten. Vor allem Mädchen aber auch Jungs eifern diesen Idolen nach.

Trotz aller Bedenken und Befürchtungen gehören die modernen Bildschirmmedien heute zum täglichen Leben dazu und haben auch ihre gute Seite. Sie verhelfen den Kids zu Fähigkeiten und Kenntnissen, die sie im gesellschaftlichen

Umfeld benötigen. Diese modernen Medien sind heute nicht mehr wegzudenken.

Sollen Eltern Ihren Kindern Medienkonsum verbieten?

Nein! Medien verbieten wäre kontraproduktiv. Alles, was verboten ist, wird nur noch interessanter, das kennen wir aus der eigenen Kindheit. Kinder und Jugendliche müssen lernen, die Medien zu nutzen und gleichzeitig sinnvoll und bewusst damit umzugehen. Einen kritischen Umgang mit den Bildschirmmedien können Kinder nur erlernen, indem sie Vorbilder haben und angeleitet werden, sich kritisch mit dem Angebot auseinanderzusetzen. Ein Verbot macht Fernsehen und Computer mit Sicherheit noch interessanter, und das Kind lernt in keiner Weise einen eigenverantwortlichen Umgang damit. Überlegungen könnten dabei sein: Braucht ein 10jähriges Kind wirklich einen eigenen Fernseher im Zimmer?

In dieser sich rasch verändernden Welt können wir uns nicht mehr ausschließlich auf Erfahrungen aus der eigenen Kindheit und Erziehung verlassen. Erziehung im Sinne von – Eltern sind Wissende und geben ihr Wissen an ihre Kinder weiter – gibt es nur dann, wenn Eltern sich „wissend machen". Dazu müssen sie sich mit den Gegebenheiten in der Umwelt auseinandersetzen, sie müssen die Lebenswelt ihrer Kinder verstehen und begreifen. Das beginnt bei der Sprache: surfen, chatten, skypen, downloaden …, und endet in der praktischen Erfahrung, wenn Eltern mit Kindern gemeinsam surfen, chatten, skypen, downloaden. Begleitung der Kinder ist gefordert. Eltern brauchen dafür Interesse, Neugierde, Akzeptanz und Wertschätzung, um mit ihren Kindern in einen Dialog zu kommen. Die sogenannten „Cyberkids" haben die Nase vorn und wir Eltern können von ihnen bzw. mit ihnen gemeinsam lernen. Kinder besitzen schnell das technische Wissen und Eltern haben den Vorteil, dass sie Lebenserfahrung mitbringen, Vor- und Nachteile abwägen können und dadurch ihre Kinder unterstützen und schützen können.

Auswirkungen von übermäßigem Medienkonsum

In Abhängigkeit vom Alter und der Dauer der Mediennutzung können unterschiedliche Beeinträchtigungen auftreten.

- Die Wahrnehmungsfähigkeit und die Sprachentwicklung können beeinträchtigt werden
- Defizite in der Kommunikations- und Konfliktfähigkeit können auftreten
- Beziehungs- und Bindungsfähigkeit kann zu wenig ausgebildet werden
- Hoher Medienkonsum hängt direkt mit Bewegungsmangel und in der Folge mit Haltungsschäden und eingeschränkter Bewegungsfähigkeit zusammen.
- Ein Missverhältnis zwischen Kalorienaufnahme und -verbrauch führt zu Übergewicht
- Übergewicht hat häufig Essstörungen zur Folge.
- Kreativität wird zu wenig gefördert
- Reizüberflutung kann zu Hyperaktivität und Defizit in der Aufmerksamkeitsfähigkeit führen
- Augentrockenheit und Sehschwäche können auftreten
- Jederzeit (auch nachts) erreichbar sein zu müssen, führt zu Schlafdefizit und -störungen
- Handystrahlung: Noch gibt es keine konkreten Ergebnisse über Gesundheitsgefährdung
- Psychische Beeinträchtigungen durch negative Emotionen und weil Beziehungsbedürfnisse nicht erfüllt werden.
- Mobbinggefahr durch Veröffentlichung von Videos im Internet (Cyberbullying)
- Depressionen aufgrund von Abwertungen, Beleidigungen, Ausgrenzung aus Gruppen (durch Mobbing im Internet)
- Happy slapping (Gewaltvideos, die mit dem Handy aufgenommen und ins Internet gestellt werden)
- Computerspielsucht
- Gehörschäden durch zu laute Musik, durch Kopfhörer
- …

Über eines sind sich Wissenschaftler einig: Die Medienwirkungsforschung steht erst am Anfang. Es gibt heute noch keine eindeutigen Forschungsergebnisse darüber, inwieweit moderne Medien und ihre Nutzung das Weltbild der Cyberkids prägen bzw. welche gesundheitlichen Auswirkungen sie auf lange Zeit haben werden. Für mich erscheint es logisch, die Vorteile der modernen Medien sinnvoll zu nutzen und über die Gefahren, die damit verbunden sind, Bescheid zu wissen und damit umgehen zu lernen.

„Allein die Dosis macht das Gift"

(Paracelsus)

Medienkompetenz erlernen

Kinder und Jugendliche müssen einen verantwortungsvollen Umgang mit all diesen Medien erlernen. Dafür brauchen sie die Unterstützung von ihren kundigen Eltern, die viel an Vorbildwirkung haben und zeigen müssen.

Damit Eltern ihre Rolle wahrnehmen können, bedarf es aus meiner Sicht einer kritischen Auseinandersetzung mit jedem einzelnen Medium. Informationsabende in Kindergärten und Schulen, unterschiedliche Studien über Untersuchungen im Internet können Eltern helfen, einen Überblick und Informationen zu bekommen.

Im Internet gibt es einen „Grundbaukasten Medienkompetenz". Dieser ist eine strukturierte und kommentierte Auswahl von Informationsmaterialien und Internetadressen zum Thema „Medienkompetenz". Durch Auswahl eines Knotenpunktes aus Zielgruppe und Medienkategorie erhalten Sie weitere Informationen.[31]

31 Quelle: http://www.mekonet.de/php/gbm/uebersicht/index.php.

Die neuen Medien bieten viele Chancen für Kinder und Jugendliche und bergen mindestens genau so viele Gefahren. Sie sind vielfältig und verzweigt und konvergent in ihren Möglichkeiten. Eine sinnvolle Nutzung ist mit einem hohen Lernaufwand – auch für Eltern – verbunden. Durch die neuen Medien werden Eltern und ihren Kindern und Jugendlichen neue Erfahrungsräume und ein riesiger Informationspool zugänglich. Kinder haben naturgemäß ein höheres Lerntempo als Erwachsene. Sie haben zudem den Vorteil, dass sie quasi von Beginn an mit dieser neuen Medienwelt aufwachsen.

Diesem Aufwand, den Eltern in ihre Kinder investieren müssen, stehen der Zeitmangel und die Doppelbelastung durch Familie und Job gegenüber.

Kinder und Jugendliche zu begleiten ist heute eine wichtigere Aufgabe denn je. Wenn Eltern auf ihre Kinder einwirken wollen, sie begleiten wollen, darf der Kontakt zum Kind nicht abreißen.

Erziehung durch Coaching

Dieser Erziehungsstil erweist sich spätestens in der Pubertät als außerordentlich hilfreich. Wenn der junge, heranwachsende und sich abgrenzende Mensch nach Freiheit und gleichzeitig nach Orientierung sehnt. Mit diesem anleitenden Stil ermöglichen Sie Ihrem Sohn/Ihrer Tochter eigene Wege zu finden und Sie begleiten Ihren Jugendlichen dabei, dass er/sie einen sicheren Weg findet. Das gibt auch Ihnen als Mutter/Vater Sicherheit und damit bleiben viele Konflikte aus.

Manchmal braucht es klare Grenzen, die aufgezeigt werden müssen, und trotzdem bleibt die Wertschätzung dem anderen Gegenüber nicht aus. Der Handlungsspielraum wird von beiden definiert und abgegrenzt und die Wahrscheinlichkeit, dass diese Grenzen eingehalten werden, ist groß.

Durch diesen anleitenden Stil erlernen junge Menschen, nachzudenken, abzuwägen, sich selbst zu reflektieren, Entscheidungen zu treffen. Sie erlernen eine gute Kommunikations- und Konfliktfähigkeit und haben hohe soziale Fähigkeiten, die es ihnen ermöglichen, in Gruppen, in der Schule, im Beruf erfolgreich zu sein.

Worin unterscheidet sich nun dieser Erziehungsstil von den zu Beginn genannten?

Wenn Sie sich bis hierher durchgearbeitet haben, sind Sie Ihrem Ziel „Erziehung im Coaching-Stil" ein gutes Stück näher gekommen.

- Sie kennen Ihre Stärken und sind sich auch Ihrer Schwächen bewusst geworden. Dadurch wird es Ihnen möglich sein, die Stärken zu forcieren, sodass sich automatisch die Schwächen verringern.

- Sie sind sich Ihrer Ziele bewusst, können diese klar formulieren und eine Strategie entwickeln, wie sie das Ziel erreichen.
- Sie verfügen über eine verbesserte Wahrnehmungs- und Kommunikationsfähigkeit. Dazu gehört, dass Sie Ihrem Kind zuhören, es ausreden lassen, es nicht „verurteilen" oder abwerten, sondern ihm wertschätzend gegenübertreten. Die Auseinandersetzung mit schwierigen Situationen bringt Sie und Ihr Kind näher zusammen. Sie sind Vorbild für Ihr Kind, und es lernt von Ihnen Respekt, Achtung, Toleranz – wichtige Fähigkeiten, um Konflikte zu lösen.
- Durch die ständige Auseinandersetzung mit Ihrem Kind kennen Sie dessen Werte, Einstellungen und Motive und diese Auseinandersetzung fördert das gegenseitige Vertrauen.
- Sie kennen das Umfeld, das auf Sie und besonders auf Ihre Kinder einwirkt und haben sich bewusst damit auseinandergesetzt. Sie wissen, was Ihr Kind kann und braucht und wo es Ihre Unterstützung benötigt. Dadurch haben Sie Vertrauen in die Fähigkeiten Ihres Kindes.

Durch all diese Fähigkeiten hat sich Ihre Erziehungskompetenz erweitert und verbessert. Das wissen und spüren sie und es gibt Ihnen Sicherheit in Ihrem Handeln. Sie sind im Einklang mit sich selbst.

Diese Art der Erziehung beinhaltet sowohl Autonomie als auch Vorgabe, Ablehnung als auch Annahme, Zulassen als auch Verbieten. Es ist kein Schwanken zwischen Zulassen und Verbieten, sondern vielmehr ein Zusammenspiel aus Zuwendung und Lenkung. Diese Vorgehensweisen finden sich bereits im demokratischen Erziehungsstil.

Der anleitende Erziehungsstil setzt Selbstreflexion der Erziehenden voraus. Erst durch bewusste Selbstreflexion ist es möglich, Bewusstsein über die eigenen Werte und Einstellungen, über Fähigkeiten und vorhandene Ressourcen und über das eigene Erziehungsziel zu erlangen.

Mithilfe von Hintergrundwissen und dem Wissen über sich selbst kann eine Strategie entwickelt werden, damit das Erziehungsziel erreicht wird.

Dieser Stil basiert auf der Überzeugung, dass bedeutsame Entwicklungsschritte sich von selbst vollziehen und nicht von außen gemacht werden. Das Kind hat Vorbilder, die es liebt. Es ist eingebettet in die Familie, es hat Vertrauen zu seinen Mitmenschen und wird angeleitet und motiviert, selbstständig zu handeln und dadurch selbstverantwortlich und stark zu werden. Es bekommt Lob und Anerkennung für seine Leistung.

So lernt das Kleinkind von ganz allein gehen, ohne dass Eltern es dazu auffordern bzw. es ihr Kind „lehren" müssen. Das Kind lernt es aus eigenem Antrieb, wenn es die Reife dazu hat, durch Nachahmung.

Mit dieser Einstellung entfernen wir uns auch von der Vorstellung des Bildhauers, der das Kind „formen" möchte. Es drängt sich viel eher das Bild des „Gärtners" auf, der die äußeren Bedingungen (Licht, Erde, Dünger, Wasser) schafft, damit die Pflanze sich entwickeln und gedeihen kann.

Der Gärtner ist der Erziehende und er schafft Bedingungen wie Liebe, Zärtlichkeit, Vertrauen, Sicherheit, Geborgenheit, Zutrauen, Zuspruch, Ordnung, Grenzen und Regeln, Freiheit, Aufmerksamkeit und Lob, Vorbilder. Optimales Erziehungsverhalten ist situationsgerecht. Deshalb kann es kein „Patentrezept" dafür geben.

„Unsere Aufgabe als Erzieher ist es nicht, unsere Kinder zu formen, sondern Ihnen die Möglichkeit zu geben, sich zu offenbaren".
(Maria Montessori)

Orientierung an Bedürfnissen

Nur wenige Erziehende setzen sich mit der jeweiligen Situation und mit dem Bedürfnis ihres Kindes sowie dem eigenen Bedürfnis auseinander. Dabei geht es darum, das Denken und Fühlen herauszufinden, um das Handeln zu verstehen.

Orientierung an den Wünschen und Bedürfnissen und einer möglichen Leistung meines Kindes
- Was denkt mein Kind?
- Welches Bedürfnis hat es?
- Was ist ihm wichtig daran?
- Was fühlt es in diesem Moment?
- Weshalb handelt es so?
- Was ist es in der Lage, selbstständig durchführen zu können?
- Wo benötigt es möglicherweise Unterstützung?
- Welche Unterstützung benötigt es?

Diese Fragestellungen ermöglichen es dem Erziehenden, empathisch auf das Kind/den Jugendlichen einzugehen. Das Ziel dabei ist, den anderen zu *verstehen*, seine Sichtweise zu erkennen.

Gleichzeitig muss der Erziehende sich selbst hinterfragen, seine eigenen Interessen und Bedürfnisse erkennen und bewusst machen. Erst das schafft Zufriedenheit mit sich selbst und seiner Leistung.
- Was ist mir wichtig?
- Was ist mein Bedürfnis?
- Wie geht es mir, was fühle ich im Moment?
- Welche Möglichkeiten stehen mir momentan zur Verfügung?
- Wie kann ich vorgehen?
- Wie kann ich mein Kind unterstützen?

Erst nach dieser Auseinandersetzung ist ein Gespräch im Sinne von anleitend, fördernd und gleichzeitig fordernd möglich.

Lassen Sie sich von diesem Fragenkatalog nicht abschrecken. Ich habe mich bemüht, sehr detailliert darauf einzugehen und je öfter Sie sich damit auseinandersetzen, umso einfacher wird es für Sie sein, diese Fragen beantwortet zu bekommen. Ein Erfolg ist Ihnen sicher.

Die Zeit, die Sie sonst in Missstimmung und Streit investiert haben, ist wahrscheinlich wesentlich länger und kostete mehr Energie, ganz abgesehen von den negativen Gefühlen, die auf beiden Seiten zurückgeblieben sind.

Investieren Sie also die Zeit und Ihre Energie in einen konstruktiven Lösungsansatz und Sie werden beeindruckt sein, wie reibungslos Sie und Ihr Kind zu einer Lösung kommen.

„Wenn jemand ein Problem erkannt hat
und nichts zur Lösung des Problems beiträgt,
ist er selbst Teil des Problems."
(Unbekannt)

Durch Berücksichtigung sowohl von Leistung = Autorität als auch den Bedürfnissen = Toleranz entsteht ein breiter Handlungsspielraum für einen ausgeglichenen Erziehungsstil. Es ist ein maßvoller Erziehungsstil mit einem ausgewogenen Verhältnis zwischen Vorgabe und Unabhängigkeit, zwischen Forderung und Förderung, zwischen Freiheit und Unterdrückung. Er basiert auf Gleichwertigkeit, Wertschätzung und Respekt.

Ziele, Wünsche wie auch unerwünschtes Verhalten werden zum Gegenstand des Gespräches. Daraus lernt das Kind und baut auf dieses erlernte Verhalten auf. Dadurch entwickelt es soziale Kompetenzen wie Kommunikations- und Konfliktfähigkeit. Für ein gutes Miteinander braucht es klare Regeln, Vereinbarungen und Grenzen. Diese sind für das Kleinkind noch enger gesetzt, im Laufe der Entwicklung werden diese Grenzen erweitert und das Kind hat gelernt, mit der Freiheit umzugehen. Es braucht angemessene Konsequenzen, wenn Vereinbarungen nicht eingehalten werden oder gegen Regeln verstoßen wird. Bereits in den 40er-Jahren erkannte Heinrich Jacoby in seiner Reformpädagogik, die sich gegen Drill und Zwang richtete, Kinder müssen sich entfalten können, anstatt erzogen zu werden. (Biedermann, 2003) Es braucht oft Zeit für Gespräche, an der Beziehung zueinander wird ständig gearbeitet. Das bedeutet nicht, dass es keine Konflikte gibt, sondern dass diese genutzt werden, Veränderung herbeizuführen und gemeinsame Lösungen zu finden.

Mit den richtigen Voraussetzungen durch Erziehende bringt dieser Stil kompetente, sozial verantwortungsbewusste, selbstsichere und unabhängige Kinder hervor, die ein positives Selbstbild und gute Chancen besitzen, ihr Leben erfolgreich zu gestalten.

Entwicklungsziel ist eine persönliche Integrität, also eine Übereinstimmung des persönlichen Wertesystems und dem eigenen Handeln. Der heranreifende Mensch soll nicht Ausführungsorgan der ihm aufgetragenen Anweisungen sein, sondern aufgrund seines Intellektes und seiner entwickelten Werte und Einstellungen selbstständig handeln können. Diese kompetente Handlungsfähigkeit muss von Anfang an trainiert werden, wenn wir selbstständige und eigenverantwortliche Menschen heranbilden wollen.

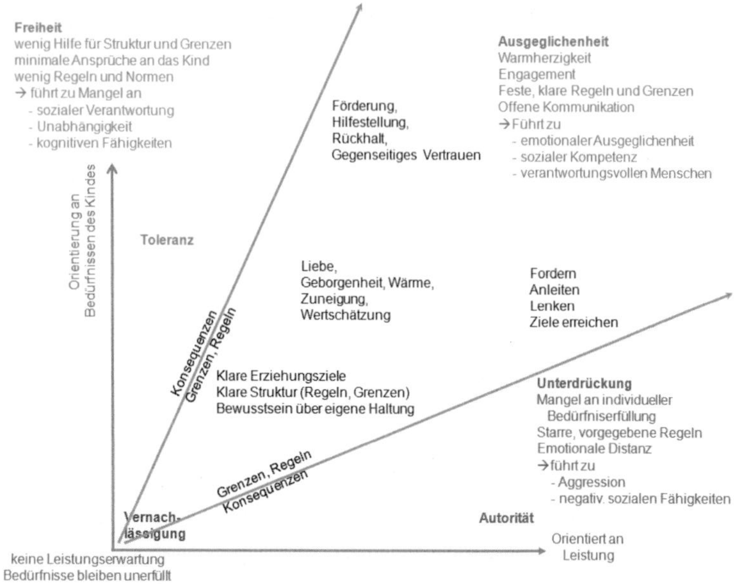

Erziehung durch Coaching

„Das funktioniert nicht", werden manche von Ihnen nun vielleicht sagen. „Wie soll ein Kind wissen, was es darf und was nicht". Die Kinder wissen es, und ansonsten probieren sie oder fragen sie. Beides ist für ihre Entwicklung fördernd.

Kinder können selbst Entscheidungen treffen

Ich denke, dass Kinder – so jung und klein können sie gar nicht sein – selbst gewisse Entscheidungen treffen können, die in ihrem Verantwortungsbereich liegen. Kleinkinder mit einem Jahr treffen bereits die Entscheidung, ob sie

- von jemandem hochgehoben werden wollen oder nicht,
- ob sie ein Bussi geben wollen oder nicht,
- ...

- Das lassen wir in der Regel noch verständnisvoll zu und drängen das Kind nicht.

Bei Entscheidungen

- ob sie die Hand geben wollen und „Grüß Gott" sagen wollen oder nicht,
- ob ihnen etwas schmeckt und sie es essen wollen oder nicht,
- …
- wird das Kind durch Druck und Autorität „Gib schön die Hand, die rechte Hand" zu dem Erziehungsziel der Erwachsenen *hingezogen:*

Wenn wir es zulassen, dass das Kind den anderen nicht nach unseren Regeln und Normen begrüßen will, hat es zumindest einmal den Vorteil, dass kein Druck auf das Kind ausgeübt wird. Druck erzeugt nämlich häufig Gegendruck und häufig weigern sich Kinder dann, andere so zu begrüßen.

Auf das ursprüngliche Bedürfnis des Kindes, weshalb es nicht die Hand geben will – möglicherweise Schüchternheit –, wird nicht geachtet.

Erziehende können auf ihre Vorbildwirkung vertrauen. Wenn sie andere Personen begrüßen, indem sie ihnen die Hand geben, wird das Kind beobachten, was sie machen und wie sie es machen. Wenn es die Reife dazu hat, wenn seine darunterliegenden Bedürfnisse erfüllt sind, wird es dieses Begrüßungsritual ebenso übernehmen. Ein starker Antrieb im Menschen ist „dazugehören".

Erziehung ist Vorbildwirkung

Eltern haben Vorbildfunktion. Aus dem Verhalten der Eltern lernen Kinder mehr als durch bevormundende Worte. Kinder beobachten und ahmen nach und lernen dabei viel über unser Beziehungssystem. Es ist ein Lernen am Modell. Dabei nehmen Eltern Einfluss durch:

- Vorbildwirkung
- Wer und was sind Eltern für das Kind
- Die Art und Weise der Beziehung
- Wie sehr sind wir bereit, das Kind zu verstehen
- Wie gehen wir mit seinen Bedürfnissen um
- Inhalte
- Was wir dem Kind durch Worte vermitteln

Die Gewichtung der einzelnen Aspekte wird durch die pyramidische Darstellung deutlich.

Einflussnahme in der Erziehung

Dem *Tun* kommt dabei der höchste Stellenwert zu, den appellierenden Worten sehr wenig.

Mit zunehmendem Alter ändert sich auch der Umfang für eigene Entscheidungen.

Dafür braucht es wieder einen Rahmen und Grenzen. Innerhalb dieses Rahmens dürfen sich die Kinder frei bewegen, eigene Entscheidungen treffen, sind jedoch auch gefordert, die Verantwortung für ihr Tun zu übernehmen. Wenn sie Hilfe brauchen, müssen sie sich an jemanden ihres Vertrauens wenden können.

So können Schulkinder bereits im Volksschulalter entscheiden, ob sie

- nach der Schule müde sind und lieber ein wenig ausrasten oder
- zuerst essen wollen oder
- sofort die Hausübung machen.

Eigene Entscheidungen zu treffen bedeutet, sich mit verschiedenen Möglichkeiten auseinanderzusetzen, Für und Wider abzuwägen und für die eigene Wahl Verantwortung zu übernehmen.

Dieses Wissen erleichtert es Ihnen, Ihren Kindern einen konkreten Rahmen vorzugeben, der die Bedürfnisse und Wünsche des Kindes berücksichtigen soll.

Erziehung braucht einen Rahmen

Erziehung braucht neben
- Wärme, Liebe, Zuwendung
- Struktur und Ordnung,
- Förderung, Anerkennung,
- Wertschätzung, Respekt, Achtung,
- Vertrauen und Kooperation

  auch
- Regeln und
- Grenzen unter der Berücksichtigung von
- Normen.

Regeln und Grenzen sind für eine gesunde Entwicklung von Kindern wichtig!!

Regeln sind meist Anleitungen für Verhaltensweisen. Im Normalfall bestehen Regeln aus Geboten und Verboten. Sie resultieren aus Werturteilen und Bedürfnissen und geben Grenzen vor. Sie erleichtern das Zusammenspiel bzw. Zusammenleben und sind deshalb für jedes System (Familie, Schule, Unternehmen) erforderlich. Regeln können von hierarchisch übergeordneten Personen formuliert und direktiv bestimmt, also ohne Erklärung weitergegeben werden. Sie sind oft rational nicht begründbar. Sie können jedoch auch gemeinsam erarbeitet werden. Regeln müssen Sinn machen und sind mit Gefühlen verbunden. Gefühle sind eine innere Realität, sollten ernst genommen und berücksichtigt werden und kennen keinen Gehorsam. Deshalb erachte ich gemeinsam erstellte Regeln als sinnvoll und zielführender.

Regeln sind für das Zusammenleben in der Familie notwendig:

- Gegenstände von anderen Familienmitgliedern nimmt man nicht, ohne vorher zu fragen
- Gemeinsame Aktivitäten werden vorher besprochen
- Wenn einer spricht, lassen wir ihn ausreden
- Alkohol wird nicht maßlos und täglich genossen
- Bevor wir uns zu Tisch setzen, waschen wir uns die Hände
- Nur bestimmte Sendungen werden gezielt angesehen
- usw.

Übung 24

Regeln zu Hause

Überlegen Sie einmal, welche Regeln bei Ihnen zu Hause gelten, wie sie entstanden sind und wie Ihre Kinder damit umgehen?

1. ....

2. ....

3. ....

4. ....

5. ....

Was ist Ihnen dabei wichtig? Weshalb geben Sie diese Regel vor?

Regel 1. ....

Regel 2. ....

Regel 3. ....

Regel 4. ....

Regel 5. ....

Sinnvoll und zielführend ist es, wenn im Familienverband *gemeinsame* Regeln erstellt werden. Dabei sollen nicht nur einseitige Bedürfnisse, also die Bedürfnisse der Eltern beachtet werden, sondern müssen auch die der Kinder Beachtung finden. Weiters wird zwischen Regeln unterschieden, die unbedingt eingehalten werden müssen – z. B. aus Sicherheit – und solchen, die dem Kind die Möglichkeit einräumen, selbst Verantwortung für sein Tun zu übernehmen.

Grenzen braucht das Kind, um sich orientieren zu können und um geschützt zu werden. Je früher das Kind lernt, innerhalb seiner Grenzen zu agieren, umso leichter wird es sich später an den Rahmen halten. Jedes Kind benötigt seine eigenen Grenzen. Diese sind vom Alter, von der Persönlichkeit des Kindes abhängig. So brauchen lebhafte Kinder manchmal engere Grenzen als ruhige, angepasste.

Die Auseinandersetzung der Eltern mit Grenzen ermöglicht es ihnen, festzustellen, was noch innerhalb des Rahmens sein darf und wo die Grenze klar bleibt. Das schützt davor, einmal etwas zu verbieten und beim nächsten Mal wieder zuzulassen.

Grenzen sind für die Orientierung des Kindes wichtig, und vermeiden ständige Verhandlungen und Diskussionen mit den Eltern:

- Wie lange dürfen Kinder am Abend aufbleiben
- Wo dürfen Kinder alleine hingehen
- Wie lange dürfen sie am Nachmittag im Freien/bei Freunden sein
- usw.

Um diesen Rahmen zu definieren, benötigen wir Zeit, Zeit für Gespräche, Zeit für Beziehung. Der Vorteil dabei ist, dass geleistete Beziehungsarbeit ein Fundament darstellt, auf das aufgebaut werden kann.

Der Rahmen in der Erziehung

Diesen Rahmen nehme ich als Grundschema für die Festlegung von Regeln und Grenzen.

Mir erschien es richtiger, sich mit der jeweiligen Situation auseinanderzusetzen, mit den Kindern darüber zu sprechen und danach die Kinder selbstständig handeln zu lassen. Anstatt Verbote auszusprechen, habe ich sie angeregt, darüber nachzudenken, wie wichtig es ihnen ist und welche Konsequenzen auf sie zukommen können. Ein schnelles *„Nein“* gab es selten für meine Kinder und nur dann, wenn es wirklich notwendig war. Sie haben dadurch gelernt, sich mit ihrer Umwelt und mit sich selbst auseinanderzusetzen.

Kindern muss klar sein, dass es diese Regeln und Grenzen braucht, um sie zu schützen, um sie vor Unheil zu bewahren, um Kooperation und gegenseitiges Verständnis zu ermöglichen. Dafür ist es wichtig, dass das Kind seine eigenen Bedürfnisse erkennt und sich seiner Grenzen bewusst ist. In gemeinsamen Gesprächen können Kinder ihre eigenen Bedürfnisse erkennen und wahrhaben, ebenso wie sie Bedürfnisse bzw. Befürchtungen ihrer Eltern kennenlernen. Kinder brauchen einen klar definierten Rahmen und es braucht Konsequenzen, wenn dieser Rahmen überschritten wird. Der Dimension dieses Rahmens muss viel Aufmerksamkeit gewidmet werden und er muss an die Fähigkeiten und die Entwicklung des Kindes angepasst sein und immer wieder erweitert werden.

Übung 25

Rahmen

Nehmen Sie sich die Zeit und setzen Sie sich gemeinsam mit Ihren Kindern an einen Tisch. Überlegen Sie!

- Welche Bedürfnisse haben Sie und welche Ihr Kind?
- Was ist Ihnen wichtig, was ist Ihrem Kind wichtig?
- Was wollen Sie und was will Ihr Kind?
- Was sind Ihre Befürchtungen?
- Was kann dagegen unternommen werden? Das Kind soll hier aktiv werden
- Was trauen Sie Ihren Kindern zu?
- Was trauen sich Ihre Kinder selbst zu?
- Gibt es dazu bereits Erfahrungen?
- Wo braucht Ihr Kind möglicherweise Ihre Unterstützung?
- Wie können Sie Ihr Kind unterstützen?

Die Antworten dieser Fragen ergeben eine Diskussionsbasis. In einem konstruktiven Gespräch kann nun ein solcher Rahmen erstellt werden.

Wertschätzung und Zuwendung helfen, diesem Gespräch eine besondere Qualität zu geben. Diese werden Ihr Kind und Sie schätzen.

> Einen solchen Rahmen braucht es in der Erziehung. Er gibt den Heranwachsenden Halt und den Erziehenden Hilfestellung. Er ist Orientierung für beide Seiten und Orientierung gibt Sicherheit. Sicherheit lässt Autonomie zu.

Normen sind aus unseren Erfahrungen und Erkenntnissen gewonnene Leit- oder Richtlinien. Sie beziehen sich auf gut brauchbare Mittelwerte, die dann als verbindliche Norm angesehen werden und an denen wir uns orientieren können bzw. müssen. Das Jugendschutzgesetz ist eine allgemein gültige Norm, die vorgegeben wird. Allerdings ist in Österreich der Jugendschutz nicht einheitlich geregelt. Jedes Bundesland hat sein eigenes Jugendschutzgesetz. Für Kinder und Jugendliche gilt immer das Gesetz jenes Bundeslandes, in dem sie sich gerade aufhalten.

Geschichte

Wir wohnten in einem Mehrfamilienwohnhaus. Gegenüber von uns wohnte eine Familie mit einem kleinen Kind, es war noch kein Jahr alt und mit einem Laufwagerl unterwegs. Einmal huschte es unbemerkt bei der Wohnungstüre hinaus auf den Gang – unwissend, was Stiege bedeutet – und fiel samt dem Laufwagerl über die Stiege hinunter. Wir alle hatten einen Schock und das Kind einen Schutzengel. Gott sei Dank war nichts passiert. Dieses Erlebnis hat mich bewogen, meinen Kindern die Stiege näherzubringen. Ich wollte nicht sagen: „Pass auf, du fällst sonst hinunter". Darunter hätten sie sich kaum etwas vorstellen können. Erwachsene und größere Kinder benutzen sie täglich und fallen auch nicht hinunter. Sie hätten es vielleicht ausprobiert.

Also ließ ich sie ausprobieren, wie sie die Stiege auf und ab am besten meistern, ohne Gefahr zu laufen, das sie Übergewicht bekommen und hinunterstürzen. Sie lernten schnell und ich brauchte nie mehr Angst zu haben, dass sie auf der Stiege stürzen, weil sie die Gefahr nicht kannten. Ihrem Entwicklungsstand angemessen haben sie dieses Können selbstständig erweitert und sind mit ca. zwei Jahren sicher und aufrecht über die Stiege gegangen.

Kinder wissen genau, was sie sich zutrauen können und was nicht, sie probieren aus und wollen ihre Grenzen erweitern.

Als Eltern müssen wir die Situation überdenken und die Grenzen der Situation anpassen. Nur so können sich Kinder entwickeln und erwachsen werden.

Geschichte

Unser 14-jähriger Sohn wollte im Sommer nicht mit uns auf Segelurlaub fahren. Er war gerade in einer Phase, in der er sich mit seinem Bruder nicht gut verstand, sie stritten oft. Wir machten uns gemeinsam Gedanken, wie wir diese Situation meistern könnten. Im gemeinsamen Gespräch teilte er uns mit, dass er lieber bei Freunden von uns, die in Kroatien am Campinglatz urlaubten, bleiben wollte. Sie hatten Kinder in seinem Alter. Wir sprachen mit der Familie und sie erklärten sich bereit, unseren Sohn etwas zu beaufsichtigen und mit Essen zu versorgen. Wohnen musste er alleine in unserem Wohnwagen, der ein gutes Stück vom Wohnwagen der anderen Familie entfernt platziert war. Unsere Freunde waren seine Ansprech- und Bezugspersonen, mit denen wir via Mobiltelefon in Kontakt waren. Nach reiflicher Überlegung (er war ja erst 14!) erlaubten wir unserem Sohn, diese eine Woche allein in unserem Wohnwagen in Kroatien zu bleiben. Mit gemischten Gefühlen verabschiedeten wir uns von ihm. Ich gab ihm alle guten Wünsche mit auf den Weg und ich sagte ihm, dass er nun die Verantwortung für sich selbst hatte. Er musste auf sich und auf den Wohnwagen achten. (Sie wissen ja, wie Mütter sind.) Auch er hatte ein Handy bekommen und konnte uns jederzeit erreichen. Nach den ersten Tagen stellten wir fest, dass alles glattging und konnten erleichtert und beruhigt unseren Urlaub genießen.

Diese Erfahrung hat ihn sehr selbstständig werden lassen. Gewissenhaft hat er alle Aufgaben erledigt, die er in den letzten Jahren des gemeinsamen Campingurlaubes mit uns erlebt hat. Er hat sogar einxen Kuchen gemacht und unsere Freunde zum Kaffee eingeladen – als Gegeneinladung, weil er jeden Tag bei ihnen zum Essen war.

Ich habe meinen Kindern nie verboten zu rauchen oder Alkohol zu trinken. Wir haben sie über Auswirkungen, Für und Wider informiert. Ich appellierte an ihre Vernunft als Gegenpol zum Gruppenzwang. Sie haben erlebt, wie wir als Eltern mit Nikotin oder Alkohol umgehen, und wir trinken auch gerne mal ein Glas Wein zum Essen oder bei einem gemütlichen Beisammensein am Abend. Aber: Wir betrinken uns nicht, um erst dann Spaß zu haben – und daraus lernen sie, denke ich am meisten.

Oft habe ich schon beobachtet, dass sie tägliche Dinge so handhaben, wie wir es auch machen.

Geschichte

Wir haben Bekannte, die rauchen. Unsere Kinder waren damals 10 und 8 Jahre alt und fragten diesen Bekannten: „Warum rauchst du?" „Weil es mir schmeckt", war die Antwort. „Wieso schmeckt das gut, wenn es so grauslich riecht?", war ihre logische zweite Frage und dann wollten sie einmal probieren, wie das schmeckt. Wir sind Nichtraucher. Zuerst war ich entsetzt, dann aber stimmten wir – mein Mann und ich – zu. Irgendwann werden sie es ohnehin ausprobieren. Also zündete unser Bekannter eine Zigarette „extra für die Jungs" an und reichte sie ihnen. Es war ein Aufschrei beim ersten Versuch: „Wääh, ist das grauslich" und mein Sohn hustete und hustete. Der zweite Sohn war dadurch schon vorgewarnt, wollte aber auch unbedingt probieren. Es erging ihm genauso. Danach zogen sie sich zurück, sie mussten diese grausliche Erfahrung erst einmal verdauen. Am Abend vor dem Schlafengehen sprachen sie das Thema nochmals an und wir unterhielten uns darüber. Ich erzählte ihnen, dass ich es auch grauslich finde und wahrscheinlich jeder, der zu rauchen beginnt. Viele junge Burschen und Mädchen rauchen, weil sie glauben, älter zu wirken oder cool zu sein. Aber Nikotin hat die Wirkung, dass der Körper nach einer Zeit immer wieder danach verlangt. Dann ist es nicht mehr so einfach zu sagen: „Ich rauche nicht mehr". Es ist eine Sucht und es ist nicht gesund. Manche werden sehr krank davon. Später möchten die Erwachsenen gerne aufhören, aber die Sucht nach dem Nikotin lässt sie nicht los.

Ich glaube, sie haben es nie mehr versucht und sind bis heute Nichtraucher geblieben.

Bis 16 Jahre war Alkohol kein Thema. Erst mit dem Weggehen am Samstagabend kam die Gelegenheit und damit meine Sorge.

Für die „Samstag-Abend-in-die-Stadt-gehen-Ausflüge" vereinbarten wir deshalb Regeln.

- Was genau wollten sie?
- Was war ihnen wichtig?
- Wo gehen sie hin?
- Mit wem sind sie unterwegs?
- Was war uns Eltern wichtig?
- Was tun, wenn ...?

Wir haben Vereinbarungen getroffen. Daran haben unsere Jungs mitgearbeitet und ich denke, sie haben sich auch daran gehalten.

Natürlich sind solche Vereinbarungen veränderlich. Damit meine ich, dass mit zunehmenden Alter auch der Rahmen größer wird.

Geschichte

Unsere Jungs erzählten zu Hause, dass andere Jugendliche Bier oder Alkopops trinken und dass alle viel länger wegbleiben dürfen als sie selbst. Sie beobachteten aber auch, was der Alkohol mit den jungen Menschen machte. Wie lustig und „verrückt" sie davon wurden, ja manche nicht mehr stehen oder gehen konnten. Wir sprachen oft darüber und ich erklärte ihnen, was Alkohol im Körper, vor allem im Gehirn von jungen Menschen, die noch in der Entwicklung sind, bewirkt und wie sich das auf das weitere Leben auswirken kann.

Mit 17 haben sie beide begonnen, den Führerschein zu machen und damit war Weggehen in Verbindung mit Alkoholtrinken ohnehin kein Thema mehr. Wir wussten, dass wir unseren Söhnen vertrauen können, und wir sind nie enttäuscht worden.

Damit möchte ich jedoch nicht zum Ausdruck bringen, dass unsere Jungs nie Alkohol trinken. Ich denke, sie haben einen bewussten und gesunden Umgang damit.

Solche Geschichten könnte ich viele erzählen. Ich will damit nicht zeigen: Sehen Sie her, wie ich das gemacht habe, sondern ich möchte Ihnen zeigen, dass es funktioniert, wenn Eltern ihren Kindern Verantwortung überlassen und Vertrauen entgegenbringen. Je früher Sie damit beginnen, umso selbstverantwortlicher werden Ihre Kinder sein und Verantwortung für ihr *Tun* übernehmen.

Konsequenzen

Regeln und Grenzen haben nur einen Sinn, wenn es auch Konsequenzen für Regelbrüche gibt.

Konsequent sein bedeutet, sich folgerichtig zu benehmen. Es ist für Kinder von großer Bedeutung zu merken, dass sich Dinge nach Gesetzmäßigkeiten verändern und dass Menschen im Großen und Ganzen übersichtlichen Regeln folgen. Nur auf diese Art und Weise werden sie in die Lage versetzt, sich in einer komplizierten Welt zu orientieren.

Für die Erziehung kann man Folgendes daraus ableiten:

- *Vorbildwirkung hat die stärkste Wirkung*

Deshalb verhalten Sie sich als Elternteil nicht einmal streng und autoritär und das nächste Mal locker und zulassend. Was letztes Mal verboten war, darf nicht heute erlaubt sein, nur weil Sie als Elternteil heute besser gelaunt sind, freundlicher gestimmt sind. Damit verlieren Sie das Vertrauen und die Achtung Ihres Kindes. Die Gefahr, dass Sie Ihr Kind mit der Zeit nicht mehr ernst nimmt, ist gegeben.

- *Richtiges Verhalten muss einen Sinn ergeben*

Wenn Ihr Kind mit den schmutzigen Gartenschuhen nicht in die Wohnung darf, dann darf es das nie. Es gibt keine Ausnahme. Sollte es sich nicht an diese Regel halten, hat das eine logische Folge: Es hat mit seinen Schuhen Erde, Sand hereingetragen. Nun muss es den Staubsauger herausräumen und den Schmutz wegsaugen. Und denken Sie bitte nicht, dass ein 5-jähriges Kind den Staubsauger nicht bedienen kann. Es braucht vielleicht Ihre Unterstützung, aber Sie sollten nicht zuerst schimpfen und ihm dann die Arbeit abnehmen.

So eine „logische Folge“ hat den Vorteil, dass sie nicht als Strafe empfunden wird. Das Kind versteht sehr schnell, worum es geht und passt beim nächsten Mal mehr auf.

→ *Das funktioniert übrigens auch gut bei Männern, die mit Tennisschuhen durch die Wohnung gehen.* ☺

Wenn Eltern ihrem Kind von Anfang an zeigen, das es Grenzen und Regeln gibt und diese ernst gemeint sind, wird das Kind immer seltener versuchen, die Grenzen der Eltern zu testen.

Auch hier bedarf es an Wärme und Sinnhaftigkeit, denn auch klare Grenzen dürfen nicht in Sturheit ausarten.

Konsequenzen können nur gezogen werden, wenn die Regeln vorher klar definiert und dem Kind bekannt waren.

Fehlverhalten

Was bedeutet für Sie Fehlverhalten?

Übung 26

Fehlverhalten ist, wenn …

Die Beurteilung, ob eine Handlung, ein Tun „Fehlverhalten" ist und in welcher Form, ist von der individuellen subjektiven Wahrnehmung abhängig. Diese Wahrnehmung wird beeinflusst von Wertvorstellungen, den Werten der Gesellschaft und von Bedürfnissen und Wünschen.

Hält das Kind an seinen eigenen Wünschen und Werten fest und bleibt es seinen Werten treu, d. h., es kooperiert mit sich selbst, stärkt es seine Integrität, hat es also gelernt, sich zu abzugrenzen. Das löst beim anderen häufig Missfallen aus. Dies wird dann gerne als „Fehlverhalten" bezeichnet.

Passt sich das Kind an, gibt es seine eigenen Werte, seine Integrität teilweise auf und „folgt" den Wünschen des anderen, kooperiert es mit dem anderen.

Anpassung ist ein wichtiger Bestandteil der Kooperationsfähigkeit.

Auf jeden Fall befindet sich das Kind oder der/die Jugendliche in einem inneren Konflikt, einem Gefühl von Verwirrung und vielleicht sogar Angst. Beide Arten der Kooperation zeigen soziale Fähigkeit.

Vom nachfolgenden Verhalten der Erziehenden hängt es ab, was das Kind daraus lernt und wie es sich in Zukunft in solch einer Situation verhält. Ob es seine Integrität stärkt oder ob es sich anpasst, oder aber ob es lernt, Fehlverhalten bewusst einzusetzen.

Dreikurs[32] definiert den Begriff Fehlverhalten als ein *„Verhalten, das aus dem Unvermögen entsteht, durch Kooperation dazuzugehören".* (Dreikurs, 1990) Dabei müssen wir jedoch die Entwicklungsphasen des Kindes berücksichtigen. Denn Säuglinge und Kleinkinder setzen kein bewusst gesteuertes Verhalten ein, sie machen auf sich aufmerksam, wenn Bedürfnisse unerfüllt bleiben. Erst aus den Reaktionen der Eltern lernen sie. Mit zunehmendem Alter und nach „verbuchten Erfolgen" setzen sie diese erlernten Strategien bewusst ein.

32 Rudolf Dreikurs: österreichisch-amerikanischer Psychiater, Pädagoge und Psychologe und Vertreter der Individualpsychologie.

Beispiel

Wenn ein Kind zur Welt kommt, verlässt es seinen geschützten Raum. Es kennt die Stimme der Mutter, prägt sich sofort ihren Geruch ein. In der Folge wirken viele neue Einflüsse auf den Säugling ein und es entstehen Bedürfnisse. Das Baby weint, weil es Hunger hat. Es kann aber auch ein körperliches Bedürfnis nach Nähe haben. Von der Reaktion der Mutter hängt es nun ab, was das Baby aus „dem Weinen" lernt. Kommt die Mutter und erfüllt das Bedürfnis des Kindes, indem sie es füttert und zu sich nimmt, erfährt das Kind, dass es gut aufgehoben ist und gewinnt Vertrauen.

Babys, die gefüttert, gewickelt sind und trotzdem weinen, haben noch immer ein Bedürfnis. Sie rufen nach Nähe und Zuwendung. Sie wollen die Mutter sehen, hören, spüren. Wenn die Mutter nun auf das Weinen nicht nur mit Zuwendung reagiert, indem sie mit dem Baby spricht, es berührt, sondern das Baby herausnimmt und herumträgt oder dem Baby den Schnuller in den Mund steckt, hat das Baby gelernt: Weinen bringt körperlichen Kontakt (= Nähe) oder Befriedigung durch den Schnuller (= Distanz).

Aus diesen ersten Erfahrungen lernt der Säugling und beginnt sein Lebensskript „zu schreiben".

Bleiben Bedürfnisse oft unerfüllt, verstärkt das Kind seine Aktivitäten, um diese Bedürfnisse erfüllt zu bekommen.

Es bekommt zu wenig Aufmerksamkeit, zu wenig Beziehung – also verhält es sich so, dass es Aufmerksamkeit erregt, und bekommt dadurch Beziehung.

Fehlverhalten zielt ab auf

- *Aufmerksamkeit:* Das Kind bekommt zu wenig positive Aufmerksamkeit, es möchte dazugehören und auffallen
- *Macht:* Das Kind darf zu wenig, es möchte unabhängiger sein, es traut sich mehr zu und fühlt sich stark
- *Rache:* Das Kind fühlt sich verletzt, es bestraft andere (seine Geschwister, Eltern oder Erziehende), indem es sich rächt

- *Unfähigkeit unter Beweis stellen:* Das Kind ist entmutigt, es hat keine Möglichkeit gefunden, durch positives Verhalten aufzufallen bzw. dazuzugehören. Es gibt sich hilflos, unmotiviert und überzeugt andere davon, es aufzugeben. (Dreikurs, 1990)

Eltern reagieren unterschiedlich auf Fehlverhalten ihrer Kinder. Sind sie selbst unter Druck, unter Stress, reagieren sie eher ärgerlich und aggressiv auf das Verhalten ihres Kindes. Häufig wird dann geschimpft und gestraft. Darauf reagieren Kinder entweder rebellisch und werden aggressiv oder sie ziehen sich zurück und passen sich an. Sie gehorchen aus Angst. Diese Angst kann später in Aggressivität umschlagen. Bettelheim[33] sagt: *„Angst vor Strafe kann zwar davon abhalten etwas Unrechtes zu tun, aber sie veranlasst das Kind nicht, das Rechte zu tun."* (Bettelheim, 2003). Deshalb ist es notwendig, dem Kind einen konstruktiven Weg aufzuzeigen. Nicht das Fehlverhalten sollte zum Thema gemacht werden, sondern der Weg zum gewünschten Verhalten. Denken Sie positiv!

Was kann das Kind tun, damit das nicht noch einmal passiert?

Häufig erlauben Eltern ihren Kindern mehr, als sie eigentlich möchten. Sie sind gutmütig, großherzig, haben „momentan" nicht die Zeit dazu, scheuen die Auseinandersetzung, die Diskussion, es ist ihnen peinlich, vor anderen das Kind zu maßregeln. Sie geben dem kindlichen Willen nach und wundern sich, dass die Kinder sie bald nicht mehr ernst nehmen. Manchmal wird es doch auch den „nachgebenden Eltern" zu viel und das Ergebnis gleicht einem „Donnerwetter". Das Kind hat keine Orientierung, es weiß nicht, wann sein Verhalten okay ist und wann nicht. Es verliert das Vertrauen in seine Eltern.

33 Bruno Bettelheim, US-amerikanischer Kinderpsychologe.

Beispiel

Die große Schwester Sarah (4) baut mit Bausteinen. Der kleine Bruder Stefan (1 ½) sieht zu. Plötzlich möchte auch er bauen und zerstört das „Kunstwerk" seiner Schwester. Die 4-Jährige schreit und tobt und weint. Sie ist enttäuscht, wütend und traurig und ruft nach Aufmerksamkeit und Hilfe der Mutter. Sarah kommt mit der Situation, mit ihren Gefühlen alleine nicht zurecht. Stefan erschrickt durch das Geschrei und beginnt dadurch auch zu weinen. Die Mutter kommt, sieht beide weinen, nimmt den Kleinen auf den Arm und beruhigt ihn und tadelt Sarah wegen des Geschreis. Sarah versteht die Welt nicht mehr!

Beim nächsten Mal „revanchiert" sie sich bei ihrem Bruder. Sie stößt ihn weg, er darf nicht mitspielen. Sarah übt Macht aus. Der Kleine weint und Mutter kommt, um nach dem Rechten zu sehen. Sie schimpft mit Sarah, weil diese den Bruder nicht mitspielen lassen will.

Beim nächsten Mal wird Sarah vielleicht Rache zum Einsatz bringen.

Wie würden Sie als Mutter nun reagieren?

Haben Sie Angst, dass das Verhalten der Mutter nun das „Fehlverhalten" von Sarah fördert?

Sie ist ungezogen und soll nun auch noch mit Zuneigung belohnt werden?

Möchte die Mutter nun „psycho"-logisch reagieren, müsste sie Sarah ihre Aufmerksamkeit widmen und „*deren* Problem" betrachten.

Genau das wäre die richtige Aktion der Mutter. Dem „unerhörten Verhalten" von Sarah liegt zugrunde, dass ihr Verhalten „unerhört" geblieben ist (ausführlich Schulz v. Thun, 1992). Wenn die Botschaft also nicht gehört wird, muss das Kind lauter werden, es muss schwerere Geschütze auffahren, um gehört zu werden. Meist ruft es jedoch im Verhalten der Mutter genau das Gegenteil hervor.

Macht die Mutter das Verhalten von Sarah zum Thema, spricht sie mit ihr darüber, bietet sie ihr Alternativen oder regt sie Sarah zum Nachdenken an, wie diese Situation gelöst werden kann, dann lernt Sarah zu kooperieren.

Das heranwachsende Kind baut auf seinen bisher gemachten Erfahrungen auf und setzt sein Verhalten teilweise bewusst ein, um etwas zu bekommen, das es ‚normalerweise' nicht bekommt. Es zahlt sich für das Kind aus, das hat es aus der Reaktion des anderen gelernt.

Das quengelnde Kind, das mit der Mutter einkaufen geht und ungeduldig und unbeschäftigt, vielleicht noch wenig beachtet im Einkaufswagen sitzt, wird beim Anstehen an der Kassa von der Mutter mit etwas Süßem abgelenkt, damit es ruhig ist oder es wird belohnt, weil es so brav war. Das Kind lernt daraus:

- Quengeln im Supermarkt bringt Süßigkeiten oder
- total Bravsein bringt Süßigkeiten.

Diesen ‚Erfolg' verbucht es und wird bei entsprechendem Verhalten die Süßigkeiten immer wieder einfordern.

Was tun Mütter, deren Kinder im Supermarkt an der Kassa nach Süßigkeiten schreien?

Ein Kind, dessen Eltern berufstätig sind, wenig Zeit für das Kind haben und deshalb vom schlechten Gewissen ihrem Kind gegenüber geplagt werden, sind geneigt, die materiellen Wünsche ihres Kindes zu erfüllen. Das Kind erkennt das sehr schnell und die Obergrenze für Taschengeld, Spiele, Designer-Kleidung steigt an. Manchmal gibt es deswegen auch Streit in der Familie, den Eltern ist es bewusst, aber „sie können es nicht ändern", ohne wiederum für Zwist in der Familie zu sorgen. Der einfachere Weg ist oft der, den Kindern ihre Wünsche zu erfüllen. Für konkrete Auseinandersetzung mit dem „Problem bzw. der Ursache für das Problem“, für mehr persönliche, seelische Zuwendung haben sie zu wenig Zeit. Also bekommt das Kind „Zuwendung“ in materieller Form. Alle sind glücklich. Das Kind und die Eltern letztendlich auch.

Im Kindergarten oder in der Schule verfolgen Kinder oft mehrere Ziele gleichzeitig. Sie wollen Aufmerksamkeit und äußern dies durch auffälliges Verhalten. Verhalten sich mehrere Kinder so, entwickelt sich dieses zu einem Machtkampf: Wer mehr auffällt, der bekommt mehr Zuwendung.

Wenn Sie gar nicht gewillt sind, auf den Wunsch Ihres Kindes einzugehen, erklären Sie ihm, weshalb. Sagen Sie klar und bestimmt „Nein. Ich möchte, dass …“. Bleiben Sie daran, bis das Kind sich anpasst und Ihrer Forderung nachkommt.

Nicht immer muss Ihre Antwort ein striktes *Nein* sein, ein „Reduzieren“ des Gewünschten oder eine gegenseitige Vereinbarung. Je nachdem, wie alt das Kind ist, welche Situation auf Sie zukommt, lassen Sie sich darauf ein. Sprechen Sie mit Ihrem Kind darüber, das fördert die Beziehung und die Kommunikationsfähigkeit.

„Eile ist der Feind der Selbstständigkeit.“

Um selbstbewusste und selbstverantwortliche Kinder heranzubilden, müssen Eltern mit gutem Beispiel vorangehen, Verantwortung zeigen und Selbstbewusstsein ausstrahlen.

Beispiel

Was machen Sie, damit Ihre Kinder keine Süßigkeiten nehmen?

Diese Frage wurde mir in Geschäften oft gestellt. Ich machte eigentlich gar nichts, diese Entscheidung trafen die Kinder selbst.

„Magst ein Zuckerl?", die Ihnen sicher bekannte Frage an der Kassa. „Magst ein Blattl Wurst?", die Frage bei der Feinkostabteilung.

Mit ca. 1 ½–2 Jahren haben die Kinder dieser indirekten Aufforderung und Neugierde nachgegeben. Sie haben das Blattl Wurst genommen, zweimal abgebissen und wollten es dann der Mama geben. Die Mama wollte es aber nicht. „Nein, danke, ich mag jetzt keine Wurst." Also mussten sie die Wurst selber essen. Eine andere Möglichkeit sahen sie nicht und ich bot auch keine an. Beim nächsten Mal, als die Frage kam, lehnten sie ab: „Nein danke, ich mag jetzt keine Wurst."

So einfach war das. Ich war selbst überrascht. Und es verlief mit den Zuckerln oder der Schoko gleich.

Übung 27

Meine Reaktion auf „Fehlverhalten“

Die folgende Anleitung soll helfen, eigenes Verhalten in schwierigen Situationen zu reflektieren:

Situation Welches Verhalten zeigt das Kind, der/die Jugendliche	
Meine Reaktion Wie reagiere ich darauf	
Was löst meine Reaktion beim anderen aus? Welches Verhalten zeigt das Kind, der/die Jugendliche	
Dieser Kreislauf Aktion – Reaktion lässt sich wie lange fortsetzen? Wodurch wird dieser Kreislauf abgebrochen oder unterbrochen? Wie zufrieden bin ich /ist das Kind, der/die Jugendliche mit der Lösung?	
Was ist mir dabei wichtig Meine Wertvorstellungen	
Was ist dem Kind dabei wichtig, was konkret will es? Was ist sein Bedürfnis? Was ist sein Interesse?	

Reagieren wir eher aufbrausend und weisen dem anderen „Schuld" zu.

„Du bist …", „Du kannst nicht …", „Du hast …" – das sind häufig gesprochene Sätze in unserer Kommunikation. Unser persönliches Bewertungssystem wertet, be- und verurteilt den anderen. Dieser fühlt sich angegriffen, unverstanden, verletzt und „verteidigt" sich.

Dabei erfolgt keine konstruktive Lösung des Problems, sondern das Problem bleibt bestehen und wird von einem zum anderen gereicht. Es ist ein Teufelskreis, der zu laufen beginnt.

Wer nun mit der Lösung zufrieden ist, kann die nächste Seite überspringen. Wer etwas verbessern möchte, den lade ich ein die gleiche Situation unter nachstehender Anleitung nochmals durchzudenken und zu reflektieren.

Um eine konstruktive Lösung anzustreben, muss der Erziehende Verständnis zeigen. Er muss auf das Problem eingehen und dieses hinterfragen.

Situation Welches Verhalten zeigt das Kind, der/die Jugendliche	
Meine Gefühle Was passiert in mir Weshalb passiert das	
Was ist mir dabei wichtig Meine Wertvorstellungen	

Entsteht ein Kreislauf „Aktion → Reaktion"?   Wenn ja, wodurch wird dieser Kreislauf abgebrochen oder unterbrochen?   Wenn nein, was hat es verhindert?   Wie zufrieden bin ich/ist das Kind, der/die Jugendliche mit der Lösung?

Wie fühle ich mich, welches Bedürfnis bleibt unerfüllt, wenn das Kind/der/die Jugendliche oder Erwachsene sich so verhält?

Dieser Gedankengang, dieser Schrittwechsel unterbricht die „In-Gang-Setzung" unseres üblichen Verhaltensmusters. Ich achte dabei nicht auf das „falsche" Verhalten des anderen, sondern auf meine Gefühle, die durch das Verhalten des anderen entstanden sind. Ich achte auf das eigene Bedürfnis, das möglicherweise nicht erfüllt wurde. Ich mache mir die Situation bewusst.

Wenn ich weiß, welches meiner Bedürfnisse nicht erfüllt worden ist und welches Gefühl daraus resultiert, habe ich die Möglichkeit, es anzusprechen.

Auch daraus lernt das Kind/der/die Jugendliche. Es/er/sie lernt auf die Gefühle und Bedürfnisse des anderen zu achten und wird sich dadurch auch seiner eigenen Gefühle und Bedürfnisse bewusst, kann sie aussprechen und damit argumentieren. Das schafft Nähe und Beziehung und bringt konstruktive Lösungen zutage.

Dieser Prozess erfordert einmal etwas Zeit und kostet Energie. Es wird zu Beginn nicht leicht fallen, sich damit auseinanderzusetzen, weil wir es nicht gewohnt sind, auf uns selbst zu achten. Erfolge mit dieser eigenen Verhaltensänderung spornen an und lassen es leichter erscheinen.

Um Fehlverhalten beim anderen festzustellen, müssen wir auf unsere eigene Reaktion achten, sie uns bewusst machen und reflektieren. Nur durch die eigene Verhaltensänderung kann Änderung im Verhalten des anderen bewirkt werden.

Nachfolgende Fragen sollen Ihnen helfen:

- Kennen Sie Ihre eigenen Interessen und Fähigkeiten?
- Sind Sie sich Ihrer eigenen Stärken bewusst und kennen auch Ihre Schwächen?
- Behandeln Sie Ihre Kinder respektvoll?
- Hören Sie Ihren Kindern zu und achten auf Ihre Bedürfnisse und Gefühle?
- Nehmen Sie sich Zeit für sich selbst und für Ihre Kinder?
- Gestehen Sie sich eigene Fehler ein? Wie gehen Sie damit um?
- Haben Sie den nötigen Humor und denken Sie positiv? Erziehung geht mit Lachen leichter.
- Zeigen Sie Ihren Kindern, dass Sie sie lieben und ihnen vertrauen?
- Ermutigen Sie Ihr Kind, Herausforderungen anzunehmen?
- Haben Sie ein konkretes Ziel, das Sie erreichen möchten? Zielerreichung verschafft Erfolgserlebnisse.

Kinder wollen ermutigt und gelobt werden

Ermutigung ist eine Art Aufforderung, etwas zu versuchen. Wir zeigen den Kindern, dass wir ihr Bemühen wahrnehmen und schätzen und wir ermuntern sie dazu, etwas zu tun. Ist ihre Leistung vollbracht, geben wir ihnen Anerkennung oder loben sie.

Geschichte

Mit Volksschulkindern habe ich Malkurse gemacht. Wenn sie mir stolz „ihre Werke" präsentiert haben und wissen wollten: „Gefällt dir das?", habe ich mich mit jedem Bild einzeln auseinandergesetzt. Ich wollte ganz bewusst nicht sagen: „Ja, das ist schön geworden.", „Das hast du gut gemacht." Denn wie sollte ich mit diesen banalen Worten 20 unterschiedliche Bilder bewerten. Außerdem ist es nur meine Wahrnehmung und meine Bewertung, ob etwas schön oder weniger schön ist. Jeder hat einen anderen Geschmack und legt Wert auf andere Dinge.

Also musste ich mir etwas anderes einfallen lassen. Deshalb habe ich mit dem Kind das Bild besprochen, habe Fragen dazu gestellt. Dabei sind Ideen entstanden, was besonders gut gelungen ist bzw. was beim nächsten Mal konkret verbessert werden kann. Ein Bild ist nämlich nicht gut oder schlecht, meist hat es viele Facetten.

Einmal fragte mich ein ca. 9-Jähriger, wie mir sein Bild gefalle. Es stellte einen Baum dar. Der Stamm war ein braunes Rechteck, die Baumkrone eine darauf liegende grüne Kugel, mit dem gleichen Durchmesser wie die Breite des Rechtecks. Ich betrachtete das Bild eine Weile und überlegte, was ich jetzt sagen sollte.

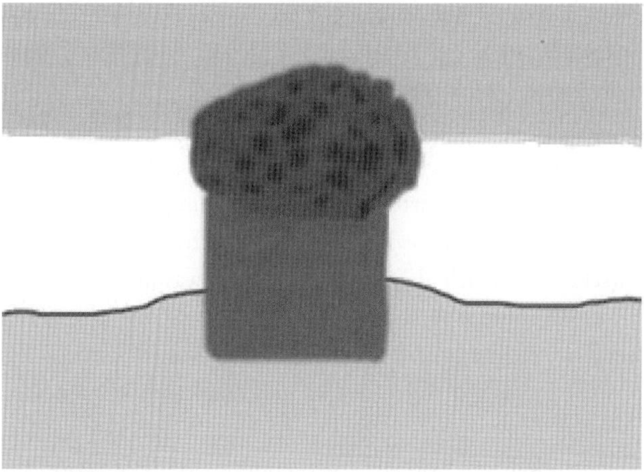

Zeichnung Baum

Ich fragte den Jungen: „Zeichnest du gerne?" Er verneinte.

Ich fragte weiter: „Was hast du dir denn dabei überlegt?" „Ich hab einen Baum gezeichnet, der auf einer Wiese steht." Ich antwortete: „Ja, du hast einen Laubbaum mit vielen grünen Blättern gezeichnet, der auf einer saftig grünen Wiese steht." Er bejahte und in seinem Gesicht konnte ich Freude erkennen. „Komm einmal zum Fenster und sehen wir uns so einen Baum an. Was siehst du genau?" Gemeinsam studierten wir einen Baum, den wir vom Fenster aus sehen konnten. Der Bub erkannte, dass doch ein Unterschied bestand zwischen dem Baum draußen und seinem gemalten Baum. Dann malte er sein zweites Bild. Es war unglaublich, so einen extremen Gegensatz hätte ich nie erwartet. Ich glaube, dieses Kind hat das erste Mal in seinem Leben einen Baum bewusst angesehen. Das Schönste aber für mich war, dass er durch dieses Erfolgserlebnis motiviert wurde, am Malen Gefallen fand und sogar zu Hause Bilder malte, die er mir das nächste Mal mitbrachte.

Lob und Anerkennung sind nicht das gleiche und doch wirken sie sich motivierend aus. Kinder lernen vor allem durch Lob und Anerkennung. Das Aufzeigen von Fehlern – was jeder aus seiner Schulzeit kennt und noch heute praktiziert wird – wirkt eher kontraproduktiv.

Lob ist eine *L*eistungs-*O*rientierte-*B*ewertung und hat häufig mit individueller Beurteilung und Bewertung zu tun.

„Das hast du gut gemacht." Gut ist bewertend, denn nur ich entscheide, was ich als gut empfinde und was nicht.

Doch sollte Lob sehr konkret und beschreibend gegeben werden. Nicht nur die Leistung, sondern auch präzise das positive Verhalten sollen gelobt und anerkannt werden. Zudem soll Lob zeitnah ausgesprochen und begründet werden. In jedem Fall soll Lob auf Anerkennung und Motivation abzielen.

Z. B.:

- *„Schön, dass du deine schmutzigen Schuhe gleich ausgezogen hast. Dadurch bleibt der Boden im Vorzimmer sauber und wir können die Zeit für etwas Schönes nutzen."*
- *„Du hast die letzten Tage viel für diese Schularbeit gelernt. Das hat sich wirklich gelohnt. Mit dieser guten Note machst du auch mir eine große Freude."*
- *„Dass du den Rasen für mich gemäht hast, hat mir sehr geholfen. So konnte ich in der Zwischenzeit etwas anderes erledigen. Danke."*

Anerkennung zeigt von Annahme, Akzeptanz, von Wertschätzung und belohnt positives Verhalten. Anerkennung ist in jeder Beziehung notwendig.

Das Bedürfnis nach Anerkennung ist ein starkes Bedürfnis. Anerkennung der eigenen Person, Anerkennung der Leistung. Aus Erfahrung kann ich nur sagen: Es kann nicht genug Anerkennung gegeben werden.

Tadel oder Kritik

Manchmal braucht es auch Kritik, nämlich dann, wenn das Verhalten des anderen die Grenzen gesprengt hat. Gerade Kritik braucht gute Kommunikation, also wertschätzende Worte und nicht verletzende Worte. Wenn ich das sage, was ich erlebe, sehe, höre, spüre, dann ist das meine Wahrnehmung. Das ist nicht *die* Wirklichkeit oder Wahrheit. Es ist die Situation, wie ich sie erlebe und das teile ich mit. In einer sogenannten *Ich*-Botschaft. (vgl. Gordon, 1992)

„Tadeln ist leicht; deshalb versuchen sich so viele darin.
Mit Verstand loben ist schwer; darum tun es so wenige."
(Anselm Feuerbach)

Geschichte

Zwischen Lust und Unlust

Eine Mutter möchte am Abend mit ihrer 11-jährigen Tochter für die bevorstehende Mathematik-Schularbeit lernen.

Die Tochter versucht das zu vermeiden. Sie möchte lieber einen Film im Fernsehen ansehen. Sie hat tagsüber Hausaufgaben gemacht und für Englisch Vokabel gelernt. Nun möchte sie den Abend zur freien Verfügung haben.

Die Mutter empfindet das Verhalten ihrer Tochter als unmöglich. Die Tochter weiß, dass in zwei Tagen Mathe-Schularbeit ist, und erkennt aus Sicht der Mutter nicht den Ernst der Lage. „Dann hat sie wieder einen Zweier oder Dreier, dabei kann sie mit ein bisschen Lernen einen Einser haben." Ihr Antreiber „du musst es perfekt machen" treibt die Mutter an und sie gibt diesen Druck an ihre Tochter weiter. Die Mutter nörgelt zuerst und droht schlussendlich mit Fernsehverbot.

Die angedrohte Strafe wirkt sich nicht motivierend auf die Tochter aus, eher das Gegenteil ist der Fall. Sie rebelliert innerlich, entscheidet sich jedoch äußerlich zu kooperieren und mit der Mutter zu lernen. Gegen ihren Willen lernt sie mit der Mutter Mathematik.

Die Mutter ist zufrieden, weil sie sich durchgesetzt hat.

Nachdem sie eine Weile gelernt hatten, beginnt die Tochter wieder vom Mathematik-Thema abzulenken. Sie beginnt mit ihrem Handy zu hantieren. Hat jemand angerufen? „Schau einmal, was ich für ein neues Lied habe“ und sie spielt es der Mutter vor.

Die Mutter ist geneigt, das Lied anzuhören, doch will sie ihrem Pflichtbewusstsein, mit ihrer Tochter Mathematik zu lernen, nachkommen. Sie schwankt und ist unsicher. Das spürt die Tochter und legt noch eins drauf. „Horch einmal …“

Jetzt ist es der Mutter zu viel. Sie beginnt zu schimpfen. „Hast du nichts anderes im Kopf?“

Die Tochter spürt diese Abwertung ist noch mehr missmutig und unmotiviert, ihr Hang zur Kooperation letztendlich doch stärker. Sie hat gelernt, ein „angepasstes Kind“ zu sein.

Was denken Sie, wie erfolgreich das Lernen des Mathematik-Stoffes unter dieser Voraussetzung ausfällt?

Lernen benötigt positive Gefühle! Bereits Pestalozzi[34] wehrte sich gegen jegliches „Antreiben“, um Lernen zu erwirken. Das Gehirn lernt ständig und somit lernt dieses Mädchen auch etwas, nämlich Verhalten als Reaktion auf das Verhalten der Mutter und nicht mathematische Fakten. Wenn wir wollen, dass Lernen für die Schule gehirntechnisch überhaupt passieren kann, dann muss „die emotionale Phase beim Lernen“ stimmen. (vgl. Spitzer in Caspary, 2009)

---

34 Johann Heinrich Pestalozzi (1726–1827), Schweizer Pädagoge, Philosoph, Schul- und Sozialreformer. Sein Ziel war es, *„den Menschen zu stärken“* und ihn dahin zu bringen, *„sich selbst helfen zu können“*.

Das „Komm-lern-für-die-Schularbeit-Spiel" ist ein Kreislauf, der sich ständig wiederholt.

Je nachdem, ob das Kind eher rebellisch oder eher angepasst reagiert, ob es konfrontiert oder kooperiert, wird die Eskalation steigen oder sinken. Auf keinen Fall wird durch das Vorgehen der Mutter die Motivation beim Kind gefördert. Auch die Eigenverantwortung für das Lernen bleibt nicht beim Kind. Die Mutter übernimmt diese Verantwortung, und es gibt Kinder, die geben ihren Müttern die Schuld, wenn sie eine schlechte Note bekommen haben.

Hat sich dieses Verhaltensmuster jedoch schon eingeschlichen, ist es schwieriger, es wieder zu verlassen. Meist haben Eltern mehr Angst, dass ihre Kinder schlechte Noten bekommen, als das Kind selbst. Jedes Kind muss einmal die Erfahrung machen, dass der Erfolg eben nur mäßig ist, wenn es zu wenig gelernt hat.

Was du mir sagst, das vergesse ich.
Was du mir zeigst, daran erinnere ich mich.
Was du mich tun lässt, das verstehe ich.
(Konfuzius)

Beispiel

Angenommen, die Mutter hinterfragt bei der Tochter,

- Wann hast du Schularbeit?
- Was genau müsst ihr lernen?
- Konkret und am besten visualisiert, also strukturiert aufschreiben, was Stoff ist
- Das hilft der Tochter, den Überblick zu haben und zu behalten
- Was davon hast du schon gelernt? Das kann abgehakt werden.
- Wo bist du schon sehr sicher? Das kann ausgestrichen werden.
- Wo bist du noch etwas unsicher?

- Brauchst du Unterstützung?
- Wenn ja, ich habe heute Abend Zeit. Morgen am Nachmittag evtl. auch. Wie sieht das bei dir aus?
- Ich biete dir an, heute Abend mit dir das gemeinsam anzusehen.
- Wie wirst du dich morgen noch darauf vorbereiten?
- Ich wünsche dir alles Gute für deine Schularbeit. Das stärkt

- Wie bist du mit deiner Leistung zufrieden?
- Ich freue mich mit dir, dass du so erfolgreich gearbeitet hast. ☺ Das motiviert
- Was ist dir nicht so gut gelungen? Das kannst du beim nächsten Mal nachholen
- Was müsstest du denn tun, damit es dir besser gelingt?
- Worauf müsstest du achten?

Lassen Sie das Kind eine Aufstellung über den Schularbeitsstoff machen. Aufschreiben, das ist auch für das Kind von Vorteil. So ist es nicht mehr im Kopf, es steht auf dem Papier. Die Sorge, etwas zu vergessen fällt weg. Außerdem entsteht eine andere Sichtweise, ein anderer Betrachtungswinkel. Das Kind sieht klar vor sich, was zu lernen ist. Was es gelernt hat, hakt es ab. Das motiviert, gibt Orientierung und damit wieder Sicherheit. Es dient Eltern dazu, zu erkennen, was bereits gelernt wurde. Eine stichprobenartige Überprüfung kann den Eltern Sicherheit geben und zeigt dem Kind, was es bereits gut kann bzw. wo es noch vertiefen muss.

Und wenn Ihr Kind alles erledigt hat, geben Sie ihm Lob und Anerkennung für das, was es gut erledigt hat.

Das ist der Beginn von Motivation, denn häufig beginnt Motivation mit einem Erfolgserlebnis.

Für nachstehende Übung legen Sie sich bitte eine konkrete Situation zurecht. Nehmen Sie ein Beispiel aus dem Alltag, wo das Gespräch nicht so gelaufen ist, wie Sie es vorgestellt haben. Versuchen Sie nun Schritt für Schritt so ein Szenarium nachzuvollziehen.

Übung 28

Notieren Sie sich Stichworte, Aussagen, um diese Situation nachvollziehen zu können.

....

....

....

....

....

....

....

....

Nun versuchen Sie diese Situation durch ein Gespräch im Coaching-Stil anders zu lösen.

Ein Gespräch im Coaching-Stil

Angst vor Veränderung im eigenen Erziehungs-Verhalten

Wie die Definition von Erziehung besagt, handelt es sich um eine „planmäßige Tätigkeit“ mit einem bestimmten Ziel. Mit diesem Ziel, einer Erziehungsstrategie und einem groben Plan, müssen Eltern und Erziehende sich auseinandersetzen. Dieses Ziel wird in Abhängigkeit von eigenen Werten und Bedürfnissen, der eigenen Erziehung und dem sozialen Umfeld unterschiedlich sein. Wenn Eltern sich damit beschäftigen, werden sie merken, dass es ein langfristig gesehenes Ziel gibt und auf dem Weg dorthin Teilziele, die es schrittweise zu erreichen gilt. Sie werden weiter feststellen, dass sich ihre Erwartungen und Vorstellungen verändern, die Ziele beweglich sind. Neue Rahmenbedingungen müssen geschaffen werden, was Flexibilität im eigenen Verhalten erfordert. Eltern erfahren eine Erweiterung der Erziehungskompetenz.

Bei Veränderung handelt es sich um ein sehr komplexes Thema. Ursache dafür, Veränderung zu wollen, ist meist Unzufriedenheit mit einer bestehenden Situation. Meist wollen wir dann „den anderen“ verändern, damit er wieder in unser Bild passt. Oft bleibt die Situation bestehen oder verschlechtert sich sogar.

Wir klagen über unser „Problem“, suchen Unterstützung und erwarten Ratschläge und Tipps, die wir dann wiederum aus Angst vor Veränderung nicht umsetzen. Ausreden „helfen“ uns dabei Auswege zu finden.

Geschichte

Eine Mutter klagt bei jedem Gespräch über ihren Sohn. Er ist häufig aggressiv, schreit sie an, wenn sie ihm etwas nicht erlaubt. Er glaubt, er kann machen, was er will. „Er ist wie sein Vater.“ Jedes Mal ist sie den Tränen nahe, so verzweifelt ist sie mit dieser Situation.

Wenn ich sie frage, was sie denn anders machen könnte, dann hat sie dafür keine Idee, sondern schwächt sofort ab: „Na, so schlimm ist es ja nicht. Er ist manchmal auch sehr nett und dann kann ich gut mit ihm reden."

Die Ausweglosigkeit für diese Frau ist so stark, der Stress den sie mit dieser Situation erlebt so mächtig, dass sie nicht in der Lage ist, konstruktiv, also zielorientiert zu denken. Sie hat so etwas wie eine „Schonformulierung" entwickelt. „Es ist eh nicht so schlimm." Damit geht es ihr besser, obwohl sich an der Situation selbst nichts verändert hat. Der Sohn wird sein Verhalten nicht ändern, weshalb auch? Die Mutter leidet immer mehr, der Stresspegel wird dadurch höher und ihre Handlungsfähigkeit geringer. So lange sie sich sagt, es sei nicht so schlimm, solange wird dieser Teufelskreis fortgesetzt, bleibt das Problem bestehen. Irgendwann wird aus diesem Teufelskreis eine Spirale, die sich nach unten schraubt.

Eine junge Mutter mit zwei Kindern (5 und 7), alleinerziehend und halbtags berufstätig, klagt darüber, dass sie es nicht mehr schafft, allem gerecht zu werden. Die Tage sind so anstrengend. Bis 13.00 Uhr arbeitet sie jeden Tag. Ihre Arbeit macht ihr Freude und sie verdient gut. Danach holt sie die Kinder vom Kindergarten und Hort. Zu Hause angekommen muss sie Essen kochen, alle sind hungrig und genervt. Der Haushalt schafft sie. Das Einkaufen und Putzen ist eine Last. Für die Kinder hat sie viel zu wenig Zeit. Am Abend fällt sie wie tot ins Bett. Für sich selbst hat sie überhaupt keine Minute mehr Zeit. Sie hat schon lange nichts mehr gelesen, kommt nie ins Kino. Jede Aufgabe für sich macht ihr Freude, aber alles zusammen, die ganze Verantwortung ist einfach zu viel. Auf meine Frage, was sie denn verändern könnte, antwortet sie: „Der Große (7) ist eh schon so tüchtig und hilft mir beim Einkaufen und passt auf seinen jüngeren Bruder auf. Dann geht es schon viel besser."

Hinter diesem Verhalten steht das Gefühl der Angst. Es sind Ängste, wie

- Etwas falsch zu machen
- Zu versagen
- Andere zu enttäuschen
- Nicht mehr geliebt zu werden
- Nicht ernst genommen zu werden
- …

Manfred Winterheller sagte in einem seiner Vorträge: „Erst wenn der Leidensdruck größer ist als die Angst, sind wir bereit, Veränderung zuzulassen.“[35]

35 Winterheller: Vortrag „start living“, Juni 2007 an der UNI-Klagenfurt.

Zeitpunkt für Veränderung[36]

Veränderung kann nur bei uns selbst stattfinden.

Der andere verändert sich nur, wenn wir an unserem Verhalten etwas ändern. Dann wird der andere darauf anders reagieren.

Das bedeutet, Veränderung ist Änderung des eigenen Verhaltens.

Eltern und Erzieherinnen, die bereit sind, ihr Erziehungsverhalten infrage zu stellen, sind in der Lage, ihre Handlungskompetenz zu erweitern. Das benötigt Offenheit gegenüber dem Thema und Austausch mit anderen Menschen (in Kursen mit und aus der Gruppe lernen) und mitunter professionelle Unterstützung.

Wer sich also mit diesem Training, dieser Selbstreflexion beschäftigt, auseinandersetzen will, hat eine schwierige Aufgabe vor sich. Diese kann sich nur in kleinen Schritten vollziehen.

36 Quelle: Manfred Winterheller in „start-living", 2007.

Schritte für die Umsetzung zur Erhöhung der Erfolgschancen

Selbstreflexion
eigene Verhaltensweisen und ihre Ursache bewusst machen
eigene Anteile an Konflikten erkennen

den anderen verstehen wollen
Sichtweise des anderen erkennen
Gefühle, Bedürfnisse, Interessen des anderen kennenlernen
Unterschiede in den Sichtweisen klar machen

neue konstruktive Verhaltensmuster entwickeln
konstruktive Denkweisen entwickeln
Kommunikationsverhalten verändern
Konfliktkompetenz erhöhen

Hürden mit professioneller Hilfe überwinden
Seminare und Kurse besuchen
professionelles Coaching

In vielen Lernprozessen durchlaufen wir unterschiedliche Phasen, die ich in nachfolgender Grafik darstellen möchte. Der Weg beginnt auf der untersten Stufe. Häufig handeln wir so, wie wir es „gelernt" haben. Aber jetzt mal ehrlich, wer hat Kindererziehung gelernt? Wir greifen auf unsere Erfahrungen zurück und gehen davon aus, dass sie richtig sind. Häufig werden wir eines Besseren belehrt, doch haben wir keine Alternativen zur Verfügung. Wir probieren aus und was gut ist, behalten wir. Einmal eine Situation gut gemeistert, bedeutet jedoch noch nicht, jede Situation gut zu meistern.

Erst mit der Auseinandersetzung verschiedener Möglichkeiten, erkennen wir, was brauchbar und hilfreich ist und was weniger.

Wir beginnen uns zu informieren und weiterzubilden. Wir lernen dazu und es ist nicht einfach, das neu Erlernte umzusetzen. Durch die Übung und Reflexion, was gut funktioniert hat, wo wir noch dazulernen müssen, bekommen wir immer mehr Fertigkeit im Tun.

Mit der Zeit werden neue Handlungsweisen automatisiert und wir denken nicht mehr daran, sondern handeln einfach.

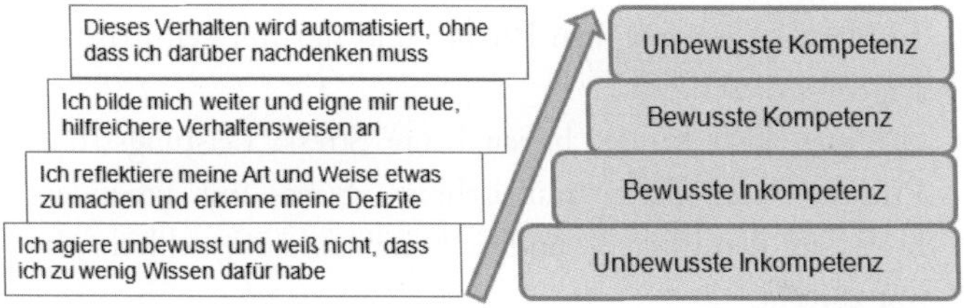

Kompetenz erlangen

Etwas Neues zu machen, anders zu denken, beginnt damit, sich die richtigen Fragen zu stellen.

Stress – ein häufiger Begleiter

Wir leben in einer Zeit, in der das Leben komplexer und schneller geworden ist. Die Informationen, die auf uns einstürmen und die wir verarbeiten müssen, sind umfangreicher geworden. Die Herausforderungen sind vielfältiger und größer. Stress im Beruf, Stress in der Familie, Stress mit den Kindern, Stress mit dem Partner und mit mir selbst ist ein Ergebnis dieser Zeit.

Aber auch Kinder haben heute Stress: Leistungsstress, Prüfungsstress, Stress mit Lehrern, Stress mit Freunden, Stress mit den Eltern – und sie kommen häufig schlecht damit zurecht.

Wie gehen wir als Erwachsene damit um?

Getrieben von Terminen, ständig unter Druck, reagieren wir gereizt und können uns kaum mehr entspannen. Diese Belastung verfolgt uns bis in den Schlaf, und dieser wäre wichtig, damit wir uns entspannen und „entstressen" können. *„Ich hab so einen Stress"* ist heute ein häufig ausgesprochener Satz.

Stress ist heute etwas Alltägliches geworden und wir machen unsere Umwelt dafür verantwortlich. Wir glauben, solange sich die äußeren Umstände nicht ändern, wird auch der Stress nicht weniger werden.

Natürlich setzt uns Zeitdruck unter „Druck". Wie wir mit diesem Druck jedoch um gehen, hängt von jedem Einzelnen selbst ab. Die „Ruhigen" erleben damit überhaupt keinen Stress. So wenig Zeit kann gar nicht mehr sein, damit sie ein wenig schneller gehen. Andere geraten sofort unter Druck und damit unter Stress, obwohl sie noch ausreichend Zeit haben. Wie wir diesem „Stress" begegnen, hängt zu einem Großteil von uns selbst ab. Selbstansprüche, wie

- ich muss alles zeitgerecht erledigen,
- ich darf nicht zu spät kommen,
- ich muss das auch noch machen,
- ich darf keine Fehler machen,
- ich muss es perfekt machen,
- ich schaff das, weil ich stark bin, ich muss stark sein,
- ich schaff das allein, ich brauch niemanden,
- ich darf nicht versagen,
- ...

und anschließende Selbstvorwürfe, wenn wir unseren Ansprüchen nicht entsprechen treiben uns an und lassen den Stresspegel wiederum ansteigen. Damit treiben wir uns selbst in einen Kreislauf, aus dem es schwer zu entkommen ist. Gefangen in diesem Stress-Kreislauf geraten wir immer mehr unter Stress, werden wir blockiert und wir verlieren dadurch Zugriff auf unser kreatives Denken und Handeln, auf unsere Fähigkeiten und Ressourcen. Wir sind müde und es fällt schwer, mit den Menschen um uns herum in Beziehung zu kommen.

Konflikte, Sorgen, Ängste sind die Folge und gleichzeitig Ursache für weiteren Stress. Wir wollen nur noch eines: Ruhe.

Exkurs: Coaching und ROMPC®

Diesen negativen Stress-Kreislauf kann Coaching unterstützt durch ROMPC® unterbrechen und nachhaltig auflösen.

Was ist ROMPC®?

ROMPC® ist eine Abkürzung für einen englischen Begriff und steht für: **R**elationship-**o**rientied **M**eridian-based **P**sychotherapy, Counselling and **C**oaching.

Auf Deutsch bedeutet es „beziehungsorientierte, meridianbasierte Psychotherapie und Beratung" zur Selbsthilfe.

Dies ist ein Verfahren zur Stressreduktion und zur Bewältigung von wiederkehrenden Ängsten bzw. Blockaden. Es ist ein integratives Verfahren. Integrativ deshalb, weil mehrere unterschiedliche Methoden, wie z. B. Coaching, Klopfakupunktur – eine der bekanntesten Methoden –, induzierte Augenbewegungsmuster, Affirmationen u. a. dabei Anwendung finden.

Unsere Mechanismen, mit Stress umzugehen, sind – meist in der Kindheit – erlernt. Wir nehmen aufgrund von unerfüllten Beziehungsbedürfnissen sogenannte „Schonhaltungen" ein, indem wir uns sagen: „Ich, meine Bedürfnisse sind nicht so wichtig", „Andere gehen vor, anderen muss es gut gehen", „Ich mach sowieso alles falsch" oder „Es hat ohnehin keinen Sinn". Diese Schonhaltungen erlangen im Laufe unseres Lebens die Bedeutung einer Grundeinstellung, die wir irgendwann nicht mehr kritisch hinterfragen. Sie sind für unsere innere Einstellung uns gegenüber und anderen gegenüber verantwortlich.

Die Methode des ROMPC® ist beziehungsorientiert. Im Coaching mit ROMPC® geht es darum, ursprünglich unterdrückten Beziehungsbedürfnissen auf die Spur zu kommen. Blockaden bzw. Ängste vor weiteren „Verletzungen“ werden entkoppelt. Dadurch erlangen wir wieder Zugriff auf unsere Ressourcen, wir erkennen plötzlich, was wir anders machen können und steuern bewusst unser Handeln.

Aus dem Verhalten der Eltern, wie diese mit stressigen Situationen umgehen, lernen Kinder eigene Verhaltensweisen, Kommunikations- und Konfliktmuster.

Alleinerziehende Mütter stehen mit Beruf und Kindererziehung unter enormen Druck und haben dadurch Stress. Wenn Erziehung in der Familie nur in den Abendstunden stattfindet, fehlen oft die Ruhe und die Zeit für Nähe und Beziehung. Oft haben sie keinen Gesprächspartner, mit dem sie sich besprechen und austauschen können, wo sie „mal Dampf ablassen können“ und auf Verständnis stoßen. Ihre Unruhe, ihr Stress, ihr Zeitdruck überträgt sich auf das Kind. Auf Dauer können sie nicht Ruhe bewahren, wenn das Kind trotzig ist, seine Grenzen erweitern möchte. Ausgeglichenheit und Ruhe sind jedoch ein Grundstein in der Kindererziehung. Entspannung können nur die Entlastung der Erziehenden bzw. Hilfestellung in der Erziehung und mentales Training zur Stressbekämpfung bringen.

Erfahrungen mit diesem Verfahren

Mithilfe dieses Verfahrens begleite ich täglich Menschen. Sie fühlen sich danach „erleichtert, frei und stark" und „über den Dingen stehend". Ich arbeite damit

- Im Training, wenn es gilt, hinderliche Glaubens- und Leitsätze zu lösen
- Im Coaching, wenn Stress und Blockaden zu lösen sind
- bei inneren überzogenen Ansprüche an uns selbst wie z. B. „ich muss perfekt sein", „ich darf keinen Fehler machen", „ich muss schnell fertig werden", „ich schaffe das", „ich muss stark sein" ...
- bei Befürchtungen, Vorahnungen
- „ich weiß eh schon, was sein wird", „es wird mit Sicherheit nicht funktionieren" ...

- Mit Kindern und Jugendlichen, wenn sie Lernschwierigkeiten haben
- Mit berufstätigen Studierenden, wenn die Doppelbelastung durch Beruf und Studium zu belastend wird
- Mit Erwachsenen, wenn sie Schwierigkeiten im Beruf haben, wenn sie hinderliche Verhaltensweisen wie im Konflikt verändern wollen
- Mit Eltern, wenn sie an ihre Grenzen der Belastbarkeit stoßen
- ...

Dieses Verfahren macht es möglich, in kurzer Zeit *stressfrei* und entspannt zu werden.

Buchempfehlung: Weil, Thomas: Endlich frei von Stress.

Beispiele für Gesprächssituationen

Am Abend weggehen

Ein 16-jähriges Mädchen möchte Samstagabend weggehen. Die Mutter kennt die Freundin ihrer Tochter, mit der sie weggehen möchte.

Dialog	Analyse
T: „Darf ich heute Abend mit Christina in die Stadt gehen?“ M: „Wo wollt ihr hingehen?“	Die Mutter sammelt Informationen, um sich ein Bild von der Situation machen zu können.
T: „Wir wollen zuerst ins Kino gehen und danach noch in die Stadt was trinken.“ M: „Also zuerst ins Kino? Welchen Film wollt ihr euch denn ansehen?“	
T: „xxx“ M: „Wie sieht der Zeitplan dafür aus?“	
T: „Das Kino beginnt um 20.30 Uhr und danach fahren wir in die Stadt?“ M: „Wie kommt ihr in die Stadt?“	
T: „Christinas Freund hat ein Auto und der nimmt uns mit.“ M: „Das heißt, Christinas Freund geht mit ins Kino und dann wollt ihr gemeinsam noch in die Stadt?“	
T: „Nein, wir gehen zu dritt ins Kino, Christina, Miriam und ich.“ Roland kommt uns mit seinem Freund danach abholen.“ M: „Das macht mir jetzt ein wenig Sorge. Ich kenne Roland nicht. Wie gut kennst du ihn?“	Die Mutter hat Befürchtungen. Sie spricht sie offen an.

T: „Er ist seit ein paar Wochen mit Christina befreundet. Ich hab ihn schon ein paarmal gesehen. Er ist recht nett." M: „Wie würdest du ihn einschätzen? Trinkt er gern mal was? Wie kannst du sicher sein, dass er nichts getrunken hat, wenn er euch um 22.00 Uhr beim Kino abholt?"	Die Mutter unterhält sich partnerschaftlich mit ihrer Tochter. Es entsteht kein Gefälle in der Kommunikation. Die Beziehung ist gut. Die Mutter zeigt Verständnis für die Wünsche ihrer Tochter Sie lenkt auf ein anderes Thema und schafft dadurch nochmals eine gute Gesprächsbeziehung.
T: „Ich pass schon auf. Ich weiß, dass ich nicht mit jemandem mitfahren soll, der etwas getrunken hat." M: „Das ist gut, das beruhigt mich. Ich hätte große Angst um dich, wenn das nicht so wäre. Sollte etwas nicht in Ordnung sein, dann meldest du dich. Dann sehen wir weiter. Vielleicht fahre ich euch noch in die Stadt, wenn ihr unbedingt den Samstagabend gemeinsam weggehen wollt." M: „Was siehst du dir denn im Kino an?" ...	

Behandeln Sie das Kind als gleichwertige Person (im Unterschied zu gleichrangig), der es zuzutrauen ist, eigene Entscheidungen zu treffen. Vor allem im Jugendalter ist das ein wesentlicher Beitrag, den Jugendlichen zur Selbstständigkeit zu führen.

Durch Fragestellungen leitet die Mutter/der Vater die/den Jugendliche/n an.

M: „Angenommen, Roland hat bereits etwas getrunken, wenn er euch abholen kommt. Was werdet ihr dann tun?"	Die Tochter wird angeregt, darüber nachzudenken.
T: „Ich glaub nicht, dass er was getrunken hat. Es kommt darauf an, was sie vorher gemacht haben. Ich glaub, sie pokern mit Freunden." „Blöd wär nur, wenn sie mehrere im Auto sind. Dann haben wir ja kaum Platz, wird sind zu dritt. Mit dem Taxi wär das zu teuer, das kommt aus der Stadt raus und fährt uns wieder hinein. Würdest du uns holen und in die Stadt fahren?"	Die Tochter denkt über mehrere Situationen nach. Die gute Gesprächsbasis, das Vertrauensverhältnis zur Mutter ist spürbar.
M: „Ja, sicher. Aber bitte nicht später als 23.00 Uhr. Nach Hause fährst du dann mit dem Taxi."	

Wie oft habe ich selbst erlebt, dass ich von anderen belehrt bzw. getadelt wurde, weil ich vieles hinterfragt habe, meinen Kindern vieles erklärt habe und ihnen Entscheidungsfreiheit gelassen habe. Das mag auf den ersten Blick mühsam erschienen sein. Manche haben mir unterstellt, dass ich selbst nicht weiß, was ich möchte. „Mit Kindern diskutiert man nicht."

Andere haben mir vorgeworfen, dass ich den Kindern diese Verantwortung nicht überlassen kann.

- „Man muss ihnen doch sagen, was sie tun sollen."
- „In diesem Alter können sie noch nicht entscheiden."

Das sind Botschaften von „oben herab". So wird meist mit Kindern und Jugendlichen kommuniziert. Diese Botschaften drücken wenig Wertschätzung dem anderen gegenüber aus. Der andere spürt das, die Beziehung leidet und es entsteht Ablehnung und Widerstand.

Bei solchen Aussagen greifen wir auf erlernte Modelle aus unserer eigenen Kindheit zurück, in der autoritärer Stil praktiziert wurde. Es sind in der Regel Aussagen unserer Erziehenden, die uns damals geprägt haben. Diese Aussagen haben auch bei uns mitunter Ablehnung hervorgerufen. Die damaligen Werte haben jedoch keinen Widerstand zugelassen.

Ich bin sicher, jeder Erziehende hat die Erfahrung gemacht, dass er ein schlecht gelaufenes Gespräch im Nachhinein reflektiert hat und für sich befunden hat: da habe ich überreagiert, da habe ich falsch reagiert, das hätte ich anders machen sollen. Das ist ein guter Zeitpunkt, das eigene Verhalten zu reflektieren, die eigenen Kommunikationsmuster zu überprüfen und Handlungsalternativen zu suchen.

Je früher mit einem anleitenden Erziehungsstil begonnen wird, umso selbstverantwortlicher entwickeln sich Kinder. Mit dem zunehmenden Alter ändert sich automatisch der Umfang, der Rahmen für eigene Entscheidungen. Sie drängen von allein an den Rand und wollen den Rahmen erweitern.

Eigene Entscheidungen zu treffen bedeutet, sich mit Möglichkeiten auseinanderzusetzen, Für und Wider abzuwägen und für die eigene Wahl Verantwortung zu übernehmen.

Nach C. Rogers, dem Begründer der „Personen zentrierten Gesprächsführung" hat jeder Mensch eine angeborene Tendenz zur vollständigen Entfaltung seiner Persönlichkeit. Seiner These nach ist jeder Mensch von Natur aus ein positives und vertrauenswürdiges Wesen, das sich konstruktiv verhält. Verhält sich hingegen ein Mensch unsozial und zerstörerisch, liegen diesem Verhalten unverarbeitete Konflikte bzw. Defizite aus seiner bisherigen Entwicklung zugrunde.

In einem Klima, das geprägt ist von Wertschätzung, Respekt und Vertrauen ist es möglich, Zugang zu den Potentialen des Menschen zu finden. Rogers geht auch davon aus, dass der Erfolg in guten Gesprächen nicht vom Wissen und technischen Können einer Person, sondern von bestimmten

Grundhaltungen abhängt, die langfristig über Erfolg und Misserfolg im Umgang mit Menschen entscheiden.

Piercing am Bauch

Eine zwölfjährige Tochter kommt zu ihrer Mutter und möchte sich ein Piercing am Bauch machen lassen.

Tochter: *„Meine Freundin hat das auch, und die andere Freundin darf sich das auch machen lassen."*

Die Mutter ist entsetzt. Sie wiederholt die Worte ihrer Tochter, um sicherzugehen, dass sie sie richtig verstanden hat und um Zeit zu gewinnen, sich die nächsten Worte bzw. eine Strategie zurecht zulegen.

Mutter: *„Du möchtest dir also ein Piercing am Bauch machen lassen?"*
Damit redet die Mutter nicht automatisch gegen ihre Tochter, sie versucht, sie zu verstehen. Die Mutter hat damit nicht zugestimmt! Und die Beziehung ist im Lot.

Tochter: *„Ja, die anderen haben das auch."*
In der Zwischenzeit hat sich die Mutter etwas überlegt. Nun kann sie Fragen stellen, um mehr Informationen zu bekommen.

Mutter: *„Wer sind die anderen?"*
Tochter: *„Freundin A und Freundin B, das hab ich dir ja schon gesagt."*
Mutter: *„Was haben ihre Mütter dazu gesagt?"*
Tochter: *„Das weiß ich nicht, sie haben es auf jeden Fall erlaubt."*
Mutter: *„Wo am Körper haben sie das Piercing?"*
„Wo kann man das machen lassen?"
„Von wem wurde es gemacht?"

mögliche Fragen

„Was kostet das?"

„Wie ist es, wenn du es wieder weghaben willst?" …

Mutter: *„Weshalb möchtest du dir denn so ein Piercing machen lassen?"*

Tochter: *„Weil es cool ausschaut, wenn aus dem Nabel ein Stein blitzt."*

Mutter: *„Das kann ich gut verstehen, dass es dir gefällt, wenn aus dem Nabel ein Stein herausblitzt. Gibt es auch eine andere Möglichkeit, ohne dass du dich dabei stechen lassen musst? Ich habe große Bedenken, dass es eine Verletzungsgefahr birgt. Dass du dir mit dem Hosenbund wehtust und dann Narben davonträgst. Auch habe ich gehört, dass man davon schlimme Entzündungen bekommen kann. Hast du dich darüber schon ausreichend informiert?"*

Es ist ein Dialog entstanden. Die Mutter hört aufmerksam zu, zeigt Verständnis und stellt immer wieder Fragen.

Tochter: *„Nein"*

Mutter: *„Dann mach das bitte. Wo kannst du seriöse Information darüber herbekommen? Auch ich werde mich erkundigen. Dann reden wir am … nochmals darüber. O. k.?"*

Tochter: *„Okay."*

Mutter: *„Vielleicht gibt es noch andere Möglichkeiten, so einen blitzenden Stein zu tragen, ohne dass du die Haut verletzen musst. Vielleicht kannst du dich da auch noch erkundigen."*

Das Gespräch ist gut verlaufen. Es ist zu keinem Streit gekommen. Die Tochter hat sich ernst genommen gefühlt, ihre Person, ihre Werte wurden anerkannt und geschätzt.

Die Mutter und die Tochter haben Zeit, ausreichend Informationen einzuholen.

Es braucht ein neuerliches Gespräch, doch wenn die Tochter erfährt, was mit dem Piercing alles verbunden ist, wird sie sich möglicherweise von selbst dagegen entscheiden.

Was bleibt, ist das Gefühl verstanden und angenommen worden zu sein, auf beiden Seiten.

Dieser Erziehungsstil fördert einen Entfaltungs- und Veränderungsprozess und ermutigt in diesem Fall das Kind oder den Jugendlichen, sich mit der Situation auseinanderzusetzen, selbst neue Perspektiven zu finden, abzuwägen, Ziele zu erarbeiten, Prioritäten zu setzen, eigene Entscheidungen zu treffen, Verantwortung zu übernehmen und seine Lösungsansätze umzusetzen. Es ist ein Schritt mehr in Richtung „Erwachsenwerden", das Ziel, das die Jugendlichen so schnell als möglich erreichen möchten.

Damit bilden wir selbstständige und eigenverantwortliche Menschen heran, mit hohen sozialen Kompetenzen, mit Stärke und Herzlichkeit. Das kommt unseren Kindern in ihrem eigenen Leben, mit ihrer Familie, mit ihren eigenen Kindern und in ihrem Berufsleben zugute. Es ist ein Grund für uns Eltern, uns darauf einzulassen, denn wir alle haben zum Ziel „dass es unseren Kindern gut geht".

Ich will

Ich will, dass du mir zuhörst, ohne über mich zu urteilen.
Ich will, dass du mir die Meinung sagst,
ohne mir Ratschläge zu erteilen.
Ich will, dass du mir vertraust, ohne etwas zu erwarten.
Ich will, dass du mir hilfst, ohne für mich zu entscheiden.
Ich will, dass du für mich sorgst, ohne mich zu erdrücken.
Ich will, dass du mich siehst, ohne dich in mir zu sehen.
Ich will, dass du mich umarmst,
ohne mir den Atem zu rauben.
Ich will, dass du mir Mut machst, ohne mich zu bedrängen.
Ich will, dass du mich hältst, ohne mich festzuhalten.
Ich will, dass du mich beschützt, aufrichtig.
Ich will, dass du dich näherst, doch nicht als Eindringling.
Ich will, dass du all das kennst, was dir an mir missfällt.
Ich will, dass du all das akzeptierst,
versuch es nicht zu ändern.
Ich will, dass du weißt …
dass du heute auf mich zählen kannst …
Bedingungslos.

(Bucay, 2006)

Literatur

Verwendete Literatur

Bauer, Joachim: Das Gedächtnis des Körpers. Wie Beziehungen und Lebensstile unsere Gene steuern. 2007

Bauer, Joachim: Warum fühle ich, was du fühlst. Intuitive Kommunikation und das Geheimnis der Spiegelneurone. 2006

Berger, Christa: Exzessive Nutzung von Bildschirmmedien: Rolle und Aufgabe der Suchtprävention, Kurzfassung, 2007

Berghaus, Margot: Luhmann leicht gemacht. 2004

Bergmann, Wolfgang: Digitalkids, Kindheit in der Medienmaschine. 2003

Bettelheim, Bruno: Ein Leben für Kinder, Erziehung in unserer Zeit, 2003

Biedermann, Walter: Entfaltung statt Erziehung. Die Pädagogik Heinrich Jacobys. 2003

Bucay, Jorge: Komm, ich erzähl dir eine Geschichte. 2005

Caspary, Ralf: Lernen und Gehirn. Der Weg zu einer neuen Pädagogik, 2009

Dreikurs Rudolf & Vicki Soltz: Kinder fordern uns heraus. Wie erziehen wir sie zeitgemäß? 1990

Endres, Wolfgang & Elisabeth Bernard: So ist Lernen klasse. Der beste Lernweg für mein Kind, 2004

Fend, Helmut.: Eltern und Freunde. Soziale Entwicklung im Jugendalter. 1998

Fischer-Epe, Maren: Coaching: Miteinander Ziele erreichen. 2004

Gay, Friedbert (Hg.): DISG-Persönlichkeitsprofil, 2002

Gerdenits, Elfriede V.: Survival Kit für junge Jobfinder. 2005

Gordon, Thomas: Das Gordon-Modell, 1992

Gordon, Thomas: Die neue Familienkonferenz. Kinder erziehen ohne zu strafen. 1993

Grau, Alexander: „Fernsehen will gelernt sein" In: Gehirn & Geist, Kinder und Medien, Nr. 9/2008, S. 16–23

Haberleitner, Elisabeth/Elisabeth Deistler/Robert Ungvari: Führen Fördern Coachen. So entwickeln Sie die Potentiale Ihrer Mitarbeiter. 2003

Harris, Thomas A.: Ich bin o.k., du bist o.k.. 2002

Hengstschläger, Markus: Die Macht der Gene. Schön wie Monroe, schlau wie Einstein. 2008

Hurrelmann, K.: Lebensphase Jugend. Eine Einführung in die sozialwissenschaftliche Jugendforschung. 2007

Hurrelmann, Klaus &Unverzagt, Gerlinde: Kinder stark machen für das Leben. Herzenswärme, Freiräume, klare Regel, 2000

Lichtenegger, Barbara. Ge(h)fühle. 1998

Littauer, Florence: Einfach typisch. Die vier Temperamente unter der Lupe. 2004

Medienpädagogischer Forschungsverbund Südwest: JIM-Studie 2008. Jugend, Information, (Multi-)Media

Medienpädagogischer Forschungsverbund Südwest: KIM-Studie 2008. Kinder, Information, (Multi-)Media

Möller, Nicole: Kritische Würdigung der Motivationstheorie von Frederick Herzberg, 2005

Paulsen, Susanne/*Maurer,* Clemens: Begegnung mit einer flüchtigen Spezies. In: Geowissen, Nr. 03/2003

Maier-Hauser: Lieben – ermutigen – loslassen. Erziehen nach Montessori, 2000

Pervin, Lawrence A.: Persönlichkeitstheorien. 4. Aufl. UTB für Wissenschaft, 2000

Reiss, Steven: Wer bin ich und was will ich wirklich? Mit dem Reiss-Profile™ die 16 Lebensmotive erkennen und nutzen, 2009

Rosenberg, Marshall B.: Gewaltfreie Kommunikation. Aufrichtig und einfühlsam miteinander sprechen, 2002

Schäfer, Thomas: Was die Seele krank macht und was sie heilt. Die psychotherapeutische Arbeit Bert Hellingers. 2004

Scheibel, Gerhard: Coaching – viele Wege führen zum Ziel. Über die Vielfalt und den Nutzen verschiedener Coaching-Methoden. In: Training Nr. 2/März 2006

Schulz von Thun, Friedemann: Miteinander reden 1, 1993. Miteinander reden 2, 1992. Miteinander reden 3, 2004.

Schulz von Thun, Friedemann: Miteinander reden: Fragen und Antworten, 2007

Schulze, Gerhard: Die Erlebnisgesellschaft. Kultursoziologie der Gegenwart. 2005

Schulze, Sigrid: Pubertät. Wenn Kinder erwachsen werden, 1996

Schuster-Brink, Carola: Lachen macht Erziehung leichter. Fröhliche Kinder machen weniger Probleme. Damit Kindern und Eltern das Lachen nie vergeht. 1995

Schranner, Matthias: Verhandeln im Grenzbereich. Strategien und Taktiken für schwierige Fälle, 2003

Simon, Walter: Grundlagen der Kommunikation. 2007

Spitzer, Manfred: Vorsicht Bildschirm! Elektronische Medien, Gehirnentwicklung, Gesundheit und Gesellschaft. 2006

Staples, Walter: Personal Coaching in Action. Durch die Macht der Überzeugung zum Erfolg. 1998

Stewart Ian/Vann Joines: Die Transaktionsanalyse. Eine neue Einführung in die TA, 1990

Theunert, Helga: Medienkinder von Geburt an. Medienaneignung in den ersten sechs Lebensjahren. 2007

Vogelsang, Waldemar: Computer und Internet und deren Bedeutung für jugendliche Lebenswelten In: Medienkonvergenz: Angebot und Nutzung, 2002

Watzlawick, Paul et al: Menschliche Kommunikation. Formen, Störungen, Paradoxien, 2000

Weil, Thomas: Endlich frei von Stress, 2006

Wüschner, Peer: Pubertät – Das Überlebenstraining für Eltern. 2005

Zimmer, Renate: Handbuch der Sinneswahrnehmung. Grundlagen einer ganzheitlichen Bildung und Erziehung 2005

Zulley, Prof. Dr. Jürgen: Mein Buch vom guten Schlaf. Zabert Sandmann, München 2005

Weiterführende Literatur

Dutschmann, Andreas: Das Konfliktlösungstraining für Eltern und Pädagogen (KLT). Lösungsstrategien, Tipps und Tricks. 2005

Dinkmeyer et al: (Hrsg.: Kühn/Petcov). Das Elternbuch. Die ersten 6 Jahre. STEP – Systematisches Training für Eltern, 2004

Halpern, Howard: Festhalten oder Loslassen. Wie Eltern die Beziehung zu ihren erwachsenen Kindern gestalten können. 2004

Honkanen-Schoberth, Paula: Starke Kinder brauchen starke Eltern. 2002

Hüther, Gerald: Die Macht der inneren Bilder. 2006

Sprenger Reinhard: 30 Minuten für mehr Motivation. 2003

Sprenger, K. Reinhard: Die Entscheidung liegt bei dir! Wege aus der alltäglichen Unzufriedenheit. 2004

Die Autorin

Anna Senoner ist gebürtige Wienerin. Sie ist verheiratet, hat zwei erwachsene Söhne und lebt heute in Kärnten. Sie absolvierte eine kaufmännische Ausbildung und sammelte 12 Jahre Berufserfahrung. Dabei entdeckte sie, dass nicht die Zahlen das Wesentliche sind, sondern der Mensch.

Mit der Geburt ihres ersten Kindes beendete sie vorerst ihre Berufslaufbahn und nahm 14 Jahre Karenz in Anspruch, um ihre Kinder auf dem Weg ins Erwachsenenleben zu begleiten. Sie absolvierte Zusatzausbildungen wie z. B. Gordon-Training, Gedächtnistraining nach G. Schaub, Kinesiologie, ROMPC® u. a.

Heute ist sie selbstständige Unternehmensberaterin mit Schwerpunkt Personalentwicklung, Trainerin in der Erwachsenenbildung, system. Coach und Mediatorin.